Hermeneutics and the Human Sciences:

Essays on Language, Action and Interpretation

当　代　世　界　学　术　名　著

诠释学与人文科学

（新译本）

关于语言、行为与解释的论文集

保罗·利科（Paul Ricoeur）／著
J.B.汤普森（John B.Thompson）／编译
洪汉鼎／译

中国人民大学出版社
·北京·

“当代世界学术名著”
出版说明

中华民族历来有海纳百川的宽阔胸怀，她在创造灿烂文明的同时，不断吸纳整个人类文明的精华，滋养、壮大和发展自己。当前，全球化使得人类文明之间的相互交流和影响进一步加强，互动效应更为明显。以世界眼光和开放的视野，引介世界各国的优秀哲学社会科学的前沿成果，服务于我国的社会主义现代化建设，服务于我国的科教兴国战略，是新中国出版工作的优良传统，也是中国当代出版工作者的重要使命。

中国人民大学出版社历来注重对国外哲学社会科学成果的译介工作，所出版的“经济科学译丛”、“工商管理经典译丛”等系列译丛受到社会广泛欢迎。这些译丛侧重于西方经典性教材；同时，我们又推出了这套“当代世界学术名著”系列，旨在逐译国外当代学术名著。所谓“当代”，一般指近几十年发表的著作；所谓“名著”，是指这些著作在该领域产生巨大影响并被各类文献反复引用，成为研究者的必读著作。我们希望经过不断的筛选和积累，使这套丛书成为当代的“汉译世界学术名著丛书”，成为读书人的精神殿堂。

由于本套丛书所选著作距今时日较短，未经历史的充分淘洗，加之判断标准见仁见智，以及选择视野的局限，这项工作肯定难以尽如人意。我们期待着海内外学界积极参与推荐，并对我们的工作提出宝贵的意见和建议。我们深信，经过学界同仁和出版者的共同努力，这套丛书必将日臻完善。

中国人民大学出版社

铭　谢

我开始编译此书是当我在剑桥大学吉尔顿学院任访问研究员时。社会科学家 SSRC/CNRS 研究交换项目的资助使我有机会在巴黎逗留，在那里我完成了本书大部分的翻译。本书完成是在剑桥大学耶稣学院获得研究基金的第一年期间。我要感谢这些机构对我的资助。 vii

我从其他人的评论和批评中获益良多。K. 麦克罗林（Kathleen McLaughlin）、D. 派劳尔（David Pellauer）和 M. 奥德特（Michel Audet）阅读了全部或多数初稿并提出了许多有价值的意见。同时，我也得到来自 D. 里尔德（David Held）、S. 卡佩尔（Suanne Kappeler）、M. 巴福德（Mike Barfood）以及 A. 亨德利（Alison Hendry）许多有益的建议。我也要感谢 A. 吉登斯（Anthony Giddens）在本计划每一阶段上的正确建议。除此之外，我也要感谢保罗·利科本人，他如此乐意而慷慨地为本书提供所需要的资料。当然，翻译中仍可能有的任何错误只能归咎于我自己。

本书中所有论文的重印都有许可证明。原来发表的详细资料如下：

'La tâche de l'hermeneutique'（《诠释学的任务》），载 *Exegesis*：

Problèmes de methode et exercices de lecture（《注经学：方法论问题与阅读训练》），edited by François Bovon and Grégoire Rouiller（Neuchâtel：Delachaux et Niestlé，1975），pp. 179－200。该文的英文翻译见 *Philosophy Today*（《今日哲学》），17（1973），pp. 112－28。

'Herméneutique et critique des idéologies'（《诠释学与意识形态批判》），载 *Démythisation et idéologie*（《去神秘化与意识形态》），edited by Enrico Castelli（Paris：Aubier Montaigne，1973），pp. 25－64。

'Phénomenologie et hermeneutique'（《现象学和诠释学》），载 *Phänomenologische Forschungen*（《现象学研究》），vol. 1，edited by Eenst Wolfgang Orth（Freiburg：Karl Alber，1975），pp. 31－77。该文的部分翻译见 *Noûs*（《理性》），9（1975），pp. 85－102。

'La function herméneutique de la distanciation'（《间距化的诠释学功能》），载 *Exegesis*：*Problemes de méthode et exercices de lecture*（《注经学：方法论问题与阅读训练》），edited by François Bovon and
viii Grégoire Rouiller（Neuchatel：Delachaux et Niestlé，1975），pp. 201－15。该文的修订英文翻译见 *Philosophy Today*（《今日哲学》），17（1973），pp. 129－43。

'Qu'est-ce qu'un texte? Expliquer et comprendre'（《什么是文本？说明和理解》），载 *Hermeneutik und Dialektik*（《诠释学与辩证法》），vol. 2，edited by Rüdiger Bubner et al.（Tübingen：J. C. B. Mohr，1970），pp. 181－200。该文的英文缩写见 David Rasmussen，*Mythic-Symbolic Language and Philosophical Anthropology*（《神秘符号语言与哲学人类学》）（The Hague：Martinus Nijhoff，1971）. pp. 135－50。

'La métaphore et le problème central de l'hermeneutique'（《隐喻与诠释学的核心问题》），载 *Revue philosophique de Louvain*（《卢汶哲学评论》），70（1972），pp. 93－112。该文的英文翻译见 *New Literary History*（《新文学史》），6（1974），pp. 95－110；以及 *Graduate Faculty Philosophy Journal*（《哲学研究所杂志》），3

(1973-4), pp. 42-58。

'The model of the text: meaningful action considered as a text'(《文本模式：被视为文本的有意义行为》)，载 *Social Reserch* (《社会研究》)，38 (1971)，pp. 529-62。

'Science et idéologie'(《科学与意识形态》)，载 *Revue philosophique de Louvain* (《卢汶哲学评论》)，72 (1974)，pp. 326-56。

'The question of proof in Freud's psychoanalytic writings'(《弗洛伊德精神分析著作中的证明问题》)，载 *Journal of the American Psychoanalytic Association* (《美国心理分析学会杂志》，25 (1977)，pp. 835-71。

'La function narrative'(《叙事的功能》)，载 *Etudes theologiques et religieuses* (《神学与宗教研究》)，54 (1979)，pp. 209-30。该文的英文简略翻译见 *Semeia* (《赛迈亚》)，13 (1978)，pp. 177-202。

J. B. 汤普森

剑桥，1980 年 5 月

编者导言

语言和意义的本性，行为、解释和主体性的本性，是当代诸多学科所日渐关注的问题。对于哲学家、语言学家、文学批评家和社会科学家来说，澄清这些问题已成为一项迫切而不可避免的任务。但是，在英语世界里，这项任务的执行仍受到两方面的阻碍，一方面是学科界限的体制性规定，另一方面则是对欧陆思想传统的长期隔绝。毫无疑问，对保罗·利科的著作的逐渐了解，将极大地有助于人们去克服这两个障碍。作为战后法国最重要的哲学家之一，利科在许多令人吃惊的课题上写出了具有创见和富有权威的著作。近年来，他把他的注意力更直接地转向了语言问题，进入与诠释学传统的持久对话。诠释学传统的成员几世纪来都关注解释过程[1]，与这种传统的对话就形成本书所包含的论文的背景。 1

为了充分评价利科近年来工作的意义，我们有必要对他的全部著作做某种概观。在这篇导言中，我的目的就是要提供这样一个整体观点。我将开始于对利科生平的简单介绍。在第二部分里，我将追随利科思想的演变，从他早期关于意志哲学的设想开始，途经他与精神分析和结构主义的论战，一直到他近年来对文本理论的全神贯注。在第三部分里，我将概述利科近年来著作的中心论题。最后在第四部分里，我将总结一下本书所收集的论文的主要论点。首先应当声明，这里并不试图对利科学术做一个全面的考察。这里所说的学术贡献并不包括利科其他的著作和其他方面，例如，他对教育和神学问题的研究
2 大部分都未包括在本书内[2]。我们还应当说明的是，不论利科的思想多么重要，但我不相信它们都是无懈可击；但这里不是表达我的保留意见的地方，这些保留意见我在别的地方已详尽说明了[3]。在这里，我的目的是对利科的观点做一个简短的、纲要式的介绍，希望能给讲英语国家的人们同情地接受他的工作有所帮助。

I

利科在 1913 年生于威伦斯，他开始他的哲学生涯时，正值欧洲思想被像胡塞尔、海德格尔、雅斯贝斯和马塞尔这样的作者的思想所统治。当利科在 20 世纪 30 年代末于索邦就读研究生时，G. 马塞尔也在巴黎工作。马塞尔对利科思想有着深刻而持久的影响，致使他朝向一种具体的本体论进行表述，这种本体论充满着自由、有限性和希望的格调。但是，利科认为，要追求这一目标，需要一种比马塞尔及其门徒所采用的还更为严密和更为系统的方法。利科在埃德蒙德·胡塞尔的现象学著作中发现了这种必不可少的方法。第二次世界大战期间，作为德国的一名俘虏，利科被允许阅读了胡塞尔的著作，以及马丁·海德格尔和卡尔·雅斯贝斯的著作。他被雅斯贝斯的思想所吸引和打动，他发现后者的思想在很多方面接近于马塞尔的思想。战争结束后，利科和米克尔·杜弗恩（Mikel Dufrenne）——他的一位监狱同伴——发表了一篇关于《雅斯贝斯及其存在哲学》（1947）长篇概述文章；在同一年，利科出版了他自己关于《G. 马塞尔和 K. 雅斯贝斯》的研究。战后头几年里，利科还完成了胡塞尔《观念 I》一书的翻译和注释，从而确立了他自己在现象学中的权威地位。

1948 年，利科被聘到斯特拉斯堡大学任哲学史（协会）的主席。每年他都专心致力于阅读一位伟大哲学家的著作集，从柏拉图和亚里士多德到康德、黑格尔、尼采。西方哲学传统的熏陶使利科脱离了那种被萨特和梅洛-庞蒂弄得通俗化的“存在主义”或“存在主义现象学”的先入之见。因为，一方面，利科变得日益关心**反思**哲学的发展，这是一种力求通过对存在得以能被理解的方法（means）的反思来揭示真正的主体性的哲学。另一方面，他变得越来越相信，必然性 3
不亚于自由，它也是人类存在的一个绝不可缺少的方面。他对意志哲学的那种雄心勃勃和极富创见的研究显示出在他的思想中各种影响的混杂。在意志哲学研究的第一部著作《自由与本性：意愿和非意愿》（1950）中，利科用现象学方法考察了马塞尔称为“肉体存在”（incarnate existence）的意愿度向。意志哲学的第二部著作被命名为《有限与罪恶》，它于 1960 年作为两个分册出版：《易犯错的人》和《恶的象征》。在这两本书里，利科离开了严格的现象学方法，并把意志问题放入人类易犯错和失败的模糊领域中加以研究。利科在其开始策划意志哲学时，曾勾画了第三部也就是最后一部著作的任务，这部著作致力于《意志之诗学》。但是，他并不直接着手这一任务，而是质疑已经有过一个不太光彩的结局的两个学科：精神分析和结构主义。

1957 年，利科受聘索邦大学讲授普通哲学。这时巴黎的学术环境正发生迅速的变化：胡塞尔和海德格尔的思想已经被弗洛伊德和索绪尔的观念弄得黯然失色。但利科并不跟随这种倾向；他的倾向与巴黎的时髦风尚有很大距离，他的观点深深扎根于现象学传统之中。不过，利科并不能漠视这一变化，因为精神分析和结构主义为他长期以来研究意志哲学的诸问题、关于犯罪的问题以及符号论与主体的问题，提供了彻底的方案。所以利科面临了直接的和强有力的挑战。他那部著名的并得到公认的弗洛伊德研究著作《弗洛伊德和哲学：一篇论解释的论文》出版于 1965 年。1969 年他又出版了他的另一部论文集，名之为《解释之冲突：诠释学论文集》，其中包括他关于精神分析和结构主义的许多论文。

1966年，利科转往南特大学任教，1969年3月在那里被任命为系主任。1970年，在大学生占领校园，警察进行武装干涉期间，利科辞去系主任职务并前往鲁汶大学任教。1973年，他返回到南特大
4 学任职，并担任芝加哥大学的兼任教授。与此同时，他还担任巴黎现象学和诠释学研究中心的主任职务。正是在此时期，利科全身心地专注语言问题并更深入地与诠释学进行对话。1975年，他关于隐喻的杰出研究成果《隐喻的规则》出版。他还继续写了多篇与此问题相关的论文。利科的研究成果充分证明了他是一位多产作家，现已出版了十余本书，发表了数百篇论文。在本导言接下来的两部分中，我将从利科对意志哲学最初的设想开始，抽取其主要著作的一些中心主题加以概述。

II

意志哲学

利科意志哲学的目标是对人类存在的情感维度和意志维度进行反思。这种哲学关注于像行为和动机、需求和欲望、快乐和痛苦诸问题。利科最初是从现象学观点来研究这类问题，这种视角是试图描述现象得以显现的方式，并把这些显现方式与意识的主体化过程联系起来。在根据现象学观点来研究意志的范围时，利科使自己与存在主义者的工作以及与胡塞尔的立场有差别。因为他批评这些作家一开始太关注于日常经验的生动描述，他坚持说，“至少在早期阶段，现象学必须是结构的”[4]。以同样的力量，他批评胡塞尔把知觉看成一种典型的意识行为的倾向。在驳斥这种“逻辑偏见”时，利科力求使胡塞尔的方法脱离其观念论起源，并应用于那些限于意识生活范围内的人类经验领域。

利科意志哲学的第一阶段表现在《自由与本性》一书中。在这个

研究中，他试图在“本质可能性”层次上，也就是在脱离日常生活的偶然特征的层次上，分析意志的基本结构。在此层次所揭示的乃是，意志的结构将是由意愿和非意愿的基本相互关系来规定其特征。主体和客体、自由和本性的二元论并不是第一性的东西，而只是一种态度，只有用这种态度，现象学描述才能进行。经过漫长而复杂的分 5
析，利科揭示出，在意志行为中，意识如何依附于非意愿生活的因素，以及反过来，非意愿生活的因素如何又依附于“我愿意”。因此，意志行为包含指出行为者能力范围内的某未来行为的决定；但是，这一决定是基于动机，行为是以身体器官为中介，而整个意志行为则是以行为者必须具有的特性、下意识和生命为条件。不过意识与身体的整合以及身体与意识的重新整合都不是协调的。意愿和非意愿的统只是一场“戏剧”，一场“争论”，它预示了这种重新整合比某种有限观念更缺乏现实性。根据这种有限观念，我们的自由真正为存在的东西表现出来，这是“一种人的自由而非神的自由”[5]。

在意志哲学的第二部著作《有限与罪恶》里，利科去掉了某些方法论的论述，这些论述严重地妨碍了他早期对本质可能性层次的分析。这本书的第一卷《易犯错的人》开始了那种走向构成罪恶之源的人类生存特征的运动。这种特征就是“易错性”（fallibility），我们可以把它设想为错误路线、结构上的缺陷，这种缺陷引起了意志基本结构的中断或扭曲。因此易错性与《自由与本性》中所揭示的那些特征不是相连的。正如利科后来回忆所说的，在那里“我们概述了那种无差别的画面，人类在那里可以同时玩弄罪恶和天真”[6]。因此，为了把握这一新度向，我们需要某种方法的转变。分析的对象不再是现象学描述所接近的本质结构，而是一种内在的畸变，只有通过对不稳定的综合物的反思，才能对这种畸变进行回溯性的研究。例如，这种反思揭示出财产、权力和价值的原本激情悬置在有限的快乐和无限的幸福这两极之间，这样，它们都承受着无止境追求的威胁。通过这种反思，利科力求详尽说明人类存在中那些隐藏罪恶可能性的方面，从而为考察错误现实性开辟道路。

从可能性到现实性、从易错性到过失的过渡，是在《恶的象征》这本书中完成的，这本书是《有限与罪恶》的第二卷。另外，这一过渡要求一种方法论的转变。因为错误的现实性不能凭丰富的经验去直
6 接理解，而只能通过表达经验的语言才能解决。本质结构的描述和对不稳定综合物的反思因而为象征和神话的诠释学铺平了道路。利科从罪恶坦白，即“忏悔”这最基本的表述开始他的研究。这种语言是以一种需要解释的间接的和隐喻的方式来陈述罪恶或犯罪的，在这个意义上，这种语言完全是“象征的”（符号的）。虽然对象征以及从象征中构造的神话的解释与哲学不是同一的，但解释为反思铺平了道路。因为正如利科所说，“我相信我们必须不是在象征**后面**，而是从象征出发去思考……象征构成人们之间存在的谈话的**显露**基础。简言之，象征引起了思想”[7]。所以诠释学是通向哲学反思之路，这个反思所假定的前提是，通过指明象征的意义，我们对人类存在将达到一种更为深刻的理解。

精神分析的考察

在对意志的研究中，解释作为中心环节的出现，促使利科对精神分析进行考察。因为，如果诠释学是通往哲学反思之路，那么反思就不能避免各种解释的冲突。正如利科在《弗洛伊德和哲学》一书开头所说的，“不存在一般的诠释学，也不存在诠释的普遍准则，而只存在一些根本不同和相互对立的关于解释规则的理论。诠释学领域……和诠释学自身并非内在一致”[8]。因此，按照一种观点，诠释学是以一种信息的形式使解释者获得某种意义的复原。这种诠释学依赖于信心，依赖于听的愿望，它的特点是认为象征揭示了某种秘密。然而，按照另一种观点，诠释学是以伪装的形式向解释者呈现一种解释神话的意义。这种类型的诠释学依赖于悬置，依赖于对所与物的怀疑，它的特点是怀疑象征掩盖了事物的真相。利科认为，马克思、尼采和弗洛伊德所运用的正是后一类型的诠释学。这三位“怀疑能手”都在某种意义上把意识的内容看成是“错误的”；他们三人的目的就是想通

过某种还原的解释和批判而超越这种错误。

为了把精神分析应用于诠释学领域，利科系统地阅读了弗洛伊德的著作。这一阅读包括了三个周期，每一个周期都限于一个突出的问 7
题。第一个周期开始于弗洛伊德1895年的《方案》，这部作品包括对梦幻和神经症状的解释，结束于提出一种利科称为“第一局部解剖图”的体系：下意识、前意识、意识。在这一周期中，主要关注的是精神分析话语的结构，这种话语是作为力量陈述与意义陈述的混合物而表现出来的；并且正如利科所反复声称的，“这种混合的话语不同于力求简明易懂的话语：它坚定地把握了我们在阅读弗洛伊德著作时所发现的、我们可称之为‘欲望语义学’的实在本身”[9]。阅读的第二个周期着重于弗洛伊德观念向文化领域扩展的问题，这一扩展反过来又影响了原有的模式，结果产生了“自我、本我与超我”的“第二局部解剖图”。最后，在第三个周期里，利科考察了由于提出死亡本能所引起的震动。这种本能使弗洛伊德既完成了文化理论又完成了对实在原则的解释，但这样做时，它也使弗洛伊德走进了由厄洛斯(Eros)、塔纳托斯（Thanatos）和阿南柯（Ananke）诸神所统治的神话王国。

欲望语义学概念为利科研究精神分析的认识论地位提供了参照。在回答那些指责弗洛伊德的理论不符合最基本的科学性标准的批评者时，并与那些试图根据这些标准来重新表述理论的著作者相反，利科主张所有这些争论和重新表述都背叛了精神分析的本质本身。因为精神分析不是一门处理行为事实的观察性科学；相反，它乃是一门研究再现的象征与原生的本能之间意义关系的解释性学科。这样，精神分析概念不应当按照经验科学的要求，而应当“按照它们作为分析经验的可能性的条件的地位来批评，而且就这种分析是在讲话范围起作用而言”[10]。语言和意义在精神分析中的不可低估的作用的承认，使利科接近了雅克·拉康及其追随者的立场。但是利科批评拉康那种把作品的压缩解释为隐喻和把置换解释为转喻的意图。这种意图忽视了精神分析有效范围，从而不能对障碍，即把日常语言与下意识的准语言

8 分离开来的那种抑制的障碍进行说明。因此，按照利科的观点，行为主义和拉康派的概念都没有公正地对待作为欲望语义学的精神分析的特殊性。

利科对弗洛伊德著作考察的最后阶段，出现在哲学反思层次上。支配此阶段的问题是双重的：（1）精神分析的混杂话语是如何进入反思哲学的？以及（2）当意识的机巧被严肃地对待时，对反思主体来说发生了什么？对这个问题的回答概括为如下主张，即“分析话语的哲学地位是由主体考古学的概念来规定的”[11]。这个概念承认直接意识让位于另一个意义代表，即欲望的出现。然而，欲望只通过它得以表现自身的伪装才可接近；只有通过解释欲望的符号，我们才能捕捉欲望的呈现，因而才能反思重新获得它已经丧失的古代遗产。利科立于通过反思的扩展来呈现的暗藏的目的论之上，提出由对精神形象的进一步综合来补充弗洛伊德主义的回溯分析。考古学和目的论、回返和前进的内在辩证法本身就扎根于真正的象征的多元决定的结构之中。所以利科以如下主张总结他对弗洛伊德的哲学反思，即复杂的象征建构包含了解决解释冲突的钥匙。

与结构主义对抗

语言在利科思想中日益增大的重要性，促使他与结构主义的批判对抗。“结构主义”一词指的是自 20 世纪 60 年代初以来在法国流行的一个学术流派，这一流派是与罗兰·巴特、克劳德·列维-斯特劳斯和路易·阿尔都塞这样的一些作家联系在一起的。这些作家与其他一些人的不同贡献都是与一种基本的语言模式连在一起，这种语言模式的前提规定了结构主义观点的界限。这种模式最初由索绪尔所建立，但利科在丹麦语言学家赫耶尔姆斯列夫（Louis Hjelmslev）的著作中发现更明确的表述。根据赫耶尔姆斯列夫的《语言理论绪论》，利科概括了这种语言模式的前提条件如下：第一，结构主义假定语言是一个能够进行科学研究的对象。第二，结构主义区分了系统状态的
9 科学和变化的科学，并让后者从属于前者。第三，结构主义模式假

定，在任何系统状态中，没有任何绝对的术语，只存在相互依赖关系，以至于语言就“变成一个单由符号的差别所规定的符号系统”[12]。第四，结构主义把这个符号群看作一个内在相互依赖的封闭的自控系统。从这些前提可以推知，对于结构主义来说，一个符号不是根据它所代表的对象来规定，而是根据在它所属的系统中与它同一层次的所有其他符号的关系来规定。

在诸如列维-斯特劳斯这样的“结构主义”作家的著作中，语言模式被转移到其他对象领域。列维-斯特劳斯用这样一个假定证明了这种转移的合理性，即相关领域本身就是一个沟通系统，因而也类似于语言。例如，亲属关系构成了对立两极的系统，其中妇女被以一种类似于语言在个人之间交往的方式循环于诸家庭或诸部落之间。同样，神话也可以看成由构成要素或“神话素”所构成的系统，这些要素或神话素是由一些类似于语言学规则的法则所内在联系起来的。但在《原始思维》一书中，列维-斯特劳斯抛弃了这奇怪的转移而把语言模式应用于整个思维层次。这个层次就是“野性思维”层次，正如利科所说的，“这个层次只是命令而不是思考自身”[13]。因此，按照列维-斯特劳斯的看法，野性思维是一种“下意识的”命令，我们可以把它客观地分析为一个纯粹的差别系统。

利科通过对语言模式前提所产生的局限性的反思，提出他对结构主义的批判。他论证说，结构语言学把自身建立在这些前提下，从而就没有考虑许多重要的现象。例如，它没有考虑到，言说行为不仅是作为个人的履行行为，而且也是作为新表达方式的自由创造。历史也被抛弃了，因为历史不只是从某一系统状态到另一系统状态的过渡：历史是一个过程，在此过程中，人类通过其语言的创造而创造自身及其文化。并且，结构主义排除了语言的最初目的或意图，即语言就是说某事。语言既有说某事的理想意义，又有关于某事说什么的现实指称。在一种超越的运动中，语言要跳过两个门槛，并因此“抓住实在并对思想上抓住实在进行表达”[14]。对这种现象的排除使利科对语言模式的最初前提加以怀疑，即语言是一个能够被科学地加以研究的对 10

象。因为人们很容易忘记，这个对象是相对于结构主义观点的理论和方法的。语言被绝对化为对象，结构主义超出语言的有效性范围，这样就封闭了某人关于某事对某人说某事的沟通过程。

超越结构主义有效性范围的倾向是列维-斯特劳斯的特征。一开始，利科试图通过论证从语言模式向野性思维的转变是通过特殊个案来完成的，从而证明这种超越的合理性。列维-斯特劳斯所引用的例证是从一系列特殊的人种学材料中抽取出来的，这些材料特别有利于局部的重组。但是，如果我们从一个不同的思想传统，从犹太人、古希腊人或印裔欧洲人的传统中抽取个案的话，那么能用结构主义方法完全无剩余物地分析这些个案似乎是不可能的；其中由于无法分析而剩余下来的东西，即不可减少的意义的剩余物将是诠释学研究的合法对象。同样超越有效性界限的运动明显地表现在列维-斯特劳斯和其他人发动的从结构主义科学到结构主义哲学的未加言明的运动中。利科认为这一运动必然要失败。因为结构主义，就其排除自我反思的可能性而言，永远不能使其自身成为一门哲学。“被设定为无意识的命令，在我看来，只不过是与自我理解抽象分离的一个阶段；自身命令又被设想为在其自身之外”[15]。然而，真正的反思哲学必须接受结构主义方法，在理解自我和存在时，把它的有效性解释为一种抽象的和客观的元素。这一必要性成为利科近期关于语言和解释理论研究的主要指导原则之一。

III

话语和创造性

意志哲学、精神分析的考察以及与结构主义对抗都提出了关于语言本性的根本问题。在回答这些问题时，利科力图发展一种能为诠释学哲学提供跳板的语言理论。这种理论以系统（system）和话语
11 （discourse）之间的根本区别为前提。虽然这一区别与索绪尔派的语

言（*langue*）和言语（*parole*）之间的二分法相关，但它更直接地受惠于法国语言学家埃米尔·班文尼斯特（Emile Benveniste）的研究。按照班文尼斯特的观点，语言是一系列层次所组成的一个整体，其中每一个层次都是由一个明确的构成单元来刻画的。但是，这些层次之间的转换却不是连续的转换。当音素（phoneme）、词素（morpheme）、义素（semanteme）等都是由它们内在的和对立的关系来定义的符号时，语句本身却不是一个符号，而是一种不确定的和无限制的创造。语句"不再是语言（或系统）的单元，而是言语或话语的单元"[16]。向话语层次的转换为语句的真正语义学创造了可能性，这种语句语义学（semantics of sentence）不同于符号的符号学（semiotics of sign）。

根据事件和意义之间的内在辩证法，利科阐述了话语的特征。就讲话是实现某个当下行将消失的事件而言，话语具有某种事件的特征。虽然语句的声音表达的只是短暂即逝的现象，然而在以后的场合，语句仍能作为同一语句而确认；换句话说，"如果所有话语是作为一个事件而实现的，那么所有话语就被理解为意义"[17]。利科说，意义这个概念可以大致分为两个基本方面，既包括客观的方面或语句意指的东西，又包括主观的方面或讲话者所意指的东西。在讨论这两个方面的意义时，利科引用了英语世界里一些相当著名的哲学家的著作，其中最有名的是 J. L. 奥斯汀、P. F. 斯特劳森和约翰·R. 塞尔的著作。跟随弗雷格，利科进一步对意义的客观方面的两个构成部分进行区分：语句既有理想的含义又有实际的指称。只有在语句这一层次上，语言才能指称某物，封闭的符号宇宙才能与语言之外的世界发生关联。因此，指称关系是话语的一个根本特征，根据这个特性，符号的符号学必须被看作一门派生的学科。

话语的语义学清楚地显示出在日常语言中创造和解释的原始过程。创造的基本条件是语词的内在的多义性，即具有这个特性的自然语言的语词具有不止一个意义。多义性的范围能够用符号的符号学来规定，因为一个语词的潜在用途是在词汇系统中被积累和整理的。但

12 是，利科认为，多义性的实际用途只能通过语句语义学来把握。因为语词只有在语句的连接关系中才有意义，而语句又只有在特殊的语境中才能说出。因此，多义性依赖于某种语境的行为，这种语境行为排除了一些多余的意义，以至于单义性的话语才能从多义性的语词中产生。要把握这种过滤的效果，就是要在其最原始的意义上进行解释。“通过自然语言所传递的最简单的信息必须被解释，因为所有语词都是多义性的，只有在面对特定情况的背景下，与特定的语境和特定的听众相联系才能取得它们的实际意义。”[18]多义性，虽然赋予语词以必须通过解释来筛选的多余意义，但通过隐喻为意义的创造性扩充提供了基础。

通过对早期观点的详细分析，利科又发展了他关于隐喻的思想。在传统的修辞学中，隐喻被认为是一种隐喻类型，即一种方法，借用这种方法，一个形喻的语词可以根据明显的相似性被用来代替原来的字词。如此考虑的隐喻并没有告诉我们什么新的东西；它只是一种用来修饰那种否则是刻板的语言的修饰手段。为了想超越这种呆板的观点，利科转而研究了诸如 I. A. 理查兹（I. A. Richards）、马克斯·布莱克（Max Black）和门罗·比尔兹利（Monroe Beardsley）这样一些盎格鲁-撒克逊著作家的著作。这些著作家所指出的观点是，隐喻主要在语句层次上而不是在语词层次上起作用；或更确切地说，它是在这两个层次之间起作用。而且，按照利科的观点，隐喻是以在语句的两个词项之间确立紧张关系为前提条件，而这种确立又是违反语言学规则的。这样，隐喻性的陈述似乎是，通过某种创造语义学在整个语句内的中肯作用，把那种紧张关系加以弱化。因此利科说，“隐喻是一种语义学的革新，这种革新既是论断次序上的（新的相关），又是词汇次序上的（范例的偏差）”[19]。所形成的意义只能通过使整个语句得到理解的某种结构性的解释，以及依赖和扩展隐喻词项的多义性而被把握。这种意义的出现还伴随指称领域的转换，赋予隐喻以其重新描述实在的力量。
13 这种转换不仅影响隐喻而且也影响一般文学作品，其性质由文本概念来澄清。

文本和解释理论

利科通过对文本概念的表述，做了一个从语义学到诠释学本身的转变。文本是话语的作品，因而首先是一种作品。说文本是一种作品，就是说它是有结构的整体，而这个整体不能被还原为作为其组成部分的语句。这样一个整体是按照一系列规则所产生，这些规则规定其文学类型，并把话语转换成诗、小说、戏剧。在文本作为作品属于一个类型的同时，文本也具有规定其个别风格的唯一组织结构。作为作品的话语产物被表现在其组织，即类型和风格里。这些范畴乃是生产范畴和劳动范畴，“把一种形式强加到质料上，使产品服从类型，生产出个体：这些都是把语言处理为被加工和形成的质料的诸多方式”[20]。作为话语的作品，文本保留了语句的特征，但是以一种新的编排表现它们，这种编排要求它自己的解释类型。

文本除了是话语的作品外，还是**书写的**作品。利科强调说，文本不仅只是某种先前讲话的铭记，好像讲话是每种书写的作品的口头源泉。相反，讲话与书写是话语实现的不同的但同样有效的方式。然而话语在书写里的实现包含了一系列使文本区别于口头话语条件的特征。利科用“间距化”（distanciation）这一关键词概述了这些特征，间距化这一概念表现为四种基本形式。第一种形式的间距化是通过所说话的意义达到对于说话事件的超越。它是在书写中被铭记的意义，这种铭记之所以可能是由于说话行为的“意向性的外在化”（intentional exteriorisation），这就是说，说话行为的构成性特征可以通过各种语法的和句法的方法被实现在书写之中。第二种形式的间距化涉及被铭写的表达与原说话者之间的关系。当在口头话语中，说话主体 14
的意图与所说话的意义经常重合，而在书面话语中则不存在这种重合。“文本指称的意义和作者的意思不再一致了；从此之后，文本的意义和心理学的意义就有了不同的命运。”[21]第三种形式的间距化在被铭写的表达与原听众之间引入了一种类似上述的差异。在口头话语中，听者是由对话关系来规定的，反之，书面话语则是说给未知的听众，并潜在地说给任何能阅读的人。文本使自身“解除了”（decontextualises）生产它的社会的和历史的条件的语境，并使自己面对一个无限制系列的阅读。第四种也是最后一种形式的间距化涉及文本从直指的指称的限制中的解放。当口头话语的指称最终是由讲话境遇所分享的实在所规定时，而在书面话语中，这种分享的实在则不再存在。因此文本就可能具有一种并非原讲话所具有的那样一种指称度向，这是一种在解释过程中所展现的度向。

利科所营造的解释理论是与文本概念紧密联系在一起的。这种联系揭示了利科离开其早期工作的转向，在他早期工作中，解释是与真正的象征（authentic symbol）的复杂结构相联系的。现在不再是象征，而是文本、书写的话语本身，才规定了诠释学的对象领域。因此，利科解释理论的基本特征可以从书面话语的特征推出。前两种形式的间距化——所说话的意义对说话事件的超越，以及所说话的意义脱离说话主体的意图——包含文本的客观意义乃是某种不同于其作者的主观意图的东西。从这里，利科得出结论说——直接反对那些如E. D. 赫希（Hirsch）这样的文学批评家——“正确理解的问题不再被简单返回所谓作者的意图而解决”[22]。正如要解决隐喻所造成的紧张，需要构造一种新的意义，同样，文本的意义也必须整个被猜测或解释。尽管意义的解析可能造成不止一种文本解释，在这种情况下，迫切的冲突必定发生在论辩的过程中，但利科坚决地主张，这乃是一个所谓作者意图不起任何特权的过程。

后两种形式的间距化对解释理论具有同样重要的结果。利科观察到，书面话语从对话的交谈者和对话境遇的具体情况中的解放产生了对文本的两种可能态度。一方面，读者可以怀疑关于文本指称度向的
15 任何判断，把指称度向视为完全无世界的和自我封闭的实体；另一方面，读者可能抛弃这种悬置，试图展现文本的非直指的指称。第一种态度被结构主义观点所采取，他们试图用文本内在关系来说明文本。因而结构主义提供了一种新奇的、有成效的说明类型，这种类型不是从自然科学而是从语言本身领域而来。但利科论证说，在这里回响了

他早期对列维-斯特劳斯的批判，任何这样的说明都以一种不能被还原为结构分析的理解形式为前提。所预设的理解形式是关系到读者对文本可能采取的第二种态度的事情。因为读者可以找不是隐藏在文本之后的东西，而是某种展示在文本之前的东西；不是文本的内在构成，而是某种指向可能世界的东西。在这一层次上，理解文本就是从它的含义（sense）到它的指称（reference），从它所说的东西到它所说内容所关涉的东西。因此，在利科的理论里，说明和理解不再是矛盾的两种态度，有如在诠释学历史上经常所认为的那样。正相反，通过结构分析的中介，“我们就似乎可以把说明和解释沿着一个独特的‘诠释学之弧’（*hermeneutical arc*）排在一起，并且在一个全面的、作为意义发现的阅读概念中将说明和理解这两种对立态度加以综合”[23]。

行为和历史

利科的解释理论虽然表述在文本方面，但它可以扩大到其他领域。扩张到社会科学领域之所以可能，在于行为可能被认为是文本这一要求，因为行为可能以一种体现四种形式的间距化的方式被客观化。例如，正如话语的铭写包含了所说话的意义超越说话实例一样，行为的客观化也可以用所做事的重要性（significance）消解这一所做事件来标志。根据这种考虑，利科进入了行为解释中关于说明与理解的相对作用的方法论争论，这是威廉·狄尔泰、马克斯·韦伯以及其他人在社会科学语境中所进行的一种争论。因为，如果行为确实可以被认为是文本的话，那么我们可能提出，“作为书写范例的相对物的阅读范例，在何种程度上为人文科学的方法论谬论提供一种解答”[24]。
正如文本一样，行为是一种必须被整体解释的有意义的实体；解释的 16
冲突只能通过论辩（argumentation）和争论过程来解决，在此过程中，行为者的意图可能是重要的，但不是决定性的。另外，结构主义的分析方式可以转入社会领域，提供一种调节行为深层解释的说明环节。因为利科争论说，人类行为，正如文献文本一样，揭示了一种含义和一种指称；它既具有内在结构，又筹划一种可能世界，一种潜在的人类存在方式，这种方式可以通过解释过程来揭示。

解释理论向行为领域的扩大之所以合理，在于行为本身就是诸多文本的指称。亚里士多德告诉我们，悲剧试图以一种诗的方式模仿人类行为："悲剧的神话——这就是说，悲剧的虚构（fable）和它的情节（plot）——乃是人类行为的模仿（*mimesis*），创造性的模仿。"[25]悲剧不仅是描述行为，而且是以一种更感动人的方式展现行为，使人类行为比起它在现实界还更高大和更高贵地得到表现。对悲剧创造性质的强调指明了一种与行为更深一层的亲缘关系，因为后者也是由一种想象的创造力所培养起来的。想象的作用既在个体层次上是明显的，因为行为是按照一种预期格式被筹划的，也在社会层次上是明显的，因为个体是通过意识形态和乌托邦形象彼此发生关系和与他们的集体传统发生关系。这些形象不只是对社会生活的扭曲，而且按照利科的看法，也是社会联系本身的构成。如果乌托邦思想表现一种与社会现实的批判的距离，那么这种距离之所以可能，只是因为现实首先是通过一种先于批判反思和转变集体传统的意识形态而被整合的。

隶属于传统和使自己与传统有距离这两者之间复杂的相互作用形成解释理论扩大到历史领域的基础。历史经验基本上是隶属于那种由过去得来的传统的经验。然而，正如狄尔泰、胡塞尔以及其他人曾经强调的，经验本质上是可表现的：它能被外在化于那些要求被理解的符号里。所以间距化乃是隶属性的补充物，从隶属性可推出，"历史经验和书写分享同一命运。历史经验被铭刻下来，并被置于某个距离中，所以历史是一门建立在踪迹之上的科学"[26]。历史经验的间距化
17 证明了，把说明性的度向融入到历史学科中是合理的。论述这种度向的尝试曾经由卡尔·亨普尔在其经典论文《历史中一般规律的作用》所做出。正如在利科对结构主义的批判中一样，利科也不忽略亨普尔这一直率的尝试。因为亨普尔的错误不在于他研究历史的说明结构，而在于他不能把握说明结构进行操作的方法论框架。历史中的说明并不结束于自身；它是服务于那种与历史文本的叙事性相联系的历史理

解。历史学家的概括或“说明概观”有利于推动故事的随后过程，特别是当后一过程已被中断或阻碍。

历史学家的历史与文本的解释之间的关联绝不会被历史的“实在主义的意图”所消解。毫无疑问，历史要求提供对过去事件的真实再现，它典型地引证各种证据以支持这种要求。然而利科主张，正如模仿可以赋予虚构一种与真实行为世界的指称关系一样，历史也具有一种想象的方面。通过比较过去价值与现在价值的不同来再认识过去的价值，历史开启了走向可能世界的真实道路。正如利科所说，“过去的‘真实的’历史揭示了现在被埋藏的可能性”[27]。的确，不管在指称层次上有多少差别，在这个层次上历史与虚构确实在人类经验的基本历史上会聚在一起。所以“历史”这一词的歧义，在法文 *histoire* 一词此歧义更大，绝不是偶然的：对过去文本的重新讲述乃是当前现实性的一部分——正如伽达默尔所说“效果历史意识”的部分。

诠释学与哲学反思

这种关于文本而精心构造的然后又扩大到社会历史世界的解释理论，重新肯定了诠释学与哲学反思之间的联系。在利科早期的著作中，利科依据法国哲学家让·奈伯特（Jean Nabert）的研究建立了这种联系。奈伯特与其说接近康德，不如说更接近费希特，他把哲学反思与认识论的辩护分离开来，并把这种哲学反思看作对存在努力和生存意愿的重新发现。然而，这种努力和意愿不能在理智直观的行为中去直接把握；它们只有通过对象和行为的镜子、象征、符号才能瞥见，因为正是在这些东西里它们才被揭示。因此，“反思也必须变成解释，因为除非通过散见在世界中的符号，否则我们不能把握存在行
为”[28]。反思不能从“莫须有”讲起，因为它必须以解释某些特殊传 18
统的文化产物而开始。所以解释使反思“具体化”，开启反思能应用于社会历史世界的所有学科的方法和结果。

除了为哲学反思提供数据外，人文学科还改变了它自己的性质。因为反思必然是自我反思，这些学科又重新提出了“自我”可能意指

什么的问题。这样，精神分析严厉批评了那种自恋的自我主张，把它放到了某种残缺不全的和让人感觉耻辱的我思（*cogito*）的后面，“这种我思只有在坦率承认当下直接意识的某种扭曲、错觉和欺骗，并只有通过这些东西才能理解它最原始的真理”[29]。弗洛伊德向我们提供了一个惊人的发现，即意识不是一个所与物，而是一项任务，这项任务只有通过漫长而曲折的欲望语义学的道路才能完成。同样，对意识形态的批判，正如马克思所阐明的并在所谓法兰克福学派的著作中所发展的那样，就是宣称意识是错误的王国。因为日常的态度一般都是对实在的扭曲了的表象，它们为统治制度遮掩并且为统治制度辩护。意识形态批判就是力求揭露这种扭曲，并在对立的思想中产生真实的意识。这样反思必须与诠释学相联系，不仅是因为存在只能在其外在的表现中被把握，而且也因为当下直接意识乃是一种错觉，这种错觉必须通过解释性的批判才能剥去其伪装并加以克服。

具体反思概念通过解释理论进一步得以丰富。由于把作者的主观意图从属于文本的客观意义，解释理论取缔了主体的原本的优越地位。然而，正是借助于精神分析和意识形态批判，对作为根本源泉的主体的排除，就为以一种更恰当方式重新引进主体性准备了道路。因为解释过程只有在一种占有行为中才能完成，而这种占有构成间距化的根本对立面。利科解释说，占有意味着“把某种原本是‘陌生的’东西‘使之成为自己的东西’”，这样“解释将一切归在一起，并使之均衡化，从而成为当代性的和类似的”[30]。占有行为并不力求重新连接作者的原来意图，而是通过实现文本的意义而扩展读者的意识视
19 域。虽然解释终结于自我理解，但它并不等于天真的主观主义。利科强调说，占有不是像剥夺行为那样的一种占有行为，在占有中，直接自我的意识被通过文本促成的自我理解所替代。所以解释产生反思，因为占有是与文本的揭示力相连接，与文本揭示一个可能世界的力相连接。

解释在占有行为中的巅峰指出了本体论构成了诠释学的最终视域。在对本体论的探索中，利科指明了他与大多数盎格鲁-撒克逊语

言哲学家的差别，以及他与海德格尔和伽达默尔的工作的接近。正如后面这两位哲学家一样，利科认为诠释学涉及对存在的理解和存在者之间关系的理解。然而，利科希望能“抵抗这样一种观点的诱惑，即把**真理**，即理解的特征，从由注经学产生出来的那些学科所操作的**方法**脱离出来”[31]。要把方法和真理分离出来，按照伽达默尔提出的方式，就是要忽视解释的冲突，而正是在这种冲突中我们才知觉我们所力求理解的存在。至此我们可以推知，在利科说明中所达到的本体论将仍然是存在的片段的和不完全的表述；但是，诠释学的这种内在的碎片化并不是放弃或失望的基础，因为它仅仅证明了哲学的这一条件，即对其基本有限性的承认。

IV

诠释学历史的研究

上面所讲的内容为本论文集的研究提供了哲学背景。这些研究的目的并不在于反思这种哲学背景，说明利科思想的发展或为他的著作范围做例证。相反，这些研究与一系列的问题相关，这些问题是从单一的观点，即“诠释学”的观点，或者更确切地说，是从“诠释学的现象学”的观点提出来的。虽然这种观点的细节还有待于考订，但利科证明说它为许多思想学科提供了很多东西。如果说本书论文讨论的问题是集中在那些与人文学科，即从哲学和文学批评到社会学、精神分析、历史学直接相关的问题上，那么，这倒不是因为利科没有涉及
其他领域。为像利科这样多产的作家编一部论文集，需要编者采用选 20
择原则；本论文集所选择的论文是为了对哲学和社会科学里的问题、观点呈现一种系统的讨论。

在本书第一篇论文《诠释学的任务》中，利科对近代诠释学历史提供了一个清楚而简明的说明。他以如下两个发展过程之间的相互作用考察了这段历史：从局部诠释学到一般诠释学的运动，和从认识论

到本体论的转变。“从局部到一般”（deregionalisation，去局部化）的运动开始于德国神学家弗里德里希·施莱尔马赫（1768—1834），而这个运动的结束则是在狄尔泰（1833—1911）的著作中达到的。狄尔泰著述于19世纪后期新康德主义氛围内，当时他面对一般历史知识领域内的解释问题，他试图详细说明这种知识可能性的条件。因此，狄尔泰的贡献主要是认识论上的，但直到马丁·海德格尔（1889—1976）才实现了从认识论到本体论的真正转变。对于海德格尔来说，理解不再被看作一种认知的方法，而被看作一种存在的方式，看作我们“在世存在”的一种基本特征。但是，利科主张，海德格尔的哲学以及其著名学生汉斯-格奥尔格·伽达默尔的哲学都没有解决诠释学如何从本体论返回到已被抛在后面的认识论的问题。

第二篇论文《诠释学与意识形态批判》继续讨论了诠释学的传统。这篇论文关注了前些年在德国发生的一场争论。这场争论是由1967年尤尔根·哈贝马斯的《社会科学的逻辑》一书的出版而开始的，这本书对1960年第一次出版的《真理与方法》一书进行了尖锐的批判。伽达默尔响应了哈贝马斯，接着是一场激烈的辩论，双方都力求限定对方提出的普遍性要求。利科的长篇论文不仅对这次讨论做了精彩的介绍，而且本身对这场争论也做出了具有创见的重要贡献。利科试图超越这种枯燥的对立，即只是两种冲突观点的对抗，他想寻求一种真正建设性的对话。他论证说，诠释学不能再像伽达默尔所力图主张的那样，把方法问题看作第二位的和派生的问题；因为只有在那种包含客观分析和批判的可能性的间距化中，并只有通过这种间距
21 化，我们才隶属于传统。反之，意识形态批判不能再说成是出于与诠释学根本原则完全不同的某种旨趣，因为我们只能以某种理想的名义批判现在，而这种理想是从对过去的创造性的占有中获得其内容的。

《现象学和诠释学》一文也是以争论的形式构成，虽然这一问题现在是与利科自己思想内部的斗争紧密相连。这篇论文是利科思想发展的一个里程碑，它面临着这样一个问题，即在海德格尔和伽达默尔的强烈影响的冲击下，胡塞尔纲领还剩下些什么。毫无疑问，海德格

尔和伽达默尔对现象学进行了毁灭性的批判。然而，正如利科令人信服地指出的，屈从于诠释学批判的不是现象学本身，而是以最观念论的形式表现出来的现象学，即胡塞尔自己发展的现象学。一旦这种形式被抛弃，就为认识诠释学和现象学之间的深层而共有的亲缘关系铺平了道路。一方面，诠释学和现象学既有共同的假定，即意义问题是首要的，又有共同的论题，即意义的源泉先于语言。另一方面，正如利科在认真分析了胡塞尔文本之后所指出的，现象学方法不可避免也是解释性的。诠释学和现象学共有的亲缘关系为利科的建构性工作提供了哲学基础。

解释理论的研究

第二部分中出现的研究表现了利科对诠释学积极贡献的核心思想。所有的论文都涉及解释理论构造的各个方面。在《间距化的诠释学功能》一文中，利科通过阐述文本概念开始了这项任务。作为话语的书写产品，文本的特征首先可以根据生产范畴，其次根据讲话与书写之间的关系来规定。对后一种关系的分析揭示了几种形式的间距化，这些间距化构成文本的语义学自主性。通过把这种自主性的文本作为诠释学的焦点，利科提出了避免疏异性间距化（alienating distanciation）和参与性隶属性（participatory belonging）两者之间必居其一的可能性。因为文本引进了一个积极的和富有成效的间距化概念，这个概念不是一个需要被克服的障碍，而是真正历史理解的条件。因此对于利科来说，方法问题和真理问题一样都是中心问题。

在《什么是文本？说明和理解》一文中，利科探讨了诠释学重新定向的方法论含义。自从狄尔泰以来，通常总是把“理解”和“说明”对立起来，用心理学的术语来概述前者，而把后者完全从人文科学领域中驱逐出去。利科认为这种倾向是错误的，他力求用关于文本解释的理论来反对这种区分。我们已经看到，文本作为客观化的和自主性的实体，如何可以从属于结构分析的说明方法；但是，这种分析并不排除理解的必要性，而结构主义的说明加强和丰富了这种必要 22

性。利科通过对列维-斯特劳斯的俄狄浦斯神话分析的批判，提出这种深层诠释学观点的阐明性例证。列维-斯特劳斯把神话的要素分为四种相互关联的范畴，这确实可以说明神话，但没有解释神话，也没有排除解释问题。因为这种分析以一个不能探究的问题为前提，这个问题关涉人类生命的最终起源。阐明这一问题将是理解的目的，因此，理解与任何心理学的移情概念是根本不同的。

在《隐喻与诠释学的核心问题》一文中，利科考察了解释理论和隐喻理论之间的某些联系。这些联系之所以可能，是因为隐喻像文本一样也能在话语的框架内来分析。隐喻和文本的基本单元同样都是语句，只不过在隐喻中这种单元是最大的，而在文本中这种单元是最小的。这种共同的基础说明，解释理论可以被应用于这两个实体，并且对其中一个的解释所提出的问题可以显示出对另一个的解释。因此利科提出了这样一个假设，即从说明的观点来看，对隐喻的分析是对文本的分析的一个好的向导，而从解释的观点来看，对文本的分析又为对隐喻的分析提供了钥匙。因为一方面，为了说明隐喻意义的形成而建立相互作用网络的必要性，促使我们把文本看作一个有结构的整体，它的意义也必须作为一个整体解析。另一方面，文本所揭示的对世界的占有也促使我们认识到隐喻也具有指称度向，具有某种力量，诗歌在对实在的创造性模仿中需要使用的力量。

23 第二部分最后一篇论文是《占有》。这篇论文是利科在 1972—1973 年讲课的内容的一部分，在这里是第一次发表。它的重要性在于它表现了利科想系统表述与解释理论一起出现的主体概念的意图。解释理论不仅要求一开始就不考虑指称关系，而且要求一开始就把主体性置之一旁：主体和客体都必须从属于变形（metamorphosis）过程。为了说明这一过程，利科引证了伽达默尔对游戏现象的分析。伽达默尔指出，游戏与其说是主体的活动，不如说是对主体的活动，主体是“被游戏”于其中的活动。同样，利科指出，在解释理论中，主体——不管是作者还是读者——是文本的“游戏人物”。因此，最先的对主体性置之不顾，是在文本的客观指导下对意识进行最终扩充的前提条件。理解是自我理解，虽然返回自我在解释理论中不是最先的而是最后的环节。

社会科学哲学的研究

本论文集的第三部分包含了对社会科学哲学的四篇研究。在第一篇研究《文本模式：被视为文本的有意义行为》中，利科做了一个挑逗性的尝试，即把解释理论扩大到社会科学领域。跟随马克斯·韦伯的观点，利科认为社会科学这些学科的对象是有意义的行为。然后他提出一系列的论证来证明：首先，有意义的行为具有文本的结构性特征；其次，社会科学的方法论类似于文本解释所要求的程序。深层诠释学有关行为研究的发展指出了一种克服那些古典对立的途径，诸如说明和理解或动机和原因，这些对立曾折磨着社会科学哲学。所以这种研究也意味着，理解和自我理解的“诠释学循环”，领会和承诺的“诠释学循环”，是社会科学知识的一个不可缺失的方面。

在《科学与意识形态》一文中，利科讨论了社会科学的认识论问题。在揭示了意识形态在社会生活的综合中起了基本作用之后，利科转到了意识形态的科学知识的可能的条件的问题。如果社会科学能够满足科学性的实证主义标准，例如普遍性和证伪性标准，那么这种知 24
识才是可能的。然而，似乎很清楚，社会科学中的理论达不到这一理想。利科试图表明，社会理论的科学性标准完全不同于实证主义模式所得出的标准；但是，既然已经抛开了这种模式，我们就不能像阿尔都塞和其他人那样，为了在科学与意识形态之间划出一条“认识论界限”，又把这种模式偷偷地引进来。利科认为，抛弃实证主义模式，同时就是拒绝科学与意识形态之间关系的分离观点。因此我们必须承认，不存在任何一个特别的地方，不存在一个阿基米德支点，关于意识形态的一种无意识形态的知识可以从那里产生出来。相反，我们必须承认，社会科学具有诠释学特征，由这种特征可以推知，所有社会世界的知识都在隶属关系——最原始意义上的“意识形态的”关系——之后并由这种隶属关系所支持，而对这种隶属关系我们永不能充分反思。

《弗洛伊德精神分析著作中的证明问题》同样是关于认识论问题。在这篇论文中，利科又面临精神分析的科学地位这一令人苦恼的问题，这一问题在《弗洛伊德和哲学》一文中曾经提出过但没有解决。利科关于这一问题的最近研究表明，他已经离开了他早期的著作，在那里他强调的是精神分析理论的结构。他现在的出发点是那种规定什么算是精神分析中的一个“事实”的分析境遇。另外，事实和理论之间的关系比起传统经验主义说明所主张的关系要复杂得多。这些预先的考虑为利科如下主张开辟了道路，即精神分析所提出的真理要求类型非常不同于观察科学预先假定的真理概念。因为精神分析的真理主张与通过叙事过程而获得的自我认识分不开。然而，精神分析的说明度向却提供了并不包含在叙事结构本身里的证明手段。正是在精神分析理论、解释程序、心理治疗以及分析经验的叙事结构的这样复杂表述中，证明的手段以及理想的精神分析说明的标准才最终建立。

在本书最后一篇论文中，利科探讨了叙事性这一主题，以便在虚
25 构的故事和历史学家所写的历史之间建立一种联系。该研究的框架是由我们现在所熟悉的含义和指称之间的区别而被提出的。在含义层次上，利科试图表明历史和虚构分享了一种共同的结构，即它们用同一种方式把事件次序转变为一个融贯的叙事。利科通过两方面的批判来为这种观点辩护，首先是研讨亨普尔反对历史的叙事特性的论证，然后是考察法国结构主义者 A. J. 格雷马斯（A. J. Greimas）将历史情节“去编年史化”（dechronologise）的尝试。在指标层次上，正如我们所看到的，利科主张，不管历史和虚构与实在联系的方式有多么不同，然而它们都涉及人类存在的基本历史性。历史和虚构的指称度向“超越”了产生历史和书写历史的存在的历史性、历史条件。历史和叙事性、叙事和历史性，这些都是利科近年来著作中所主要涉及的诠释学轴心问题。

结论

本书所收集的论文是利科哲学发展中的一部分，这些论文既反映

了这种发展，而本身又是在继续这种发展。就反映这种发展来说，这些论文是对利科在其生涯过程中所出现的许多思想的再现和提炼。论文中所涉及的意义、行为和想象，虽然讲得不多，但都表明与他的早期的工作有深层的联系。正如在他早期的著作中一样，同样在这些论文里，人类有限性的本体论仍是哲学反思的视域。然而，至少在两个方面，这些论文也是他思想发展过程的继续。利科现在的方法显然是诠释学的，是对他早期着重于现象学的工作的一种转折。现象学虽然可能仍然是诠释学不可超越的前提条件，但它超出所有其前提必须要考察的诠释学。方法论的改变是与最初研究的对象的改变紧密相连的。研究的直接焦点不再是主观过程的意向对象，或者说甚至不再是个人经验的象征表现，而是全部书写话语领域，文本和类似于文本的领域。这种方法和对象的双重变化反映了利科工作正在朝向不断发展他的思想这一任务，朝向曾有设想但迟迟未达到的“意志之歌”的继续发展。

在这些论文中，读者将会发现一种哲学，尽管它宣称忠诚，却是真正开放的。利科的思想并不形成一个封闭的体系。他的思想并不受 26
某种正统专制立场或某个已经建立的学科界限所限制。他的工作包含许多人类理智传统的积极成果，从诠释学和现象学到分析哲学、结构主义、批判理论，这些积极成果被融进了一个富有创见的和独特的视野中。读者也将会发现，利科远远不只是一个讲英语国家中的人一般所理解的那种“哲学家”。他的著作并不局限于狭窄的逻辑和语言学问题领域，而是深入到多学科的广阔舞台。利科是一位传统意义上的哲学家，是一位把其注意力转到各种领域并对那些社会、政治和理智问题表达自己见解的思想家。他那博大而富有开拓的思想，不可能不给读者以深刻的印象。

注释

[1] 从古典希腊到 19 世纪的诠释学简史，见 W. Dilthey，“The Development of Hermeneutics”，in *Selected Writings*，edited and

translated by H. P. Rickman (Cambridge: Cambridge University Press, 1976), pp. 246-63。从19世纪直至今日的发展综述，见利科的论文《诠释学的任务》(本书第43～62页)。对现代诠释学几个关键人物的引介，见 Richard E. Palmer, *Hermeneutics: Interpretation Theory in Schleiermacher, Dilthey, Heidegger, and Gadamer* (Evanston: Northwestern University Press, 1969)。

[2] 有关利科20世纪50年代和60年代著作的详细探讨，见 Don Ihde, *Hermeneutic Phenomenology: The Philosophy of Paul Ricoeur* (Evanston: Northwestern University Press, 1971)。对利科有关教育与神学问题研究的评述，见 Michel Philibert, *Ricoeur ou la liberté selon l'espérance* (Paris: Seghers, 1971)。

[3] 见我的 *Critical Hermeneutics: A Study in the Thought of Paul Ricoeur and Jürgen Habermas* (Cambridge: Cambridge University Press, 1981)。

[4] Paul Ricoeur, *Husserl. An Analysis of His Phenomenology*, translated by Edward G. Ballard and Lester E. Embree (Evanston: Northwestern University Press, 1967), p. 215.

[5] Paul Ricoeur, *Freedom and Nature: The Voluntary and the Involuntary*, translated by Erazim V. Kohák (Evanston: Northwestern University Press, 1966), p. 486.

[6] Paul Ricoeur, *Fallible Man*, translated by Charles Kelbley (Chicago: Henry Regnery, 1965), p. xvi.

[7] Paul Ricoeur, "The Hermeneutics of Symbols and Philosophical Reflection: I", translated by Denis Savage, in *The Conflict of Interpretations: Essays in Hermeneutics*, edited by Don Ihde (Evanston: Northwestern University Press, 1974), p. 299.

[8] Paul Ricoeur, *Freud and Philosophy: An Essay on Interpretation*, translated by Denis Savage (New Haven: Yale University Press, 1970), pp. 26-7.

［9］Paul Ricoeur，“The Question of the Subject：the Challenge of Semiology”，translated by Kathleen McLaughlin，in *The Conflict of Interpretations*，p. 263.

［10］Paul Ricoeur，*Freud and Philosophy*，p. 375.

［11］Ibid.，p. 419.

［12］Paul Ricoeur，“The Question of the Subject”，p. 250.

［13］Paul Ricoeur，“Structure and Hermeneutics”，translated by Kathleen McLaughlin，in *The Conflict of Interpretations*，p. 40.

［14］Paul Ricoeur，“Structure，Word，Event”，translated by Robert Sweeney，in *The Conflict of Interpretations*，p. 84.

［15］Paul Ricoeur，“Structure and Hermeneutics”，p. 51.

［16］Paul Ricoeur，“Structure，Word，Event”，p. 86.

［17］利科：《间距化的诠释学功能》，见本书第 134 页。

［18］Paul Ricoeur，“Creativity in Language”，translated by David Pellauer，in *The Philosophy of Paul Ricoeur：An Anthology of His Work*，edited by Charles E. Reagan and David Stewart（Boston：Beacon Press，1978），p. 125.

［19］Paul Ricoeur，*The Rule of Metaphor：Multi-Disciplinary Studies of the Creation of Meaning in Language*，translated by Robert Czerny（London：Routledge and Kegan Paul，1978），pp. 156-7.

［20］利科：《间距化的诠释学功能》，见本书第 136 页。

［21］Ibid.，p. 139.

［22］利科：《文本模式：被视为文本的有意义行为》，见本书第 211 页。

［23］利科：《什么是文本？说明和理解》，见本书第 161 页。

［24］利科：《文本模式：被视为文本的有意义行为》，见本书第 209 页。

［25］Paul Ricoeur，“Explanation and Understanding：on Some

Remarkable Connections among the Theory of the Text，Theory of Action，and Theory of History"，translated by Charles E. Reagan and David Stewart，in *The Philosophy of Paul Ricoeur*，p. 161 (translation modified).

［26］Paul Ricoeur，"History and Hermeneutics"，translated by David Pellauer，*Journal of Philosophy*，73 (1976)，p. 692.

［27］利科：《叙事的功能》，见本书第 295 页。

［28］Paul Ricoeur，*Freud and Philosophy*，p. 46.

［29］Paul Ricoeur，"The Question of the Subject"，p. 243.

［30］利科：《占有》，见本书第 185 页。

［31］Paul Ricoeur，"Existence and Hermeneutics"，translated by Kathleen McLaughlin，in *The Conflict of Interpretations*，p. 11.

编辑和翻译说明

（1）本书所收的论文与它们第一次发表有些微的不同。征得利科教授的同意，我对原文做了某些小的修正。为避免重复，我也删掉了一些材料。所有删去的部分在文中都以省略号加方括号注明。 27

（2）除了两个例外，本书所有论文我都是从法文原文翻译或重译。这两个例外是《文本模式：被视为文本的有意义行为》和《弗洛伊德精神分析著作中的证明问题》。这两篇论文都是用英文发表的，并且从未用法文发表过。为了减少重复以及与本书所有论文术语相一致，我对这两篇论文也做了些微改动。

（3）大多数注释和参考书目都置于本书最后①。但是，当利科对个别著作进行详尽分析时，我也使用了缩写，以便让参考书目可以直接在论文中给出。在这样做时，完全的参考书目数据和缩写的说明就在相应于每篇论文的第一个引文的注释里表明。

（4）凡法文和德文著作有英文译本的，在文本中均以英文书名给出。当利科引用的著作有英文译本时，我在注释中以方括号注明。对

① 为方便读者阅读，中译本将注释放在了每篇论文结尾处。

于利科所引用的段落我尽可能地用现有的英文翻译。但是为了使所引用的段落与利科观点相接近，我有必要对现有的翻译做一些更改。在这种情况下，所参照的英译以符号“†”标出。

28 （5）本论文集包含许多德文术语。由于对这些术语的分析在利科论证中常常有重要作用，我保留这些德文术语。当这些术语的意义从上下文来看不是清楚的时，我在方括号内补充了英文译名。

（6）利科使用特殊的词项来翻译德文术语。例如他一般把 *Deutung* 翻译为 *interpretation*（解释），把 *Auslegung* 翻译为 *explicitation*（阐释），虽然这两个德文术语在英文里通常被翻译为“interpretation”（解释）。如果我们要利用他对德文原文的分析，最好我们保留他的区分。因此我把这些德文词及与其有关的德文词翻译如下：

compréhension（*Verständnis*）：understanding　理解
explication（*Erklärung*）：explanation　说明
explicitation（*Auslegung*）：explication　阐释
interpretation（*Deutung*）：interpretation　解释

利科以几种方式翻译伽达默尔的术语 *wirkungsgeschichtliches Bewusstsein*（效果历史意识）；我常跟随法文译本，所以该术语不同地被译成“consciousness of the history of effects”（效果历史意识）、“consciousness of historical efficacy”（历史效果意识）、“historical-effective consciousness”（历史-效果意识），等等。利科把伽达默尔的 *Sprachlichkeit*（语言性）从名词改为形容词，通常翻译为 *le caractère langagier*。*langagier* 这词不同于 *linguistique*（语言学），因为前者是“语言”的形容词形式，而后者是与某种个别研究语言的方式相关。为了保持这种差别，我把 *langagier* 翻译为“lingual”；这为伽达默尔原来的术语提供了一个方便名词形式：“linguality”。

对于利科所使用的另一些德文术语的法文翻译，我给出如下英文翻译：

appartenance（*Zugehörigkeit*）：belonging　隶属性

enchaînement（*Zusammenhang*）：interconnection　关联，内在联系

remplissement（*Ausfüllung*）：intentional fulfillment　意向实现

sciences de l'esprit（*Geisteswissenschaften*）：human science　人文科学

vécu（*Erlebnis*）：lived experience　体验，活的经验

visée（*das Vermeinte*）：intended meaning　意向意义

（7）利科使用了两个应当解释的现象学术语。"Noesis"（意向活动）指任何在把世界还原到主体经验领域之后而存在的意识行为。"Noema"（意向对象）指这种行为的意向性对象，即主体知觉、想 29
象、思考等的"某物"，而不管这某物是否实际存在。如果与语言理论相结合，那么 noesis 就成了意义行为或意向去说，而 noema 就成了所说东西的意义内容。

（8）论文中出现许多希腊文词。它们的意义通常从上下文来看是清楚的，但有两个词似乎需要我们预先规定。*aporia* 指一种不可解决的难题，没有出路的困境。*epoché* 指判断的悬置，它是被胡塞尔用来描述现象学分析一开始的还原行为。

（9）利科论语言的著作对翻译者提出了许多问题。其中一个问题是由一系列来自索绪尔的区分所提出的。当 *langue* 指语言-系统或编码时，*parole* 则指语言使用的王国，即语言系统在个别话语里实现的领域。*Langue* 也区别于 *langage*：前一词指称结构语言学的对象领域，而后一词则指语言在被分配到个别对象领域之前的语言整体。因为这类区别被英文词"speech"和"language"弄得混淆不清，我在需要分辨理解的时候把法文原文写在方括号内。

另一个问题是来自法文词 *sens* 和 *signification* 之间的区别。这两个词不能直接与"sense"、"meaning"（意义）、"signification"（意谓）或"significance"（重要性）相关联；例如，*sens* 在法文中有一个比"sense"在英语世界哲学家中具有的更宽广的外延。因此我不

用一对一的形式来翻译它们。*sens* 或者被译成“sense”（含义），或者被译成“meaning”（意义）；但当 *sens* 从上下文看是明显不包含指称（reference）时，它总是被译成“sense”（含义）。我把 *signification* 译成“meaning”（意义）或“signification”（意谓），偶尔在非技术的情况里也译成“significance”（重要性）；“signification”被用来强调对法文词 *signification* 的狭窄的逻辑的或语言学的接受。“meaning”和“signification”这两词可以包含指称（reference）。

下面给出我所用来翻译利科著作中其他一些关键词的术语：

chose du texte：matter of the text　文本的内容（事情本身）
effectuation：realization　现实化，实现
effet de sens：meaningful effect　有意义的结果，意义效果
énoncé：statement　陈述
30 *énunciation*：utterance　说话、讲话，话语
entente préalable：prior understanding　前理解
ludique：playful　游戏的
monstration：act of showing　显示行为
propositions de monde：proposed worlds　诸筹划世界
proposiyions de sens：proposals of meaning　意义建议

（10）在讨论意识形态时，利科讲到它的伪装（*dissimulation*）作用。我一般在英文里只用同一个词，因为“dissimulation”意指隐藏或伪装在一种陌生的假象下；但是，偶尔我也会用更通俗的表述“concealment”（隐藏，掩盖）及其同源词。利科也讲到 *critique des idéologies*（诸意识形态批判），这里 *idéologies* 是复数，为的是针对这一假定，即只有一种意识形态——他者的意识形态——需要批判。但是，因为意识形态的英文表达“critique of ideology”是德文词 *Ideologiekritik* 的习惯译名，以及因为“意识形态批判”本身就清楚地表明可能有多于一种意识形态必须被批判，我宁愿采用这种表达而不使用有点奇特的“critique of ideologies”。

（11）利科对格雷马斯著作的讨论引起特殊困难。因为格雷马斯

已经对叙事句的分析提出了他自己的词汇，而且他的著作必须被译成英文。格雷马斯核心概念之一是 *actant*（行为者），正如利科所解释的，这一概念并不指作为个别主体的人物，而是指与形式化行为相关的角色。我把此词保留在英文里，它的形容词形式是“actantial”。

（12）从法文进行英译，关于代名词的词性会出现某些选择。为了排除这类事情上的男性偏见，需要我们，为了一致性起见，在每一点上增加阴性代名词。这将造成利科原文某种实质上的改变，并使英文显得难以驾驭。为此之故，我仍保留了这些偏向。

（13）利科有时利用了某些语词的歧义性。例如，*sens* 既意指“sense”（含义），又意指“direction”（指向）；*jeu* 既意指“play”（表演的游戏），又意指“game”（非表演的游戏）；*histoire* 既意指“story”（故事），又意指“history”（历史）。许多这样的歧义和语词游戏不幸在翻译中失却。

（14）当英文的对等词不确切时，我偶尔在括号内加上法文。但 31
是，这种方法必须尽量减少，以便不破坏原文。

（15）整个译文，我都试图与法文原文保持一致和切合，同时又追求英文的清晰和流畅。至于我是否成功地把一个在法文里很好阅读的原文转换成一个在英文里也很好阅读的文本，这只能留待读者去判断。

保罗·利科的回复

在这篇简短的前言里，我想对约翰·汤普森出版和翻译我的这部论文集的重要工作表达我的感谢，我也完全同意他对一些在英国哲学传统甚至在英文中都没有对等词的法文和德文表达所选用的英译词。当然，总会有些地方翻译成了解释；但是汤普森保持了他所选用术语的前后一致性和连贯性。他已经为我的论文提供了一个准确而可读的英文译本。 32

我也要对他的这篇重要导言中对我从 1947 年直到本论文集的最早一篇（本论文集所收的论文都是在 1970 年之后发表的）研究工作的发展所做的分析表达我的兴趣。他提出的观点纠正了一个相反的印象，即我的著作在某种程度上缺乏连贯性，对此我也表示赞同。因为我的每一篇著作都回应一个确定的挑战，将其与以前的著作联系起来，在我看来，这与其说会使我的某个设想有一个连续的发展，不如说它将会使人们对我以前著作所遗留的残余的认可，而这些残余反过来又会引起某个新的挑战。

第一个挑战是由胡塞尔现象学在研究意愿经验（volitional experience）问题上的明显无能所表现的，因为理论意识和知觉的特权似乎如此完全占领了意向性分析所开启的描述领域，达到了饱和点。难道梅洛-庞蒂没有写知觉现象学吗？如果不抛弃描述意识**本质**结构的方法，一个人能写意志现象学吗？《自由与本性》这本书就是试图回答这一挑战的。

然而，这一分析所遗留下来的残余还是值得注意的。一方面，意志自由所意向的意义与非意愿所证明的各种限制之间的裂隙——一种
33 不平衡，在理论意识领域似乎没有什么东西能与其对应，即使我们比梅洛-庞蒂更强调语言的概念意义和知觉的具体条件之间的空隙。另一方面，一种更为烦恼的裂隙出现在意愿意识——设想、动机、性格的绝对非意愿、无意识的绝对非意愿、生与死的绝对非意愿——的本质结构和人类意志、感情囚徒以及恶的倾向的历史的或经验的条件之间。恶的经验似乎局限在意愿的“本质的”条件范围之内。

第一个裂隙仍然存在于法国哲学家让·奈伯特所传达的反思哲学和来源于胡塞尔的意向性分析之中。对自由所意想的意义和有限性状况的经验之间的不平衡的描述仍然可能被置于现象学的框架之内，这个框架可以说是戏剧化和论战性的，它导致一种可应用于人类易犯错性的帕斯卡式沉思。在《易犯错的人》这本书里，我们所发现的正是这类存在主义的现象学。

第二个裂隙似乎很难顺从现象学的方法。恶的意志的屈从性条件似乎排除对现象的本质分析。所以唯一可行的道路就是通过象征（符号）的迂回之路，在我们是其后继者的伟大文化过程中，人类错误正是铭刻在这些象征（符号）上：玷污、罪和恶这第一类象征；悲剧性的盲从、灵魂的堕落、彷徨和颓废这第二类象征或神话；屈从性意志或原罪这第三类象征和理性化。所以，《恶的象征》一书标志了胡塞尔现象学转向象征（符号）诠释学，因为它已经延伸到易错性的问题上。

在那时候，我把“象征”理解为一切带有双重意义的表述，其中第一个意义除了指称自身之外，还指称一个永未直接给出的第二个意义。在这方面，汤普森完全有理由强调诠释学这一原初的定义和后来

的定义之间的区别，原初的定义是把诠释学限制在对象征（符号）的隐藏着的意义的解释，而后来的定义则是把诠释学扩大到作为文本序列的所有现象的解释，它与其说着重于隐藏意义概念，不如说着重于间接指称概念。但是，第一个定义被它所回答的问题本身所限制，这个问题即是为了说明恶的意志这种特殊现象需要一种通过象征（符号）的迂回方法。

而且，正是对恶的象征这一研究所遗留下来的残余再一次促进了 34
反思。诠释学不仅局限于对双重意义现象的解释，而且力求实现象征（符号）的最丰富和最有生气的意义，并因而没有任何明显批评的含义而作为一种回忆诠释学（a hermeneutics of recollection）在起作用。在我们的文化里，这种扩大了的诠释学是对立于去神话的，还原的诠释学，这后一种诠释学与其说来源于回忆，不如说来源于怀疑。在我看来，精神分析是作为这种诠释学的范例而出现的。因为精神分析对罪的解释与我在《恶的象征》一书中提出的解释正好相反，所以对精神分析的考察就更为必要了。罪恶难道没有受到弗洛伊德的谴责吗？即使它的产生并不都是由于神经病患，至少也是被视为文化规范的压制行为。《弗洛伊德和哲学》就是一本试图回答这一挑战的著作。起初我认为我能把自己局限于与那种只限制于犯罪问题的精神分析相对抗。但很快我就清楚地看到，即整个精神分析理论都会有着对抗，不仅是与我对象征（符号）功能的观点相对抗，而且也与反思哲学相对抗，而我对象征（符号）的解释正受惠于反思哲学。因为在我的早期著作中，通过符号的漫长迂回并未对主体的优先性加以质疑。在弗洛伊德那里，我不仅发现与被看作象征（符号）回忆的诠释学相反的方面，而且也看到了对整个反思传统的尖锐批判，而这一传统正是我想通过康德、胡塞尔和奈伯特使自己与其联系起来。欲望语义学概念、主体考古学和目的论的概念将我带进了《解释的冲突》这一课题，在汤普森所收集我的那些文章撰写之前，有一段时间我的整个研究都是围绕这一课题进行的。

研究领域必须被扩大并以一种新的方式被**语言**特性的认识所代

替，这种语言特性对于我最初的诠释学象征（符号）和精神分析所研究的那些扭曲的表述都是共同的。在我的早期著作中，所有象征（符号）论的语言学度向似乎并未成为明确而系统地处理的对象，尽管自《恶的象征》一书起，通过象征（符号）的迂回已经采取了一种自我反思的迂回形式，而这种自我反思的迂回形式又通过对这种反思的中介性**符号**的研究而实现。正是在对语言研究的这个领域中，我遇到了新的挑战，即法国结构主义的挑战，法国结构主义在对指称系统的分
35 析中排除了任何对讲话主体的指称。在源于语言学的结构主义的批评和源于弗洛伊德的精神分析的批评之间，我发现了某种趋同现象，由于这种趋同，我把它们两方面的批评都称为**象征（符号）学挑战**（semiological challenge）。不仅因为是象征（符号）的诠释学，而且也因为这种诠释学植根于反思哲学中，因而也植根于主体哲学中，所以它就成为结构主义和精神分析双重攻击的目标。为了回答这种象征（符号）学的挑战，我采用了**文本**这个概念作为我研究的指导线索，目的在于表明，文本这个层次正是结构主义说明（explanation）和诠释学理解（understanding）相互对立之地。但是当时很有必要把诠释学设想从单纯的对双重意义的表述的解释区别开来，并把它扩大到那些由每一文本内在结构到它的语言之外的（extra-linguistic）目标（*visée*）的过渡中所提出来的问题领域——这一目标或指称，我有时用一些别的相关词项来表述：文本的内容（事情本身），文本的世界，由文本带到语言的存在。

现在论文集中第一部分所收集在一起的三篇论文是要说明这种新定义的诠释学所要求的那种深刻的方法论革命。汤普森很智慧地选择了《诠释学的任务》这篇论文作为本书的开篇，其实这篇论文原本是与第二部分的第一篇论文《间距化的诠释学功能》相连接的。现在把《诠释学的任务》作为本书开篇，就有导论的价值，使人们能回顾从施莱尔马赫到伽达默尔的诠释学问题史。第二篇论文致力于哈贝马斯和伽达默尔之间的争论，恰好完成了我自己诠释学概念的历史背景。这两篇论文合在一起引出了这一部分的主要论文《现象学和诠释学》。

正如汤普森完全正确地所说的，正是在这里我澄清了我自己和现象学的争论，这场争论早在二十年前就开始了，当时我翻译了胡塞尔的《观念》并撰写了《自由与本性》一书。按照我的观点，这篇论文构成了对我后来的著作的真正导论。然而对于读者——特别是对于英语世界读者——则不是这样，因为他们不需要像我一样经历由现象学到诠释学的历程，毫无疑问，他们也不需要为了深入到第二部分所要研究的解释问题而要经历这一历程。因此汤普森完全有理由把这篇论文放在诠释学历史的结尾，或放在我自己所发现的后海德格尔诠释学历史的结尾。这篇论文对现象学的修正和向那种在《恶的象征》一书中 36
已经出现的诠释学的过渡做了事后的说明。

第一部分的著作对于我所实践的诠释学给予了一个观念。而且汤普森所选择的论文都使诠释学更直接地指向与社会科学的争论。如果说，有一个特征使我不仅与施莱尔马赫和狄尔泰的诠释学哲学相区别，而且也与海德格尔甚至伽达默尔的诠释学哲学相区分（尽管我自己很接近后者的工作），那确实就是我力求避开那种“理解”（understanding）和“说明”（explanation）之间的对立的陷阱，“理解”是“人文科学”应当保留的，而“说明”则是人文科学与规则性科学，尤其是物理科学所共同具有的。研究者对文本的内容（事情本身）的个人特殊介入关系与原因、规律、功能和结构所做的客观说明所要求的解除这种关系，在这两者之间寻求一种巧妙的表述和前后相随的连接，就成了被选为第二部分的四篇论文的指导线索。

第一篇论文《间距化的诠释学功能》以一种实证的认识论观点继续那场在《诠释学与意识形态批判》中以一种更加历史性的和论争性的方式而开始的争论。因为“间距化（distanciation）和参与性的隶属（participatory belonging）”这对概念，在受伽达默尔影响的语言中，是与来自狄尔泰认识论的“说明（explanation）和理解（understanding）”这对概念相等值的。第二篇论文论述了我早期对结构主义的讨论，并在扩大的文本理论框架中继续这种讨论，力求把解释定义为“说明和理解”之间联系的沟通术语。诠释学的认识论地位是由这两种态度之间的辩证关系来定义的，而 19 世纪的浪漫主义诠释学则是反对这种辩证关系的，后期海德格尔的诠释学想调和这两种态度也没有成功。研究隐喻问题的第三篇论文也部分地处于同一个文本框架中，不过它也证明了一个我将在结束时提出的不同问题。不是在更为复杂的修辞学框架中来讨论古老的象征问题，而是隐喻理论被置于文本的问题中，这是由于隐喻不仅存在于语词意义的派生和扩充之中，而且也存在于谓词在语句语境中的“奇特”应用中，这些语句可
37 以被看作小型的文本。第四篇论文把理解和说明，以及隶属性和间距化的辩证关系扩大到解释工作所蕴涵的人类主体的内部。这个主体之所以占有——使之成为自己的——文本的内容（事情），只是由于他并不占有他自己，不再拥有天真的、非批判的、虚幻的和欺骗的理解，而这种理解在被他所解释的文本形成一个主体之前，曾要求他自己所有的。

汤普森正确地强调说，第二部分的四篇论文所说明的诠释学在文本这个重要概念中发现它自己的限制。虽然这个概念被引进来带有表现各种各样问题的意图，这些问题与我们在《恶的象征》、《弗洛伊德和哲学》和以《解释的冲突》为书名收集在一起的论文中所遇到的问题一样复杂。然而，就文本的观念与书写的观念，因而也与从口头话语到书写话语的过渡所提出的问题相联系而言，文本这个概念的范围还是有限的。因为正是由于书写，文本才在与说话者、原来听者和对话双方共同的谈话语境的关系中获得其语义学自主性。也正是由于书写，指称问题才具有了迫切性，因为文本的世界脱离了口头话语所特有的直指指称。但是，从一开始，文本概念就具有了许多使它部分摆脱了与书写那种作为与口头话语相对立的关系的特性。文本蕴涵了结构（texture），即组织的复杂性。文本也蕴涵了创作，即形成语言的劳作。最后，文本蕴涵了以持续不朽的语言铭记下被文本所证实的某种经验。通过所有这些特性，文本概念就为向那些并不特别局限于书写，甚至也不局限于话语的现象的一种类似的扩展做了准备。

这种类似的扩展支配了第三部分的论文，这一部分更直接地属于

汤普森所主要关注的东西，即诠释学与社会科学之间的关系。这个关注也说明了汤普森为什么要用这篇名为《文本模式：被视为文本的有意义行为》的论文来引出这一系列论文。因为文本和行为之间的基本类似是下面论文所论述的解释理论和社会科学之间的关系的关键。反过来，社会科学为解释提供一个远比语言所提供的更要广阔的领域。38
如果社会科学的对象（直接或间接地）是有意义的行为，那么，根据从马克斯·韦伯的《经济与社会》的方法论部分所借用来的定义，文本和行为之间的类似性就能使解释理论不受话语和书写的限制，并扩展到整个社会科学领域。

从这种类比开始，接下来的论文对解释理论和社会科学领域之间关系的研究就变得更加清楚了。三篇文章之所以被汤普森所选用，正是因为它们和这种关系的研究相联系。在伽达默尔和哈贝马斯的争论语境中已经讨论过的意识形态问题，在这里又从这样一种解释的观点重新加以考虑，即社会群体通过集体再现来表现自己。解释的认识论地位问题在那篇《弗洛伊德精神分析著作中的证明问题》的论文中又重新出现了。在这一点上，汤普森正确地强调了这篇论文和我关于弗洛伊德的论著之间的观点差别：代替了在由解释的冲突所支配的时期对弗洛伊德理论——元心理学——的集中思考，这篇论文有意地将解释工作与分析境遇本身重新联系起来，并把理论看成是那种移植到由分析境遇所包含的解释过程中的说明阶段。汤普森想用我最近研究的关于叙事性功能——以历史叙事和虚构叙事两重形式表现——的文章来结束他所挑选的这一部分。从某种意义上说，这里继续进行的同样是理解和说明之间的争论，因为跟随故事的能力表现了在叙事行为中那种不可缺少的理解成分，而在对历史规律的研究，在对民间传说、戏剧、小说和一般虚构文学中叙事结构的研究，都对应于规则性科学的说明阶段。这样，我最近关于叙事性的研究又落入对社会科学中解释功能的考察。

但是，我自己将向读者暗示另一种把最后这篇论文和它以前的论文联系起来的方式。我现在对叙事功能的研究是从另一种观点对我早期关于隐喻著作的补充，即在康德于其先验哲学中称为生产性想象和图式化（schematism）——这是隐喻的可理解的发源地——的东西的层次上。这是我在上面提到的隐喻理论的方面。因为面对说明和理解之间争论的背景，创造性这一难对付的问题出现了。在我看来，这个
39 问题总是或者太容易，或者太困难：太容易，是因为它引起一些缺乏严肃性的无聊东西；太困难，则是就康德自己关于图式化所说的，他把这称为“隐藏在灵魂深处的一种机制，要把这种机制从自然中提取出来是不可能的”。但是，如果创造性问题不能直接地和整个地被研究，那么也许它可以以片面的和零碎的方式被处理。就生产性想象具有**语义学变革**形式而言，隐喻构成了这些有限的研究中的一种。以延伸自然语言的多义性特征为代价，想象在语词层次上给意义创造新的外形。生产性想象的另一作用可以在情节的虚构中见到，通过情节的虚构，叙事者——无论是历史学家还是小说家——把某种可理解的次序引进了一系列无联系的事件中，并把环境、目标和视界都结合在一起。

把我最近关于隐喻的研究与我现在正在进行的关于叙事性的研究相联系的同一问题，现在在我看来，似乎也是我早期研究的主要论题之一。因此，正如汤普森自己所指出的，对意识形态的分析，以及对这种意识形态分析加以补充的乌托邦的分析，都被限制到**社会想象**（social imaginary）理论的框架之内；精神分析，就其将夜间的梦幻、日间的梦幻、神话以及其他关于幻想的文化表象汇集在一起考虑而言，可以从其对于想象理论的贡献这一点来考察。更一般地说，所有象征论，如果从其动力学观点来考虑，都是**想象在其文化层次上**的宏大表达。在我自己的研究中进一步追溯，我注意到在我写《易犯错的人》的时期，想象就被置于一脆弱之点，在那里意愿和非意愿相互连接，易错性成了人的本体论结构。最后，如果反过来，从语义学变革和实践表象层次，从单个人层次以及从文化和社会层次来考虑，迟迟未能实现的“意志之诗”之计划就是一般创造性想象哲学的计划。

这样，问题在于是否能克服我在上面称为对创造性问题的片面的

和零碎的观点，是否能设想一种深入有限性本体论的哲学人类学？如果这一设想被证明是可行的，那么比起避免回复到那种与社会科学失去联系的诠释学哲学的规则来，这一设想显得更为重要。因此，生产性想象哲学的设想并没有给那种涉及与社会科学继续进行对话的解释
理论开辟一点选择的余地，它只能是这同一理论的深化，不过是在彻 40
底化的层次上进行，在这彻底化的层次上，社会科学将与人类实在的本体论重新结合起来。

目　录

第一部分　诠释学历史的研究

1　诠释学的任务 …… 3
2　诠释学与意识形态批判 …… 27
3　现象学和诠释学 …… 66

第二部分　解释理论的研究

4　间距化的诠释学功能 …… 99
5　什么是文本？说明和理解 …… 115
6　隐喻与诠释学的核心问题 …… 137
7　占有 …… 155

第三部分　社会科学哲学的研究

8　文本模式：被视为文本的有意义行为 …… 171
9　科学与意识形态 …… 197

10 弗洛伊德精神分析著作中的证明问题……………………… 223
11 叙事的功能……………………………………………………… 252

参考书目…………………………………………………………… 277
索引………………………………………………………………… 282

第一部分

诠释学历史的研究

1 诠释学的任务*

本文试图在提出我自己对争论的看法之前，对我所接收的和意识 43
到的诠释学问题状况做一描述。在此预备性的讨论里，我将把我自己不仅限制于识别信服的元素，而且也限制于识别未被解决的问题。因为我希望把诠释学反思引导到这一点上，即通过一个内在的**难题**（aporia），使诠释学反思产生一种重新定位的重要要求，从而使诠释学能真正地加入到与文本科学（the sciences of the text），即从符号学（semiology）到注经学（exegesis）① 的讨论。

我将采用下述关于诠释学的暂行定义：诠释学是关于与文本解释相关联的理解操作的理论。所以关键的观念将是话语（discourse）作为“文本”的实现；而对文本的诸范畴的详尽说明则将是后面一篇研究的重点[1]。这样我们就有可能为试图解决本文最后提出的诠释学核心难

---

* 本文是作者于 1973 年 5 月在美国普林斯顿神学院所做的两次讲演的第一讲。由 D. 派劳尔（David Pellauer）译载于《今日哲学》1973 年夏季号，并重印于《海德格尔和现代哲学》一书中。——译者注

① exegesis，指西方古代关于《圣经》的解释学问，一般可译为“解经学”，但利科在此书中用得较广，可以指古代关于文本的解释学问，因此我们翻译为“注经学”或“注释学”。——译者注

题开辟道路，即在说明（explanation）和理解（understanding）之间的那种在我看来是灾难性的对立。设法在这两种态度之间寻求某种互补性的联系（而浪漫主义诠释学一直倾向于使两者分离），将在认识论层次上表现了那种被文本概念所要求的诠释学方向的重新定位。

I. 从局部诠释学到一般诠释学

我所提出的诠释学观点将集中在对一个**难题**的表述上，这个难题也一直推动着我本人的研究。因而以下的介绍并非以什么中立的立场为根据，其意义就是说，我并未打算摆脱某些前提条件。甚至可以说，诠释学本身也使我们对这种中立态度的错觉或伪装保持警惕。

我认为诠释学的近期历史是由两种倾向支配的。第一种倾向于逐步扩大诠释学的目标，以使得各种**局部**诠释学汇合成一门**一般**诠释
44 学。但是，除非当诠释学那种严格的**认识论的**倾向——它力求使自己成为一门科学的那种倾向——从属于**本体论（存在论）的**倾向，由此**理解**不再表现为一种单纯的**认知方式**，以便成为一种**存在方式**，一种与存在者和存在发生关联的方式时，诠释学这种**从局部性到一般性**（deregionalisation）的运动才能臻于完成。因此，**由局部性到一般性**这一运动还伴随着**彻底化**的运动，通过这种彻底化，诠释学不仅变成了**一般**诠释学，而且也变成了**基础**诠释学。下面让我们依次阐述这每一种运动。

1. 解释的第一个“领域”

诠释学着手研究的第一个“领域”，无疑是语言，尤其是书写语言。对这一领域的大致轮廓有所了解是重要的，因为我本人的研究能够被看作设法借助“文本”概念来为诠释学“重划界域”（re-regionalise）。因此我们有必要说明一下诠释学为什么与语言问题有着特殊

的重要关系。在我看来，我们可以从自然语言的这个值得注意的特征开始，这个特征要求在最基本和最平常的谈话层次上进行某种解释活动。这个特征就是语言的多义性，即当我们的语词脱离了它们在确定语境的应用被考虑时，就会有不止一种意义。在这里我并不考虑所谓语言（使用）的经济问题，这些问题证明我们有必要求助于某种能表现出这样一种单一无二特征的词法。对于目前的讨论来说重要的是，语词的多义性要求在确定某一特定信息中语词的当下意义时，要有语境的选择作用作为补充，因为该信息是在某一特定的情境中由某一特定说话者传递给某一听话者的。这样，对语境的敏感性就成为语词多义性的必要补充和不可缺少的补充因素。但是，语境的运用接着引起某种辨别活动，这种辨别活动发生在对话双方之间信息的具体交换中，其模型就是语言的问答交错。我们把这种辨别活动恰当地称为解释；解释就在于辨别出说话者在普通词汇的多义性基础之上建构什么样的具有相对单义的信息。用多义性的语词产生出某种相对单义性的话语，并在接收信息时识别这种单义性的意向：这就是解释的首要而 45
最基本的任务。

正是在这一广阔的信息交换领域里，书写开辟了一个狄尔泰——我将在后面详细讲到他——称作“由书写固定的生命表现”的有限领域[2]。这些表述要求某种特别的解释活动，这种活动完全源自话语作为文本的实现。让我们暂时这样说，由于书写，通过问答交换，也就是通过对话，进行直接解释的条件已不再成立了。因此，为了对话语提出成套的书写符号，以及为了识别通过与话语作为文本的实现相适应的附加编码作用的信息，就需要特殊的技巧。

2. F. 施莱尔马赫

从局部诠释学到一般诠释学的真正运动，开始于人们使一般性课题从每次都涉及不同文本的个别的解释活动中分离出来的努力。施莱尔马赫的成就就在于确认这一核心的和统一化的问题。在他以前，一方面曾经有关于经典文本（主要是希腊—拉丁古代经典）的古典语文学（philology），另一方面也曾经有关于圣经文本（《新约》与《旧约》）的注经学（exegesis）。在这两类研究领域中，解释工作随各类文本的不同而异。因而，一门一般诠释学要求解释者超出各种特殊的应用，并辨识出两大类诠释学领域所共同具有的解释程序。但是为了达到这个目的，我们不仅必须超出文本的特殊性，而且必须超出其中零零散散包含着理解艺术的各种规则和方法的特殊性。诠释学产生于人们努力想把注经学和古典语文学提高到一门**技艺学**（Kunstlehre）的水平，也就是说，提高到一门“技术学”的水平，这样它就不限于是互无关联的诸解释程序的简单汇集了。

这种使注经学和古典语文学的特殊规则从属于理解的一般问题的过程，就形成了一次完全类似于康德哲学在其他方面，主要是与自然科学有关的方面，所完成的革命。在这一点上我们可以说，最接近诠释学的哲学视域就是康德哲学。我们知道，批判哲学的一般精神就是颠倒了认识理论与存在理论之间的关系；在我们面对存在的本性之前，我们必须先考察一下认识的能力。我们很容易看到，在康德哲学的氛围中，我们是如何能够形成那种关于解释规则的构想，使解释规则不是与各种不同的文本以及这些文本中包含的各种不同事物有关
46 联，而是与把各种不同的解释方面统一起来的主要程序有关联。即使施莱尔马赫本人未曾意识到在注经学与古典语文学中产生了康德在自然哲学领域中所完成的那种哥白尼式革命，但著述于 19 世纪末新康德主义氛围中的狄尔泰则充分地认识到了这一点。这就首先要进行一种施莱尔马赫从未曾做过的延伸，即把注经学与古典语文学都纳入历史科学之中去。只有这样，诠释学才能被看作对康德主义所包含的巨大裂隙的一种全面回应，康德这一裂隙，首先是被赫尔德意识到，卡西尔则更明确地认识到：在批判哲学中，物理学与伦理学之间不存在任何联系。

但是，问题不仅在于填补康德主义中的裂隙，而且也在于对康德的主体概念进行深刻的革命。因为康德主义只限于研究物理学和伦理学中客观性的普遍性条件，所以康德主义只能阐明某种非个人性的精

神，即作为普遍判断可能性条件之担负者。诠释学如果不是从浪漫主义哲学吸取了它最基本的信念，即精神是在个别天才人物身上起作用的无意识的创造因素，那么它是不会对康德主义有所增益的。施莱尔马赫的诠释学纲领带有浪漫主义和批判主义哲学的双重印记：它的**浪漫主义**表现在它诉诸与各种创造过程的活生生的联系，而它的**批判主义**则表现在它想拟定一些普遍有效的理解规则。或许可以说，诠释学要永远打上这双重印记——浪漫主义和批判主义，批判主义和浪漫主义。以著名格言“哪里有误解，哪里就有诠释学”[3]为名来反对“误解”的建议就是批判主义的，而“理解一位作者要像作者理解自己一样好，甚至比作者对他本人的理解更好”[4]这个建议则是浪漫主义的。

同样，我们也可以看到，施莱尔马赫在其那些从来没有被整理成一本完整著作的有关诠释学的笔记中，给后继者既留下了一个思考的难题，也留下了一个关于诠释学的最初概述。他曾苦苦思索的难题是两类解释形式——“语法的”解释和“技术的”解释——之间的关系难题。这种区分一直贯穿于他的研究工作中，但它的含义却几经变更。在齐默尔版的施莱尔马赫的《诠释学》[5]一书问世之前，我们并不知道从 1804 年起和以后诸年的那些笔记。因此人们都曾以为他赞成一种心理学的观点，即使这两种解释形式一开始就具有同等的地位。语法的解释基于某种文化共同具有的话语的特征；技术的解释则 47
是针对作者的信息的个性，即天才人物的特性。现在，即使这两种解释具有同等地位，我们也不能同时都加以运用。施莱尔马赫清楚地指出了这一点：考虑共同的语言就是去忘记作者；而理解一位个别的作者就是去忘记刚刚过目的他的语言。我们或者领悟共同性，或者领悟特殊性。第一种类型的解释被叫作“客观的”，因为它涉及的是与作者不同的语言特性，但它也被叫作“否定的”，因为它只是指出了理解的界限。它的批判价值只与语词意义的错误有关。第二种类型的解释被叫作“技术的”，自然这是由于技艺学或技术学的这种设想本身。诠释学的真正任务就是在这第二种类型的解释中完成的。所必须达到的是说话人的主体性，语言则被忘记了。在这里语言变成了为个性服务的工具。这种解释也被叫作“积极的”，因为它触及了产生话语的思想行为。不仅一种解释形式排除另一种解释形式，而且每一种解释还需要不同的才能，正如每一种解释各自过分发展所显示的那样：第一种解释过分发展就变成了咬文嚼字，而第二种解释过分发展就使意思模糊不清。

只是在施莱尔马赫后来的著作中，第二种解释才超过了第一种解释，并且解释的**预感性**（divinatory）成了它的心理学特征的基础。但即使这时，心理学的解释——这个词取代了“技术性解释”——从来也不限于仅仅建立与作者的亲缘关系。它在比较的活动中包含了批判的动机：个体性只能通过比较和对照才能加以把握。这样，第二种诠释学也包括了技术性的和推论性的成分。我们从不直接地把握个体性，而只是把握它与其他人以及与我们自己的区别。所以我们在协调两种诠释学时所遇到的困难，由于在第一组对立（**语法的**和**技术的**）之上又加上了另一组对立（**预感的**和**比较的**）而愈为复杂。《皇家科学院论文集》[6]证实了这位近代诠释学创立者所遭遇的严重困惑。在别的地方，我将论述，只有当我们弄清了作品与作者的主观性的关系，只有当我们把解释的重心从对隐藏着的主观性的同情性研究转移到作品本身的含义（sense）和指称（reference）对象上来时，才能克服这种困惑。但是，首先我们必须通过考虑狄尔泰在使古典语文学
48 问题和注经学问题从属于历史问题时所完成的决定性进展，使诠释学的中心难题向前推进。正是这种更具有**普遍性**意义上的进展，才为诠释学在更具有**彻底性**意义上实现从认识论向本体论的推移做了准备。

3. W. 狄尔泰

狄尔泰处于诠释学这个重要的转折点上，此时问题讨论的范围扩大了，但它仍然表现出整个新康德主义时代所特有的那种关注认识论争论的特点。

把文本解释的局部问题纳入更广阔的历史知识领域里去的必要性，被这位想说明 19 世纪德国文化巨大成就的思想家强烈地感受到

了，这种成就就是把历史的创造活动看作一门头等重要的科学。在施莱尔马赫和狄尔泰之间有 19 世纪伟大的德国历史学家：L. 兰克（Ranke）、J. G. 德罗伊森（Droysen）等人。从那时起，要被解释的文本就成为实在本身及其**相互关联**（Zusammenhang）。但是，在如何理解过去的一个“文本”的问题之前，还有另一个问题：历史的相互关联如何被感知？历史的连贯性产生于文本的连贯性之前，它被看作人的伟大记载，被看作最基本的**生活表现**。狄尔泰首先是诠释学与历史之间这一盟约的解释者。今天我们按贬义称作“历史主义”的东西首先表现一种文化事实，即我们的兴趣从人类的重要作品向支持这些作品的历史相互关联转换。对历史主义的不信任不仅是由于它本身曾产生的障碍，而且也是由于晚近发生的另一种文化变迁，认为系统优越于变化，共时性优越于历时性。当代文学批评的结构主义倾向不仅表现了历史主义的失败，而且也表现了对历史主义问题的彻底颠覆。

尽管狄尔泰对历史本身的可理解性这一重要问题进行了哲学的思考，但他却倾向于不是在本体论领域里，而是通过对认识论本身的改造，借助于第二类文化事实去寻求解决这一问题的关键。我们所提到的第二类基本的文化事实，是由作为哲学的实证主义的发展来代表的，如果我们把实证主义这个词一般地理解为如下这种要求，即一切可理解性的模式都应来自自然科学领域中通行的那种经验的说明。狄 49
尔泰时代的特征是全面拒绝黑格尔主义和赞成实验知识。因此，唯一公平对待历史知识的方法，似乎就是使其具备自然科学业已具有的那种科学度向。所以，狄尔泰努力为人文科学提供了像自然科学中的方法论与认识论一样受到尊重的方法论与认识论，这是回应实证主义的。

狄尔泰根据这两类重要的文化事实提出他的基本问题：历史知识如何可能，或者更一般地说，精神科学如何可能？这个问题把我们带到贯通狄尔泰全部著作中的那一重大对立，即自然的**说明**（explanation）和历史的**理解**（understanding）之间的对立面前。这一对立对于诠释学来说产生了某些重要的结果，因而，诠释学就脱离了自然主义的说明，并被回推到进入心理学直观的领域。

正是在心理学领域，狄尔泰探求了理解的明显特征。每一门**人文科学**——狄尔泰以此指每一种暗示出某种历史关系的人的知识——都以一种使人进入他人精神生活中的原始能力为前提。因为在自然知识中，人只把握那些与其自身不同的现象，而这些现象的基本“物性”（thingness）又是逃避他的（即他无法把握）。反之，在人的领域中，人认识人；不管其他人对我们说来多么陌生，但他并不是在不可认识的物理事物的意义上对我们陌生。因此，自然事物与精神之间性质的区别决定了说明与理解之间性质的区别。从根本上讲，人对于人不是陌生的，因为人提供了他自己生存的符号。理解这些符号就是理解人。这就是实证主义学派完全忽视了的东西：精神世界与物理世界之间原则性的区别。人们或许会反对说，精神或精神世界并不一定是个体性的。黑格尔的工作不就证明了存在某种绝不能被归结为心理现象的**客观**精神的领域、制度和文化精神的领域吗？但是狄尔泰毕竟属于新康德主义者一代，对这一代人来说，每一门人文科学的关节点都是个人，这种个人尽管确实是在其社会关系中被考虑的，但基本上仍然
50 是个体性的。结论是人文科学的基础一定是心理学，即个人在社会和历史中行动的科学。在刚才的分析中，相互关系、文化系统、哲学、艺术和宗教，都建立在这一基础之上。更准确些说——这是那个时代的另一主题——人试图把自己理解为活动、自由意志、创新和进取精神。在这里我们看到了背离黑格尔、抛弃黑格尔的民族精神概念以及重新站到康德一边的坚定意志，但是正如我们前面所说过的，他们所站立的地方是康德自己止步不前之处。

康德主义所相当欠缺的历史知识批判的关键，可以在**相互联系**（interconnection）的基本现象中找到，通过相互联系，其他人的生命能够在其表现中被辨别和识别。因为生命产生形式，并使自己外化于固定的结构中，从而对他人的认识成为可能；情感、评价和意愿常常存在于某种有待他人去解释的**获得性结构**（structured acquisition）之中。文化在文学形式中产生的组织系统，构成了某种二级层次，这一层次建立在生命作品的目的论结构的这一初级现象之上。我们知

道，马克斯·韦伯自身是如何试图以其理想型（ideal-types）概念来解决同样的问题的。这两位作者都面临这同一问题，即在生命的领域，在与自然的规律性似乎是对抗的变动的经验领域，概念是如何被建立起来的？回答是可能的，因为精神生命被固定在能够被别人理解的结构化的整体中。自 1900 年以后，狄尔泰依靠胡塞尔的思想使其“相互联系”概念具有了前后一致性。在同一时期，胡塞尔证明精神生命可以用意向性来刻画，即用那种意指某个能被识别的意义的性质来刻画。精神生命本身是不能被把握的，但是我们却可以把握它所意指的东西，这就是精神生命在其中超越自身的客观的和同一的相关项。意向性和意向对象的同一性观念将使狄尔泰得以通过胡塞尔的意义概念来加强他的精神结构概念。

那么，在这种新的背景前，从施莱尔马赫那里产生的诠释学问题又是如何呢？从“理解”（一般被规定为使某人进入另一个人内心的能力）向“解释”（按照理解由文字固定的生命表现的精确意义来规定）的过渡，产生了双重问题。一方面，诠释学由于增加了一个附加方面而完善了解释心理学；另一方面，解释心理学使诠释学朝向心理学转移。这说明了狄尔泰为什么要保留施莱尔马赫诠释学中的心理学 51
方面，在此他认识到他自己通过移向另一个人来进行理解的问题。按照第一种观点，诠释学就是某种特定的活动，它试图通过掌握某类被固定为文字或任何其他等同于文字的铭刻过程的符号来再造一种相互联系、一种结构化的整体。这样，我们不再能够通过其直接表现中来掌握他人的精神生活，反而必须通过解释已被客观化的符号来再造或重新构造它。由于表现附着于自然的客体之上，这种**再造活动**（Nachbilden）就需要有特殊的规则。正如对于施莱尔马赫来说，正是古典语文学——对文本的说明——为理解提供了科学步骤。对这两位思想家来说，诠释学的根本作用在于：“为反对来自浪漫主义的任意性和怀疑论的主观性的不断侵扰，从理论上确立……解释的普遍有效性，而历史中一切确定性正建立在这种普遍有效性的基础上。”[7] 因此，诠释学借助于文本的基本结构建立了客观化的理解层面。

但是，与这种建立在心理学基础上的诠释学理论相对的是，心理学仍然是其最终的正当根据。将要成为我们思考中心的文本的这个自主领域，现在仍只能是一种临时性的和表面性的现象。因此，客观性的问题在狄尔泰的著作中仍然既是一个不可避免的又是一个不能解决的问题。说它不可避免，是因为他声称通过真正科学的理解概念来符合实证主义。因而狄尔泰不断改进和完善他的**“重构”**（reproduction）概念，总是使它更适合客观化的需要。但是，使诠释学的问题从属于理解他人的心理学问题，就使得他超越解释领域去寻找一切客观化的根源变得不适当了。对狄尔泰来说，客观化概念应用得很早，开始于对自我的解释。对我自己来说，我是什么只能通过我自己生命的客观化来理解。自我认识已经是一种解释，它并不比任何其他解释更容易，甚至更困难，因为我只有通过由我给予的我的生命的符号来理解我自己，并且这些符号是由他人反馈给我的。一切自我认识都以符号和作品为中介。这就反映了狄尔泰对他的时代影响颇大的**生命哲学**（Lebensphilosophie）所持的态度。他赞成生命哲学这种观念：生命本质上是一种创造性的动力过程（dynamism）；但他反对“生命哲学”之处在于，他认为这种创造性的动力过程不能认识自身，而只能
52 间接地通过符号和作品来解释自身。因而在狄尔泰的著作中，动力过程概念与结构概念结合了起来：生命表现为使自身结构化的动力过程。后来，狄尔泰试图应用这种方法来一般化诠释学概念，使其更深刻地与生命目的论结合在一起。后天获得的意义提出了价值，而遥远的目的则按照过去、现在、将来这三个时间维度，不断地使生命的动力过程结构化。人只有通过自己的行动，通过他的生命的外化，以及通过它们对他人产生的效果来认识他自己。他只能通过永远是一种解释的理解活动来间接地认识自己。在心理学解释和注经学解释之间的唯一真正重要的区别来自这一事实，即生命的客观化总是存留于和沉淀于一种稳定的获得物中，这种获得物具有黑格尔客观精神的一切表现。如果说我能理解已经消失了的世界，这是因为每个社会在创造它于其中理解自身的社会的和文化的世界时，也创造了它自己的理解工

具。于是人类的普遍历史就成为诠释学的领域了。理解我自己，就是去实行最大的迂回，或一种保留了对于整个人类来说是重要东西的记忆。诠释学就是使个人提升到普遍历史的知识，也就是个人的普遍化。

狄尔泰的研究比施莱尔马赫的研究更清楚地呈现了一种诠释学的主要困境，这种诠释学把对文本的理解置于对在文本中表达自身的另一人的理解的法则之下。如果说这种活动基本上仍然是心理学的，这是由于它不是把文本所说的**东西**，而是把在文本中表达自身的**某人**，看作解释的最终目的。同时，诠释学的对象不断地从文本，从其含义和指称，移向在文本中被表达的生命经验。伽达默尔清楚地讲到狄尔泰研究中的这一潜在的冲突（《真理与方法》，第 205－208 页；英译本，第 192－195 页）。最终，这一冲突乃是一种具有深刻非理性主义的生命哲学与一种意义哲学之间的冲突，这种意义哲学与黑格尔派的客观精神哲学有相同的主张。狄尔泰把这一难点用一句格言表示出来了：“生命包含着通过意义超越自身的力量。”[8] 或如伽达默尔所说，“生命解释着自身。它使自身具有一种诠释学的结构”（《真理与方法》，第 213 页；英译本，第 199 页）。但是，声称这种生命诠释学是一种历史，仍然是难以理解的。因为从心理学理解向历史理解的过渡实际上是以此为前提，即生命的诸成果之间的相互联系不再被任何人经历或体验。它的客观性正是存在于此。因此，我们可以问，为了把 53
握生命的诸客观表现，并把它们当作已经被给予的，这是否一定要把整个思辨观念论置于生命的基础上，也就是说，一定要最终把生命本身看作**精神**（Geist）。否则，我们怎么能理解这一事实，即正是在艺术、宗教和哲学中，生命通过使自身充分客观化才最完善地表达自身呢？这是不是因为在这些领域中只有精神才最得其所呢？这岂不是等于承认，诠释学只有通过从黑格尔的概念中借取的东西才能成为合理的哲学？于是人们就有可能像黑格尔谈论精神那样谈论生命：“在这里，**生命把握生命**。”

然而，狄尔泰充分意识到问题的核心，即生命只有通过意义单元的媒介作用才能把握生命，这些意义单元是超出历史长河的。这里狄尔泰瞥见到了一种不具备绝对知识的超越性的有限性模式，即一种恰好是解释性的模式。这样，他就指出了历史主义能克服自身的方向，而无须求助于与某种绝对知识的完全符合一致。但是为了继续进行这一发现，我们必须放弃诠释学命运与那种向其他精神生命转移的纯心理学概念的联系；文本不再朝向它的作者展开，而是朝向其内在的意义、朝向它发现和揭示的那个世界展开。

II. 从认识论到本体论

在狄尔泰之后，诠释学的决定性步骤不再是去完善人文科学的认识论，而是对它的这一基本前提加以质疑，即人文科学借助于它自身的方法论就能与自然科学相媲美。支配狄尔泰研究的这一前提意味着，诠释学是一种变形的**知识理论**，以及说明和理解之间的争论可以在新康德主义者如此热衷的**方法论争论**的范围内进行。这种被解释为认识论的诠释学前提，主要受到了海德格尔以及稍后伽达默尔的质疑。他们的贡献因此不能被看作狄尔泰工作的单纯延伸，而是应该被
54 看作这样一种试图，即在认识论研究活动的底层深掘，以便揭示其真正本体论的条件。如果我们能把从局部诠释学向一般诠释学的第一次变动看作哥白尼式革命的名号，那么我们现在正着手研究的第二次变动就必须看作第二次哥白尼式巨变的预兆，这一巨变将使方法论的问题从属于基本的本体论领域。因而我们不应期待海德格尔或伽达默尔会使那种由神圣文本或世俗文本的注经学，由古典语文学、心理学、历史理论或文化理论所提出的方法论问题完善化。正相反，一个新的问题又出现了：不是去问，“我们怎么知道”，而是要问，“只有在理解中才存在的那个存在者的存在方式是什么”。

1. M. 海德格尔

对于海德格尔来说，**阐释**（Auslegung）的问题，即 explication

或 interpretation 的问题，与注经学的问题很少有共同之处，后者在《存在与时间》的导论中与存在的忘却问题是联系在一起的[9]；而我们要探究的问题乃是存在的**意义**（meaning）的问题。但是，在提出这个问题时，我们却是被寻求的东西本身所引导着。从一开始，知识论就被它之前的一个质问所颠覆，这个质问涉及存在者遭遇存在的方式，它甚至发生在存在者像客体面对主体那样面对存在之前。即使《存在与时间》比海德格尔后期的著作更强调**此在**（Dasein），即**我们所是的在此存在**（the being-there that we are），这个**此在**并不是一个对之有客体存在的主体，而是一个在存在中的存在者。**此在**指示存在问题发生的“场所”，显现的场所；**此在**的中心问题只是理解着存在的一个存在者的问题。这个问题是作为对存在具有本体论的**前理解**（pre-understanding）的存在者的结构的一个部分。因此，揭示**此在**的构成根本不是像人文科学方法论中那样“通过推导去奠定基础”，而是“通过阐明来展开基础”（参看《存在与时间》，第 3 段）。因此，在我们刚才所描述的意义上，本体论基础和认识论基础之间产生了对立。如果问题所涉及的是支配特殊对象领域、自然领域、生命领域、语言领域、历史领域的某些概念，那么它就只是一个认识论的问题。当然，科学本身是朝着阐明基本概念的方向发展的，特别是在出现“基础危机”的情况下。但是，从事奠定基础工作的哲学的任务却不一样：它要力图阐明这样一些基本概念，这些概念“决定着对某个领域的先前理解，并为某一科学的所有专题对象提供基础，从而决定着一切实证性研究”（《存在与时间》，德文版，第 10 页；英译本，第 55
30 页）。因此，在哲学诠释学中至关重要的问题将是“就存在者的存在的基本状况对存在者的说明”（《存在与时间》，德文版，第 10 页；英译本，第 30 页）。这种说明对人文科学的方法论毫无裨益；相反地，它将在这种方法论的底部进行挖掘以揭示其基础。因此在历史上，“在哲学中居于优先地位的既不是历史学（historiology）的概念形成的理论，也不是历史科学的知识理论，甚至也不是作为历史科学对象的历史理论，处于优先地位的是就其历史性对本真的历史存在者的解释”（《存在与时间》，德文版，第 10 页；英译本，第 31 页）。诠释学不是对人文科学所做的思考，而是对人文科学可能据以建立的本体论基础所做的阐明。因此，对于我们来说关键的一句话是：“只有在引申的意义上如此理解的诠释学才包含了可以称之为‘诠释学’东西的根基，即关于人文科学的方法论”（《存在与时间》，德文版，第 38 页；英译本，第 62 页）。

《存在与时间》引起的第一次变革要求着第二次变革。狄尔泰把理解的问题与他人的问题联结在一起；如何得以接近他人的精神是一个在所有人文科学（从心理学到历史学）中占统治地位的问题。现在应当注意的是，在《存在与时间》中，理解的问题完全摆脱了与其他人交流的问题。在那本书中，的确有被称为“共在”（*Mitsein—being-with*）的一章；但是在这一章中，理解的问题并没有出现，如我们从狄尔泰派立场上可能期待的。本体论问题的基础应当在存在者与世界的关系的领域中，而不是在与他人的关系的领域中去寻找。从理解的基本意义上讲，理解包含在与我的境遇的关系中，包含在对于我在存在中地位的基本理解中。回想一下狄尔泰何以如此研究的理由是有意思的。他是根据康德主义的一个论点提出人文科学的问题的。他说，对事物的知识导向某种未知物，即物自身，然而对于精神来说，却根本不存在什么自在之物：我们自己就是其他人所是的东西。因此，关于精神的知识比起关于自然的知识就具有一个不可否认的优越性。攻读过尼采著作的海德格尔就不再如此天真了，他知道，对于我来说，他人正如我本人一样，比任何自然现象更加陌生。在这里隐蔽性无疑比任何其他地方更严重。如果存在一个由非本真性（inauthenticity）笼罩着的存在领域，那么这个领域就存在于每一个人对每一个其他的人的关系之中；正因如此，关于“共在”（*being-with*）这一章乃是关于“一”的争论，它是隐蔽性笼罩的中心和特殊地方。因而无足为怪，关于理解本体论与其说开始于对“共在”的思考，不如说是对“在之中”（*being-in*）的思考；不是与他者（他者只不过是重复我们
56 的主体性）的“共在”，而是“在世界中存在”（*being-in-the-world*）。

这种哲学领域的置换，与从方法问题向存在问题的转向一样重要。这样，有关**世界**的问题代替了有关**他人**的问题。从而海德格尔在使理解**世界化**时，也就使理解“去心理学化”了。

这种置换在对海德格尔的那种所谓存在主义的解释中完全被误解了。对烦心（care）、忧虑（anguish）、朝向死亡的存在（being-towards-death）的分析，是在精致的存在主义心理学的意义上进行的，并应用于非通常的精神状态。他们没有充分认识到，这些分析是关于“世界的尘世性”（*worldliness of the world*）的思辨的部分，而且它们的目的主要在于摧毁有关认知主体是客观性的尺度的主张。在这个主张中必须重新肯定的是**居住于**（inhabiting）这个世界的条件，可能产生境遇、理解和解释的条件。因此在理解的理论之前，必须对某种基础关系有所认识，这种基础关系使整个语言系统，包括典籍和文本，都安放在话语中某种基本上不是表达现象的东西之内。我们必须在规定自己方向之前，首先发现我们自己（不管是好还是坏），发现我们自己在那里并感触我们自己（以某种方式）。如果说《存在与时间》透彻地探讨了某些诸如恐惧和忧虑这类情绪，那么这并不是在“执行存在主义”，而是为了通过这些启示性的体验来展示比主客体关系更根本的与现实的联系。在知识里，我们把客体置于我们之前；而我们对境遇的感触则把我们置于世界之中先行于这种面对面关系。

理解就这样出现了——但它还不是作为语言、书写或文本等事实。理解必须以原初的方式被描述，它不是用话语，而是用“能存在”（*power-to-be*）来描述。理解的第一个作用就是为我们在某境遇中确定方向。因此，理解所涉及的不是掌握某一事实，而是为了领悟一种存在的可能性。当我们从这一分析中得出方法论的结论时，一定不要忽略了这样一点：我们要说，理解某一文本，不是去发现包含在该文本中的僵死的意义，而是去揭示由该文本所指示的存在的可能性。因而我们将忠实于海德格尔式的理解概念，理解本质上是一种**筹划**（projection），或者以更辩证和矛盾的方式说，是一种在先行的**被抛**（being-thrown）中的**筹划**。在这里，“存在主义”的语调又令人 57

迷惘了。小小一个词就把海德格尔与萨特区别开来了，这个词就是“已经”(*already*)。“筹划与此在所构想的并按照其此在建立自己存在的行动计划毫无共同之处；就此在来说，它已经筹划了它自身，并且只要它存在，它就仍然在筹划着。”（《存在与时间》，德文版，第145页；英译本，第185页）在这里，重要的不是责任性或自由选择一类的存在主义因素，而是作为选择问题基础的存在结构。“或此或彼”不是原初性的；它来自**被抛的筹划**（thrown project）的结构。

因此，使注经学家感兴趣的本体论因素只有在“境遇—理解—解释”这个三联体的第三个位置上才能出现。但是，在文本的注经学之前，事物的注经学就产生了。因为解释首先是一种阐释（explication），一种理解的**进展**，这种进展“不是把理解变成某种其他东西，而是使其成为自身”(《存在与时间》，德文版，第148页；英译本，第188页)。这样，一切返回知识理论的企图都被禁止了。现在要加以阐释的东西乃是附在经验表达上的“作为这种东西”[*as such* (*als*)]。但是“陈述并不使‘作为这种东西’显露，它只是赋予它一种表达”(《存在与时间》，德文版，第149页；英译本，第190页)。

如果此在分析并不明显地指向注经学的问题，但它却为一种在认识论层次上似乎是失败的东西赋予含义，因为它使这种表面上的失败与更初始的本体论结构发生了联系。这种失败就是人们常常称作“诠释学循环”的东西。人们常看到，在人文科学中主体与客体是相互蕴涵的。主体本身致力于获得客体的知识，反过来，主体，就其最主观的特性而言，又由客体对它的控制所决定，这种控制甚至发生在主体得以认识客体之前。因此，用主体与客体的术语来论述，诠释学循环就不得不表现出一种恶性的循环。基础本体论的作用就在于揭示这一在方法论层次表现为循环的结构。海德格尔把这一结构叫作“前理解”(*pre-understanding*)。但是，如果我们想根据知识理论，即用主体与客体范畴来继续描述前理解，那就大错特错了。例如，我们与一个工具世界所能有的亲近关系，能给我们关于“前有”(*fore-having*)的意义一个最初的观念，根据这一观念我将自己引向了对事物的新利用。这种预期特性是进行历史性理解的每一存在者的存在方式的一部分。因此，下面的命题我们必须根据此在分析来理解：“对某事物作为这或那的阐释都是基本建立在‘前有’（fore-having）、‘前见’（fore-sight）和‘前把握’（fore-conception）之上”（《存在与时间》，德文版，第 150 页；英译本，第 191 页）。因此在文本注经学中前提所起的作用，无非就是解释的一般法则的一个特殊情况而已。一旦变成知识理论并被人们按客观性要求衡量，“前理解”就被看成具有贬义的偏见了。但是，对于基础本体论来说，人们只根据理解的预期性结构来理解偏见。所以著名的诠释学循环，从方法论角度来考察的，不过是这一预期性结构的影子。从现在起，凡是理解了这一点的人都会明白，“具有决定意义的，不是摆脱这一循环，而是以正确的方式进入这一循环。”（《存在与时间》，德文版，第 153 页；英译本，第 195 页） 58

人们将会注意到，这种思考的根本重心并不在话语，更不在书写。海德格尔的哲学——或者至少是《存在与时间》的哲学——远非是一种语言哲学，对他来说语言问题只是在境遇、理解和解释等问题之后才被引入的。在《存在与时间》阶段，语言仍然是表达的第二个层次，即在“陈述”（*Aussage*）中对阐释的表达（《存在与时间》第 33 节）。但是从理解和阐释得来的陈述使我们看到，它的首要作用既不是与他人的交流，也不是使谓语归属于逻辑主语，而是“指出”“显示”“表明”（《存在与时间》，德文版，第 154 页；英译本，第 196 页）。语言的这一最高的作用仅仅反映出语言是从先于它的本体论结构推导出来的。海德格尔在该书第 34 节中说：“语言到**现在**才**第一次**成为我们考察的主题，这一事实表明这一现象的根源在于此在的被揭示性（disclosedness）的生存论结构。”（《存在与时间》，德文版，第 160 页；英译本，第 203 页）同页稍后他又说：“话语是理解所是的表达。”（《存在与时间》，德文版，第 161 页；英译本，第 203-204 页）因此我们必须把话语重新置于存在的结构中，而不是把存在的结构置于话语之中：“话语是‘在世存在’的可理解性结构的‘有意义

的’表达。”(《存在与时间》，德文版，第161页；英译本，第204页)

最后这句话预示了向海德格尔后期哲学的过渡，他的后期哲学忽略了此在，并直接开始于语言的表现力。但是自《存在与时间》起，**说话**（*reden*，saying）似乎比**言说**（*sprechen*，speaking）更重要。“说话”指生存论结构，而“言说”指进入经验领域的世俗性方面。
59 因此，**说话**的首要的决定性作用不是**言语**，而是**聆听/缄默**这一组言语行为。在这里海德格尔又颠倒了我们日常采用的，甚至是语言学的方法，即给予言说过程（谈，谈话）以优先性。理解就是聆听。换言之，我与言语的首要关系不在于我发出了它，而在于我接受了它：“聆听构成着话语”(《存在与时间》，德文版，第163页；英译本，第206页)。聆听的这种优先性标示了言语与向世界和向他人敞开的这种基本关系。这一方法论的结果是重要的：语言学、符号学和语言哲学都牢固地与“言说”的层次相关联，而未达到“说话”的层次。在这种意义上，基本哲学对语言学并不比对注经学有更多的增益。言说迫使我们回到那个言说着的人，而话语却迫使我们回到所说的事物。

在这一点上，毫无疑问，人们将会问：为什么我们不停止在这里，干脆宣称我们都是海德格尔主义者？前面所说的著名的“难题”现在又在哪儿呢？我们不是已经消除了有关理解理论的狄尔泰难题，进而谴责它与自然主义的说明相对立，并在客观性和科学性上与自然主义较量吗？我们不是通过使认识论从属于本体论而超越了这个难题吗？在我看来，难题并未被消除，它只是被转移到了别处，甚至由于这一转移而变得更严重了。它不再存在于认识论**范围内**的两种认知方式之间，而是存在于本体论和作为整体的认识论**之间**。由于海德格尔哲学，我们虽然可以后退到基础去，但是我们却不可能开始进行那种将导致从基础本体论返回到有关人文科学身份的认识论问题上去的运动。一种哲学如果中断了与科学的对话，那么它除了对自己讲话外，就不再对任何事物讲话。此外，只有沿着返回的路线，我们才能证明这样一种说法，即注经学的问题和一般历史批判的问题都是**派生的**。只要我们不介入这个派生问题，对基础问题超越的运动就仍然是成问题的。我们不是已经从柏拉图那里知道，上升的辩证法是最容易的辩证法，而真正的哲学家显露的则是沿着下降的辩证法的道路的吗？在我看来，海德格尔工作中仍未解决的问题是：**在基本诠释学的框架内，如何能说明一般批判的问题**？[然而，正是在这一追溯的运动中，认为诠释学循环（在诠释学的意义上）是以理解的预期结构“为基础”的主张才能产生和加以证实，这一结构存在于本体论的层次上。但按其结构说，本体论的诠释学似乎不可能展示这个返回的问题。在海德格尔的哲学中，这个问题甚至一经提出就被放弃了。他在《存在与时间》中写道：“在此循环中隐藏着那种最初的认知的积极可能性。的确，只有当我们在解释中明白我们最初的、最后的和经常性的任务绝不会使我们的‘前有’、‘前见’和‘前把握’以偶发奇想和流俗之见的方式呈现在我们眼前，而是从事情本身出发处理这些‘前有’、‘前见’和‘前把握’，从而确保论题的科学性，我们才能真正地把握这种可能性。”（《存在与时间》，德文版，第 153 页）

因此，在按照事情本身的预期性与只是来自偶发奇想或流俗之见的预期性之间，就出现了原则的区别。但当海德格尔直接宣布“史学知识的本体论前提原则上超越了大多数精确科学中包含的严格性观念”时，而且当他避免了适合于历史科学本身的严格性问题时，他又怎能再向前迈进呢？海德格尔由于关心使这一循环具有比任何认识论都更为深刻的基础，从而避免了在本体论之后去重复认识论问题的讨论。]①

2. H.-G. 伽达默尔

在《真理与方法》中，这个难题变成了汉斯-格奥尔格·伽达默尔的诠释学哲学的中心问题。这位海德堡的哲学家试图根据海德格尔的本体论，或者更确切些说，根据海德格尔后期诗化哲学中那种本体论重新定向，再次提出有关人文科学的争论。伽达默尔的全部著作都 60

① 方括号内的文字是编者所删，现译者依据原发表论文补充。在前面“编辑和翻译说明”中编者曾做了说明。——译者注

按其加以组织的，以及诠释学据以提出普遍性要求的核心经验，就是那种由**疏异的间距化**［alienating distanciation（*Verfremdung*）］在现代意识上所造成的令人反感的建构，而这种疏异的间距化在伽达默尔看来似乎是这些科学的前提条件。因为疏异化不只是一种情绪或情调，而是支持人文科学客观行为的本体论前提。在伽达默尔看来，人文科学的方法论不可避免地意味着间距化，间距化反过来又表示对原初的**隶属性**（Zugehörigkeit）关系的破坏，没有这种隶属性，也就不存在对历史性东西本身的关系。这样，通过将诠释学经验分成三个领域：美学领域、历史领域和语言领域，伽达默尔继续追究疏异的间距化和隶属性经验之间的争执。在美学领域中，被客体对象把握的存在之经验先于判断力的批判运用之前，并使后者得以可能，对此康德曾以“趣味判断力”为名加以理论阐述。在历史领域中，由在我之先的传统所引致的存在意识，乃是使在人文科学与社会科学领域中运用历史方法论得以可能的东西。最后，在语言领域中，这个领域以某种方式穿插于前两个领域中，人类伟大的声音所表达的对事物的共同隶属性，先于任何把语言作为工具的科学处理，先于通过客观技术来对我们文化中的文本结构进行支配的每一次要求，并使它们得以可能。因此，一个相同的主题贯穿于《真理与方法》的三大部分中。

伽达默尔的哲学表现了我们上面论述过的两种运动的综合：一种是从局部诠释学到一般诠释学的运动，另一种是从人文科学认识论向本体论的运动。“诠释学经验”这一用语很好地表现出了这一综合的特性。而且，伽达默尔的工作相对于海德格尔，还标志着从本体论再返回认识论问题的运动的开始。我正是根据这一观点在此讨论伽达默尔的贡献。他的作品的名称本身包括了海德格尔的真理概念与狄尔泰的方法概念之间的对立。问题是这部书在什么程度上可被正当地称作
61 “真理**与**方法”，而不应被称作“真理**或**方法”。如果说，海德格尔可以借助一种重要的超越运动避免了与人文科学之间的任何争论，那么伽达默尔则只能让自己插足于一场更为痛苦的争论中，这只是因为他认真地考虑了狄尔泰的问题。在这方面，他的作品中讨论历史意识的

部分是非常重要的。伽达默尔在谈论自己的思想之前先做了一番漫长的历史回顾，这一回顾表明，诠释学哲学必须通过概述浪漫主义哲学反对启蒙思想的斗争、狄尔泰反对实证主义的斗争和海德格尔反对新康德主义的斗争才能开始。[当然，伽达默尔所表明的意图不是要退回到浪漫主义那条老路上去。他认为，浪漫主义只是颠倒了启蒙运动的主题，而并未成功地更替问题本身或改变讨论的领域。因此，浪漫主义哲学企图恢复那种作为启蒙哲学一个范畴的“偏见”概念，这个偏见概念继续重复着批判哲学（即一种关于判断力的哲学）的立场。浪漫主义在由其对手确定的领域内，使有关传统与权威在解释中的作用的斗争继续进行下去。但是问题在于，了解伽达默尔的诠释学是否真的超出了浪漫主义诠释学的起点，而且他的这个断言，即“作为存在者的人发现他的有限性的特点是，他首先发现自己处于传统中”（260 页），是否能逃脱各种各样的反对意见呢？他注意到，浪漫主义哲学在面对每一种批判哲学的主张时都受到反对意见的限制。他指责狄尔泰仍然受到两种方法论相互冲突的束缚，而且“不懂得怎样摆脱传统的知识理论”（260 页）。他的出发点仍然是做自我之主宰的自我意识。对狄尔泰来说，主观性仍然是最终的依靠。因此，在某种程度上恢复了偏见、权威和传统等概念，目的在于反对主观性和内在性的支配，就是说反对反思哲学的标准。对反思哲学的批评有助于使这一要求显得像是返回到了前批判哲学的立场。然而不论这一要求多么使人烦恼，姑且不说使人激怒，它却导致历史的因素压倒了反思的因素。历史在我之前，也在我的反思之前发生，我先属于历史然后才属于自己。狄尔泰未能理解这一点，因为他的变革工作仍然是认识论性质的，而且因为他的反思哲学标准压倒了他的历史意识。在这个问题上，伽达默尔继承了海德格尔，从后者得到了这样的信念，即我们称作偏见的东西其实表达了人类经验的预期性结构。同时必须使古典语文学的解释成为基本性理解的一种派生的形式。][①]

---

① 方括号内的文字为译者依据原发表论文补充的。——译者注

那种交替出现和假定的杂乱影响在历史意识理论那里终止了，这种历史意识的理论标示着伽达默尔对人文科学的基础进行思考的最高成就。这种思考被名之为 *wirkungsgeschichtliches Bewusstsein*，按字面说，即“效果历史的意识”。这个范畴不再是从属于方法论，从属于历史的**探究**，而是从属于对此方法论的反思意识。它是以这样一种方式向历史及历史行为显现的存在意识，以至于这种对我们的作用不可能被客观化，因为这种作用也是历史现象本身的一部分。[我们在他的《短篇著作集》第 1 卷 158 页上读到：“我用这个词指我们不可能使自己脱离开历史演变，或者说，不可能使自己与其保持距离，以便使过去变成我们的对象。……我们永远处于历史中……就是说，我们的意识是由真实的历史演变所决定的，以至于意识不能随意地使自己面对过去。另一方面，我的意思是，问题永远在于重新意识到这样加于我们的历史作用，以至于我们刚经历过的每一桩往事都迫使我们充分关注它，并以某种方式接受其真实性……”]①

历史效果概念提供背景，依据这个背景，我想提出我自己的问题：**我们如何可能把某种批判立场引入某种由于拒绝间距化而被明确规定的隶属性意识**？按照我的看法，这只有当历史意识不仅试图摒弃间距化，而且还试图接纳间距化时才有可能。在这方面，伽达默尔的诠释学包含着许多有决定性意义的建议，这些建议将成为我自己思考的出发点。

首先，尽管在隶属性与疏异间距化之间存在着一般的对立，但效果历史意识本身仍包含着某种**间距**因素。效果历史正是在历史间距条件下发生的历史。它是对远处事物的接近，或者换句话说，它是某种间距的效果。因而，存在着一种关于他物性（otherness）的矛盾，一种接近与间距的张力，它对于任何历史意识来说都是重要的。

“视域融合”（*Horizontverschmelzung*，fusion of horizons）概念则提供了参与性与间距性辩证关系的另一标示（《真理与方法》，第 1

① 方括号内的文字为译者依据原发表论文补充的。——译者注

卷，第 289 页以下、356 页、375 页；英译本，第 273 页以下、337 页、358 页）。因为按照伽达默尔的看法，如果历史知识有限性条件排除了每一种概观（overview）、每一种黑格尔意义上的最终综合，那么这种有限性也不能将我包含在某种观点之内。哪里有境遇，哪里 62
就有一种能被缩小或放大的视域。我们把这个富有成果的思想归功于伽达默尔：两种不同处境的意识之间的超距交流，可以通过它们视域的融合，也就是通过它们关于间距性和敞开性的观点的混合而发生的。在近、远、敞开之间的间距性因素仍然是必需的。这个概念意味着，我们既非生存于封闭的视域内，又非生存于单一的视域内。就视域融合排斥整体的观念和唯一的知识而言，这个概念意味着自己所是的东西与陌生他者之间、近与远之间的张力关系；因此，差异性作用就包含在两者聚集过程中。

最后，在标志伽达默尔工作最高成就的语言哲学中，我们可以找到一种对不那么含有否定性的关于疏异的间距化的解释的最精确表述。人类经验的普遍**语言性**——这个词是对伽达默尔的 *Sprachlichkeit* 一词的大致翻译——意味着，我对某种或多种传统的隶属关系是贯穿于对符号、作品和文本的解释中，而文化遗产正铭存于符号、作品和文本之中以待人们去译解。当然，伽达默尔关于语言的全部思想都反对把符号世界归结为可供我们任意使用的工具。《真理与方法》第三部分整个篇幅都用来为**我们所属的对话**（dialogue which we are）和为支持我们生存的那种前理解进行热烈的辩解。但是语言经验只能起媒介的作用，因为对话双方都在所谈事物面前削弱自身，在某种意义上，对话就是由所谈事物来引导的。现在，如果**声音语言性**（Sprachlichkeit）没有变为**书写语言性**（Schriftlichkeit），或者换言之，如果语言的媒介没有变成文本的媒介，那么在何处我们所说的事物会对对话者有更为明显的支配呢？因此，使我们进行超距交流的东西就是**文本这个东西**（matter of the text），它既不属于作者，也不属于读者。最后的这个表达，即**文本这个东西**，引导我来到了我自己思考的门槛。

注释

[1] 见本书第四篇论文《间距化的诠释学功能》。

[2] Cf. W. Dilthey，"Origine et Développement de l'Herméneutique"（1900），in *Le Monde de l'Esprit* Ⅰ（Paris：Aubier，1947），especially pp. 319－22，333［英译本："The Development of Hermeneutics"，in *Selected Writings*，edited and translated by H. P. Rickman（Cambridge：Cambridge University Press，1976)］。

[3] F. Schleiermacher，*Hermeneutik und Kritik*，volume Ⅱ of *Sämmtliche Werke*，edited by F. Lucke（Berlin：G. Reimer，1938），secs. 15－16；see also Hans-Georg Gadamer，*Wahrheit und Methode*（Tübingen：J. C. B. Mohr，1960；此后所引简写为 *WM*），p. 173［英译本：*Truth and Method*（London：Sheed and Ward，1975；此后所引简写为 *TM*)，p. 163］。

[4] F. Schleiermacher，*Hermeneutik*，edited by H. Kimmerle（Heidelberg：Carl Winter，1959），p. 56.

[5] 这一版出现在 *Abhandlungen der Heidelberger Akademie der Wissenschaften*，*Phil.-hist. Klasse*，2（1959）。

[6] Cf. *Abhandlungen Gelesen in der Koniglichen Akademie der Wissenschaften*，in *Schleiermachers Werke* Ⅰ，edited by O. Braum and J. Bauer（Leipzig：F. Erkardt，1911），pp. 374ff.

[7] W. Dilthey，"The Development of Hermeneutics"，p. 260. †

[8] Cf. F. Mussner，*Histoire de l'Herméneutique de Schleiermacher á Nos Jours*，translated from German by T. Nieberding and M. Massart（Paris：Cerf，1972），pp. 27－30.

[9] Martin Heidegger，*Sein und Zeit*（Tübingen：Max Niemeyer，1927；此后简写为 *SZ*），pp. 2，5ff.［英译本：*Being and Time*，translated by John Macquarrie and Edward Robinson（Oxford：Basil Blackwell，1978；此后简写为 *BT*)，pp. 21，25ff.］。

2　诠释学与意识形态批判

关于这一题目所引起的争论远超出社会科学基础问题讨论的范 63
围。它提出了我将称之为哲学基本特征的问题。这种特征是否公开表明了一切人类理解都被归入有限范围的历史条件呢？或者宁可说，它归根结底是一种挑衅的行为，一种不断重复地和无止境地对“错误的意识”，对那种隐藏了统治和暴力永久运用的人类交往行为的扭曲进行批判的示意呢？这就是最初似乎与人文科学认识论层次相联系的争论哲学界标。界标的内容可以用一种选择来表示：或者是诠释学意识，或者是批判意识。但事情果真如此吗？难道这种选择本身不会受到挑战吗？我们有可能表述一种将会公正对待意识形态批判的诠释学——这种诠释学将指明意识形态批判对于它自己的核心问题的必要性吗？显然，这一界标是值得考虑的。我们不打算一开始就用那些太一般的词汇和采用一种过分炫耀的态度而冒险探究一切问题。相反，我们将只注意那种以或此或彼形式表现问题的当代讨论。即使这种选择最终必须被超越，我们也不会忽略那些要被克服的困难。

这场争论的主角，诠释学一方是汉斯-格奥尔格·伽达默尔，批判一方是尤尔根·哈贝马斯。他们之间论战的文献汇编现已出版，部分重印在题为《诠释学与意识形态批判》的小集子里[1]。我从中摘取一些清楚说明诠释学和意识形态批判理论之间冲突的观点。我想把这
64 两种哲学对于传统的评价作为这场论战的检验标准。与诠释学的积极评价相反，意识形态理论采取了一种怀疑态度，认为传统只是在未公开承认的暴力条件下对交往行为的根本扭曲的表现。选择这种检验标准的好处是把与诠释学的“普遍性要求”有关的争论提到显著地位。因为意识形态批判之所以重要是因为它是一种非诠释学的学科，故而只在解释的科学或哲学的权限范围之外，并且正标示着解释的科学或哲学的基本界限。

本文的第一部分，我将限制于表现汇编文献的内容。我将以一种简单的选择来这样做，或者是诠释学，或者是意识形态批判。论文的第二部分，我将更多保留一些我个人的看法，集中讨论如下两个问题：(1) 诠释学哲学能够说明意识形态批判的合法要求吗？如果能，那么代价是什么？它必须放弃它的普遍性要求并重新深刻地表述它的纲领和方案吗？(2) 意识形态批判在什么条件下是可能的？它最终能脱离诠释学的先决条件吗？

我们必须指出，没有任何合并的计划、任何调和的观点来支配这场争论。我和伽达默尔一样，预先承认这两种理论的出发点各不相同；但我希望表明每一方都能以在对方的结构中标出自己的位置的方式而重新承认对方的普遍性要求。

I. 两种观点

1. 伽达默尔：传统的诠释学

我们可以直接从哈贝马斯在其《社会科学的逻辑》中所攻击的关键点——焦点，即历史意识的概念与对前见、权威和传统这三个互为联系概念的挑衅性辩护开始。这篇文章绝不是附带性或旁注性的。它直接涉及根本的经验，或如我刚才所说，涉及这种诠释学观点和它提

出其普遍性要求的出发点。这种经验按照现代意识水平是由那种**疏异的间距化**（aliending distanciation—Verfremdung）——所构成的令人反感的东西，而这疏异的间距性不只是一种感情或情绪，而是支持人文科学客观行为的本体论先决条件。这些人文科学的方法论必然包含了间距的假定；而这反过来又以破坏原始的**隶属关系**（Zugehörigkeit）为 65
前提——其实没有这种隶属关系，也不会有这种历史关系本身。疏异的间距化和隶属性经验之间的争论，伽达默尔是通过诠释学经验被划分的三个领域，即审美领域、历史领域和语言领域来探究的。[……] 所以，虽然我们注意的焦点是第二部分，但我们必须记住，这个争论在某种意义上已在审美领域内展开了，正如它只是在语言领域里达到顶点一样，并且正是由于语言经验，审美意识和历史意识才被引出来讨论。因此历史意识理论既是整个工作的概要，又是这场重大论战的缩影。

在诠释学哲学声称其目标的普遍性的同时，它也宣告了它自己的具体出发点。伽达默尔是从那种由试图解决人文科学基础问题的历史所规定的立场出发讲话的，这种试图最初出现在德国浪漫主义里，继后在狄尔泰的工作中进行，最后采用海德格尔本体论术语。这一点即使在伽达默尔宣布诠释学度向的普遍性时也被他自己预先所承认。因为普遍性不是抽象概念；对于每一个研究者来说，它都是集中于某种具有支配性的问题，某种具有特许权的经验。伽达默尔在《修辞学、诠释学与意识形态批判》一开始就这样写道："我自己的试图是与狄尔泰恢复德国浪漫主义遗产的尝试相联系的，因为狄尔泰把人文科学理论看作他的主题，并把它放到一个新的更广阔的基础之上；艺术的经验以及艺术所特有的当代性（contemporaneousness，德文原文是 *Gleichzeitigkeit*，共时性）经验为人文科学的历史间距性提供了回答。"[2] 所以诠释学具有先于和超出任何科学的目的，具有一种被"人类世界交往行为的普遍语言性"[3] 所证实的目标，但是，目的的普遍性乃是它植根于的原始经验的狭隘性的对立物。因此，原始经验的局部性质应与普遍性要求一起被强调这一事实，并不是与意识形态批判支持者的争论不发生关系。我们同样可能不是从历史意识本身开始，而是从阅读经验中对文本的解释开始，就像施莱尔马赫的诠释学所表明的。正如我将在本书第二部分所说明的，在选择这种多少有些不同的出发点时，间距性问题可能具有比伽达默尔所认识的更多的积极意
66 义。伽达默尔尤其认为“为文本的存在”（*Sein zum Texte*）这一本身作为人类对世界行为的语言模式的反思是不重要的而加以忽视——他似乎把这种反思还原为翻译问题的考虑。但是，我在第二部分将转向这一反思，希望从中推导出较少地从属于传统问题而更多地为意识形态批判所接受的思考方向。

由于把历史意识和人文科学可能性的条件问题作为反思的中心轴，伽达默尔不可避免地使诠释学哲学转到为前见辩护并捍卫传统和权威，从而使这种哲学与任何意识形态批判处于一种冲突的关系。同时，这种冲突本身尽管采用了现代术语，然而仍回到它的原来的表述，正如浪漫主义精神和启蒙运动精神之间的斗争所表现的，这种冲突必然沿着一种强制性的路线采取重复同一斗争的形式：从浪漫主义开始，经过狄尔泰的人文科学的认识论阶段并经历海德格尔的本体论转向。伽达默尔由于采用了历史意识的特许经验，他也就走上了一条他必然要重复的哲学之路。

浪漫主义和启蒙运动之间的斗争是我们自己问题的源泉，同时也是两种基本哲学态度之间形成对立的背景：一方是启蒙运动及其反对前见的斗争；另一方是浪漫主义及其对过去的怀恋。问题是，按照法兰克福学派而确立的意识形态批判和伽达默尔诠释学之间的现代冲突是否标志这场争论中的任何进步。

就伽达默尔而言，他声称的意图是完全清楚的：浪漫主义的隐患必须避免。以“效果历史意识”（*wirkungsgeschichtliches Bewusstsein*）著名理论而结束的《真理与方法》第二部分包含了对浪漫主义哲学的尖锐攻击，因为它只是改变了论证的术语而没有更改问题本身，也没有改变争论的范围。因为在轻率（太仓促判断）和倾向（追
67 随习惯或权威）这双重意义上，“前见”正是通向启蒙运动卓越性

(*par excellence*)的范畴。按照一句著名的格言“*sapere aude*”(勇于运用你的智慧),前见就是为了思想,为了敢于思想而必须被放置一边的东西,以便我们能进入成熟时代(*Müendigkeit*)。为了重新找出“前见”(prejudice)一词的不仅仅是单一的否定意义(前见实际上成为无根据的或错误的判断的同义语),为了恢复拉丁文 *praejudicium* 一词在启蒙运动之前的法律传统中所具有的歧义,我们必须对使理性与前见对立的哲学先入之见提出疑问。这些先入之见事实上就是批判哲学的先入之见;正是对于判断力哲学——批判哲学就是判断力哲学——前见才是极为否定性的范畴。因此必须追问的东西就是判断力在人对世界的行为中的首要性;唯一把判断力视为公断的哲学就是使客观性(正如科学所典范表现的)成为知识尺度的哲学。判断力和前见只是在笛卡尔开创的哲学类型中才是占支配地位的范畴,这种哲学使方法论意识成为我们与存在和存在物之间关系的钥匙。因此,为了恢复不是对启蒙运动精神简单否定的前见的名誉,我们必须对判断力哲学的基础、主体和客体问题的基础进行深入探究。

正是在这里,浪漫主义哲学既证明是最初的基础,又证明是根本的失败。它之所以是最初的基础,是因为它敢于向“启蒙运动对前见的怀疑”(这是《真理与方法》第 241-245 页上的标题)进行挑战;它之所以是根本的失败,是因为它仅仅改换了回答而未改变问题本身。浪漫主义是在敌手防御的土地上发动战争,在这块土地上,传统和权威在解释过程中的作用尚有争议。正是在这同一块土地上,同一个研究基地上,神话比逻各斯更受欢迎,旧事物被保护以反对新事物,历史基督教国被保护以反对现代国家,兄弟会共同体被保护以反对行政管理的社会主义,创造性的无意识被保护以反对不生育的意识,神秘的过去被保护以反对理性乌托邦的未来,诗意的想象被保护以反对冷酷的推理。所以浪漫主义诠释学把它的命运寄托在与复古主义(重新得到上帝的恩宠)相联系的每一事物上。

这就是历史意识的诠释学力求避免的隐患。问题再一次成为:伽达默尔的诠释学是否真正超过了浪漫主义诠释学的出发点,他关于 68

“人类的有限性在于他首先在传统的核心中发现他自身这一事实”的断言（《真理与方法》，第260页；英译本，第244页）是否摆脱了他认为与批判哲学要求相冲突的哲学浪漫主义所陷入了的那种倒转的游戏呢？

按照伽达默尔的观点，仅仅由于海德格尔的哲学，前见问题才能明确作为问题而得到重新构造。在狄尔泰阶段，这问题不是完全明确的，正相反，我们把自然科学和人文科学是由两种科学性、两种方法论和两种认识论来刻画其特征的这一错误想法归于狄尔泰。因此，尽管伽达默尔受惠于狄尔泰，但他却毫不犹豫地写道：“狄尔泰从未能使自己摆脱传统的知识理论”（《真理与方法》，第261页；英译本，第245页）。狄尔泰仍然从自我意识开始；对于他来说，主体性一直是最终的参照系。**体验**（Erlebnis，活的经验）的领域就是我所是的原初性（primordiality）领域。在这种意义上，基本的东西就是**内存在**（innesein），内在的东西，自我的意识。因此，为了反对狄尔泰，同时也为了不断地复兴启蒙运动，伽达默尔声称：“个体的前见远远超出他的判断力而构成他的存在的历史实在。”（《真理与方法》，第261页；英译本，第245页）所以为前见、权威和传统辩护将旨在反对主体性和内在性的统治，也就是反对反思的标准。这种反对反思的争论将有助于给伽达默尔的辩护披上返回到前批判立场的外观。然而不管这种辩护如何可能引起争论——不是说能够挑起争论——这种辩护却证实了历史度向超越反思环节而恢复了活力。历史先行于我和我的反思；我在属于我自己之前就隶属于历史。狄尔泰不能理解这一点，因为他的革命仍是认识论的，他的反思标准压倒了他的历史意识。

然而，我们可以追问，反对狄尔泰的评论的尖锐性与对浪漫主义的攻击有同等意义吗？对狄尔泰的忠诚不是比对他的批判更深刻吗？这将解释了为什么历史和历史性的问题而不是文本与注经学的问题以一种类似于伽达默尔本人的方式继续提供了我们称之为诠释学**首要**经验的东西。也许正是在这个层次上，这就是说，在他对狄尔泰的忠诚

比他的批判更为重要的层次上，伽达默尔的诠释学必须被质疑。我们 69
把这一问题留到第二部分，现在我们只限于追随从对浪漫主义和狄尔泰认识论的批判到真正的海德格尔问题阶段的运动。

要恢复人的历史度向，所需要的远远不只是简单的方法论的改革，也远远不只是“人文科学”观念在面对“自然科学”要求所应有的认识论合法性。只有认识论从属于本体论的这一根本变革才能产生**理解的前结构**（Vorstruktur des Verstehens）的真实意义，理解的前结构是任何为前见辩护的条件。

我们都非常熟悉《存在与时间》论理解的那一节（31节，第115-120页）[4]，在那里海德格尔收集了许多带有**前缀** vor（前）的表达式（*Vor-habe* 即前有，*Vor-sicht* 即前见，*Vor-griffe* 即前把握），并进而以一种预期（前结构）——这是人类在存在中的地位的一部分——建立人文科学的诠释学循环。伽达默尔这样明确地表述为：“海德格尔的诠释学反思的最终目的与其说是证明这里存在循环，毋宁说是指明这种循环具有一种本体论的积极含义。”（《真理与方法》，第251页；英译本，第236页）但是值得注意的是，伽达默尔不仅援引了31节——这是“对此在的基本分析”的部分（第一部分的标题），而且也援引了63节——这一节清楚地把解释问题域转为时间性问题域；它不再只是此在（*Dasein*）的此（*Da*）的问题，而是它的“整体存在的可能性”（*Ganzseinskönnen*，整体能在）的问题，而这一问题表现为烦心的三次时间绽出之中。伽达默尔正确地“探究了那种来自海德格尔从此在的时间性而推出理解的循环结构这一事实的对于人文科学诠释学的结论”（《真理与方法》，第251页；英译本，第235页）。但是海德格尔本人却没有考虑这些问题，而这些问题可能会以一种难以预料的方式把我们引向这样一个据说与纯粹认识论或方法论问题一起被删除的批判的论题。如果我们追随那种不仅从狄尔泰到海德格尔，而且从《存在与时间》31节到63节内容的激进化运动，那么特许的经验（如果我们仍能这样说）似乎就不再是历史学家的历史，而是西方形而上学中存在的意义问题的历史。因此，解释得以展开的诠

释学境遇的特征似乎就是这一事实，即我们得以探究存在的预期
70 （前）结构是由形而上学的历史所提供的；正是它取代了前见的位置（以后我们将提问海德格尔关于这种传统所确立的批判关系是否也不包含一种为前见批判的辩护）。因而海德格尔使前见问题发生了根本改变：前见——**先入之见**（Vormeinung）——乃是预期（前）结构的部分（参见《存在与时间》，第 150 页；英译本，第 190 页）。这里文本注释的例子不只是一个特例；它是一种发展（在此词复制的意义上）。海德格尔可能喜欢把语文学解释称为“派生的模式”（《存在与时间》，第 152 页；英译本，第 194 页），但它仍是检验标准。正是在这里我们能够看到从恶性循环撤退的必要性，因为在这种循环中由于语文学解释以从精确科学那里借来的科学性模式来理解自身，它转变为由我们所是的真正存在的预期（前）结构而构成的非恶性循环。

但是，海德格尔对这种从构成我们的预期（前）结构返回到具有真正方法论的诠释学循环的运动不感兴趣。这是很不幸的，因为正是在这一返回过程中，诠释学才可能遇到批判，特别是意识形态的批判。因此我们关于海德格尔和伽达默尔的考察将从返回运动引起的困难开始，因为在返回运动中，语文学解释是一种“理解的派生模式”这一观念可能单独被赋予合法性。如果这种派生一直未加尝试，那么我们仍不能证明前结构本身是根本的。因为一个事物如果并未派生出任何其他东西，那么它就绝不是根本的。

伽达默尔对问题的独特贡献必须建立在这三重基础之上——浪漫主义、狄尔泰派和海德格尔派。在这方面，伽达默尔的文本就像是一层覆一层的聚集物，有如多层涂抹的厚厚的透明物，总有可能从中区分出一层浪漫主义、一层狄尔泰派、一层海德格尔派，在每一层上我们都可能阅读它。同时每一层都在伽达默尔通常认为是他自己的观点上被反思。正像伽达默尔的对手所看到的，首先，伽达默尔的独特的贡献与他似乎按照纯粹现象学方式建立的前见、传统和权威的联系有
71 关；其次，是他根据**效果历史意识**概念——我将把这翻译为“受历史效果影响的意识”或“历史效应的意识”——对这一次序的本体论解

释；最后，认识论的结论，或像伽达默尔在其《短篇著作集》里称为“元批判的”结论：对前见的彻底性批判——因此也是意识形态的批判——是不可能的，因为不存在这种批判由之出发的原点。

现在我们依次分别考察这三个要点：前见、传统和权威的现象学；受历史效果影响的意识的本体论；以及批判的批判。

伽达默尔为前见、传统和权威进行辩护的尝试绝不是没有挑衅性的目的。分析是“现象学的”，这是说它力求从这三种现象抽出那种启蒙运动由于轻率的评价而被掩蔽的本质。对于伽达默尔来说，前见不是与无前提的理性相对立的一极；它是理解的一个组成部分；它与人类存在的有限的历史特征相联系。主张只有无根据的前见是错误的，因为在法学意义上，存在或许能够或许不能够随后给予检验的前判断，甚至存在“合法的前见”。所以，即使预期性的前见更难于正名，那么倾向性的前见也有被从纯粹批判立场出发的分析所忽视的深刻意义。然而反对前见的前见却有更深的基础，即存在于反对权威的前见之中，这种权威非常快地与统治和暴力相等同。权威概念使我们来到与意识形态批判争论的核心地带。我们可以想到这一概念也处于马克斯·韦伯的政治社会学的中心：国家是卓越的机构，其基础是对其权威和其在最终情况使用暴力权力的合法性的信任。现在在伽达默尔看来，对这一概念的分析，自启蒙时代以来，就遭受到统治、权威和暴力之间的混淆。正是在这里，本质的分析是根本性的，启蒙运动在权威和盲目服从之间假定了一种必然联系。

> 但是，这绝不是权威的本质。的确，首先是人才有权威。但是人的权威最终不是基于某种服从或抛弃理性的行动，而是基于某种承认和认可的行动——认可他人在判断和见解方面超出自己，因而他的判断领先，即他的判断对我们自己判断具有优先性。与此相关联的是，权威不是现成被给予的，而是要我们去争取和必须去争取的，如果我们想要求权威的话。权威依赖于承认，因而依赖于一种理性本身的行动，理性意识到它自己的局限性，因而承认他人具有更好的见解。权威的这种正确被理解的意

> 义与盲目的服从命令毫无关联。而且权威根本就与服从毫无直接关系，而是与认可有关系。(《真理与方法》，德文版，第 264 页；
> 72 英译本，第 248 页）

因此关键的概念是**认可**（Anerkennung，承认），它取代了服从的概念。我们顺便可以注意到这一概念包含某种关键要素：伽达默尔进而说道，“对权威的承认总是与这一思想相联系的，即权威所说的东西并不是无理性的和随心所欲的，而是原则上可以被认可接受的。这就是教师、长辈、专家所要求的权威的本质”（《真理与方法》，德文版，第 264 页；英译本，第 249 页）。这一关键要素为意识形态批判提供了清楚表述权威现象学的可能性。

但是，这不是伽达默尔最终强调的方面。尽管他早先对德国浪漫主义进行批判，但他又返回到德国浪漫主义的主题，即把**权威**与**传统**联系起来。具有权威的东西就是传统。当伽达默尔把这两者加以等同时，他就以浪漫主义的语调讲话：

> 存在一种浪漫主义特别要加以保护的权威形式，即传统。由于传统和习俗而奉为神圣的东西具有一种无名称的权威，而且我们有限的历史存在是这样被规定的，即因袭的权威——不仅是有根据的见解——总是具有支配我们活动和行为的力量(*Gewalt*)。一切教育都依据于这一点。……（习俗和传统）是在自由之中被接受的，但绝不是被自由的见解所创造，或者被它们自身所证明。其实，我们称之为传统的东西，正是它们有效性的基础。事实上，我们是把这样一种对启蒙运动的更正归于浪漫主义，即传统具有理性论证之外的正当理由，并且在一个相当大的范围内规定了我们的态度和行为。古代伦理学优越于近代道德哲学的特征在于：古代伦理学通过传统的不可或缺性证明了伦理学向“政治学”即正确的统治艺术过渡的必然性。与此相比较，现代启蒙运动则是抽象的和革命的。(《真理与方法》，德文版，第 265 页；英译本，第 249 页）

［请注意**力量**（Gewalt）一词如何在**权威**（Autorität）之后溜进正文，同时注意**统治**（Herrschaft）如何出现在“从传统而来的统治”（《真理与方法》，德文版，第 265 页；英译本，第 249 页）这一表述里。］

当然，伽达默尔并不想回到浪漫主义和启蒙运动之间不可调和的争吵的老路上去。我们必须感谢他试图调和（而不是对立）权威和理性。权威的真正意义来自它为自由判断的成熟所做出的贡献：因此“接受权威”就是通过怀疑和批判的屏障。由于“传统总是自由和历史本身的要素”（《真理与方法》，德文版，第 265 页；英译本，第 250 页），权威和理性的联系甚至更为根本。如果文化遗产的“保存”（*Bewahrung*）与自然实在的简单保留相混淆，那么这一点就会被忽 73 视。传统必须被掌握、采用和保持；因此它要求一种理性行动：“保存正如革命和复兴一样，是一种自由选择行为。”（《真理与方法》，德文版，第 266 页；英译本，第 250 页）

但我们可以注意一下，伽达默尔是用了**理性**（*Vernunft*，reason）一词，而不是**知性**（*Verstand*，understanding）一词。只有在此基础上，与哈贝马斯和卡尔-奥托·阿佩尔（Karl-Otto Apel）的对话才有可能，他们两人也致力于捍卫区别于技术专家知性的理性概念，他们认为技术专家知性屈从于纯粹的技术方案。情况很可能是，法兰克福学派关于交往行为、理性工作和工具主义行为、技术知性工作之间的区分，只有借助于传统——或至少是借助于与政治化、制度化的传统相对立的活生生的文化传统——才能被做出。E. 维尔（Eric Weil）关于技术的理性基础（rationale）和政治学的合理性（reasonableness）的区别在这里也同样重要；对维尔来说，合理性的东西只产生于创新精神和传统精神之间的对话过程中。

对前见、权威和传统这一系列的真正“本体论的”解释可以说是在“效果历史或效果历史意识”范畴中被具体化，效果历史或效果历史意识标志着伽达默尔关于人文科学基础的反思所达到的顶峰。

这一范畴并不属于方法论和历史研究，而是属于对这种方法论的反思意识。它是历史意识范畴。以后我们将看到哈贝马斯的某些概念，如自由交往的规范观念，是与社会科学的自我理解处于同一层次。因此我们必须非常仔细地分析效果历史意识范畴。一般说来，它可以被刻画为受历史影响和受历史效果影响的意识，这样，这种对我们的行为就不能被客观化（对象化），因为效果正如历史现象一样乃属于行为的真正意义。在伽达默尔的《短篇著作集》中我们读到：

> 由此我首先是指，我们不能使自己脱离历史过程，所以不能使我们与历史过程有距离，以致过去就对我们成为一个对象……我们总是处在历史之中……我是说，我们的意识是由真实的历史
> 74 过程所决定；这样我们不能随意使自己与过去并列。而且我意指，我们总是必须对那种支配我们的行为重新意识，这样我们所经验到的任何过去东西都迫使我们完全掌握它并以某种方式假定它的真理。[5]

让我们进一步分析意识甚至在它醒悟之前就属于和依赖于影响它的东西的大量综合事实。这种进入醒悟之前的预先行动可以在哲学思想层次上用四个主题来表述，我认为这四个主题都集中在历史效果意识范畴中。

首先，这一概念必须与**历史间距**（historical distance）概念紧密相连并处于一种紧张关系之中。伽达默尔在我们上述引语之前有详细说明的历史间距这一概念被构成**研究**的方法论条件。间距是一个事实；采取间距就是一种方法论态度。效果历史正是在历史间距条件下发生的东西。它是对久远东西的接近。因此伽达默尔所斗争的幻觉，即“间距”结束了我们与过去的联系，并创造了一种可与自然科学的客观性相比较的境遇，其根据是熟悉性的丧失也就是与偶然性决裂。为了反对这一幻觉，重要的是要恢复过去之“他者”的悖论。效果历史就是有距离的效果。

历史效果观念里所包含的第二个主题是：不存在任何使我们能在简单一瞥之下就把握效果整体的**概观**（overview）。在有限知识和绝对知识之间必须进行选择；效果历史概念属于有限的本体论。它起的

作用正如海德格尔本体论里“被抛的筹划”和“境遇”所起的作用。历史存在就是永不进入自我认识的东西，如果有一种相应的黑格尔式的概念，那它将不是**知识**（Wissen），而是**实体**（Substanz），如果有必要，黑格尔总是用实体概念来谈论达到辩证谈话的不可测的深奥。为了公正对待黑格尔，我们必须追溯《精神现象学》的路程，而不是向下沿着绝对知识的道路进行。

第三个主题多少修正了上述观点：如果没有概观，那么也就不存在绝对限制我们的境遇。只要有境遇，也就有可小可大的**视域**（horizon）。正如我们存在的视觉圈所证明的那样，景观是由近景、远景和开放景组成。同样，历史理解也是如此。一个时候人们认为视域概 75
念可以通过把它比作使自己处于他人观点中的方法论规则来说明，视域就是他者的视域。因此人们认为历史必须与科学的客观性相结合：忘却我们自己的观点而采用他者的观点，这不是客观性吗？然而没有什么东西比这种虚假的比拟更糟糕。因为被当作绝对客体的文本被剥夺了它关于某事要告诉我们什么的要求。这种要求只有通过对事情本身的先行理解的观念才能保留。对历史事业真正意义的破坏最危险的莫过于这种客观间距，客观间距既中止了观点的张力又中止了传统对存在物传承真实讲话的要求。

由于恢复观点的辩证法和自我与他者之间的张力，我们达到**视域融合**这一终极概念——我们的第四个主题。这是一个辩证的概念，它是由拒绝两种观点而产生的：一是客观主义，在忘却自身之上假定他者的客观性；一种是绝对知识，按此知识，普遍历史可以在一个单一的视域内被表述。我们既不存在于封闭的视域中，又不存在于一个唯一的视域中。没有视域是封闭的，因为总有可能使自己置于他者观点和他种文化之中。主张他者是不可接近的，这将使人想起鲁宾逊·克鲁苏（Robinson Crusoe）。但是也没有视域是唯一的，因为他者与自己之间的紧张关系是不可超越的。伽达默尔在某个阶段上似乎接受了包容所有观点的单一视域的观念，有如莱布尼茨的单子论一样（《真理与方法》，德文版，第 288 页；英译本，第 271 页）。看来这是为了与尼采的激进的多元论进行斗争，这种多元论会导致不可交往性以及破坏对逻各斯哲学有本质意义的“关于事物的共同理解”的观念。在这方面，伽达默尔的说明类似于黑格尔的说明，他们都主张历史的领悟需要“关于事物的共同理解”，因而需要一种独一无二的交往逻各斯；但是伽达默尔的立场只略为触及黑格尔的立场，因为他的海德格尔派的有限状态本体论阻止他把这唯一的视域转变成知识。“视域”一词指出了对知识观念的最终否定，而其实正是在知识中视域融合才被把握。这种对比——由于这种对比，一种观点在另一种观点之背景上被凸显（*Aufhebung*，扬弃）——标志了诠释学和任何黑格尔主义之间的鸿沟。

视域融合这一不可超越的概念赋予前见理论以最突出的特征：前
76 见是当前在场的视域、是近物在其向远物开放中的有限状态。这种自我与他人的关系给予前见概念以最终的辩证作用：仅由于我使自己处于他人观点中，我才使自己与我现在在场的视域、我的前见发生冲突。只是在他人与自我、过去文本与读者的观点之间的紧张关系之中，前见才具有历史的作用和本质。

历史效果这一本体论概念的认识论含义是易于分辨的。它们涉及的是社会科学中的研究状况问题：这是伽达默尔想指明的东西。**研究**（Forschung）——科学探究——并不脱离那些生活于历史之中并创造历史的人的历史意识。历史知识不能使自身脱离历史条件。这可推知，科学筹划要摆脱前见是不可能的。历史只是由于开始于质问它的传统而对过去提出富有意义的问题，追求富有意义的研究并获得富有意义的结果。对**指称**（Bedeutung）一词的强调没有留下任何疑问：作为科学的历史是在研究的开端和结尾都从它所保留的与已接受和承认的传统的联系中获得它的意义（meaning）。传统的行为与历史的研究被一条纽带联结在一起，批判意识除非使研究本身成为无意义，否则绝不能消除这种联系。历史学家的**历史**（Historie）只能使**历史**（Geschichte）中的生命之流处于更高的意识层次，“现代历史研究本身不仅是研究，而且是传统的传递”（《真理与方法》，德文版，第

268 页；英译本，第 253 页）。人与过去的联系不仅先于而且也包含对历史事实的纯客观处理。问题仍然可看出，哈贝马斯使之与传统概念相对立的无限制和无强迫的交往理想是否脱离伽达默尔反对历史完全知识以及历史作为自在客体的可能性的论证。

不管这种论证对意识形态批判有什么结果，诠释学归根到底是要求成为一种批判的批判或元批判（meta-critique）。

为什么是元批判呢？这一术语的含义就是伽达默尔在《短篇著作集》里所说的，“诠释学问题的普遍性”。我看到三种解释这一普遍性概念的方式。首先，它可以解释为诠释学具有与科学相同范围的要求。因为普遍性首先是所有科学的要求，它涉及我们的知识和我们的 77
权力。诠释学声称它包括了科学研究的所有领域，这就使科学研究建立在那种先于并包括科学知识和权力的世界经验之中。所以普遍性要求被提出的基础，与对科学知识及其权力的可能性条件进行批判的基础是相同的。因此最初的普遍性来自诠释学任务本身：“将客观的技术世界（科学使之任我们支配和处置）与我们存在的那些基本秩序（这些秩序既不是任意的也不受我们所控制，而是只要求我们尊重）重新加以联系。”[6]去掉科学使之任我们支配的处置权：这就是第一项元批判的任务。

但是人们可能说，这种普遍性仍是派生的。按照伽达默尔的看法，诠释学具有一种可以只从普遍意义的某种特许经验开始而能悖理达到的特殊普遍性。由于害怕变成一种方法论，诠释学只能够从非常具体的领域，即从总是要被“去局部化的”局部诠释学中提出它的普遍性要求。在去局部化的过程中，诠释学可能碰到来自它所开始的经验的真正本性的抵抗。因为这是典型的**陌生化**——疏异化——的经验，不管它是处于审美的、历史的，还是语言的意识之中。反对方法论的间距化的斗争使诠释学转变为批判的批判；它必须再次把西西弗斯的巨石推起，恢复已被方法论侵蚀的本体论基础。但是同时，批判的批判又假定一种会在“批判”的眼光看来似乎是可疑的论题，即**“一致同意”**（consensus，共识）已经存在，它奠定了审美的、历史的和语言的关系的可能性。对于曾经把诠释学定义为克服**误解**（Missverständnis）的技术的施莱尔马赫，伽达默尔做如下驳斥：“事实上，难道不是每一种误解都预先假定一种‘根本的相互一致’吗?”[7]

这种**根本的相互一致**（tragendes Einverständnis）观念绝对是根本性的；认为误解是由先前的理解所支持这一断言乃是卓越的元批判主题。另外，它还导致伽达默尔著作中可以找到的第三个普遍性概
78 念。允许诠释学去局部化的普遍元素是语言本身。支持我们取得一致同意的是在对话中所达到的理解——不是松弛的面对面的境遇，而是最极端形式的问答关系。这里我们遇到了原本的诠释学现象：“没有任何断言可能不被理解为对问题的回答，断言只能以这种方式被理解。”[8]所以每一种诠释学都结束于**语言性**（Sprachlichkeit）或“语言度向”这一概念，虽然“语言”一词在这里不能被解释为语言体系（*langues*），而是被解释为所说事物的集合，最有意义的信息的总和，这种信息不只是由日常语言而且也是由所有造成我们所是的卓越语言（*langages*）所传达的。

我们将考察哈贝马斯的批判，探问“我们所属的对话”是否确实是允许诠释学成为去局部化的普遍元素，或者相反，它构成一种相当特殊的经验，既包括对于人类交往行为真实条件的盲目性，也保持无限制和无强迫的交往行为的希望。

2. 意识形态批判：哈贝马斯

现在，我们将要考察论战的第二位主角。为了清楚起见，我将把这场论战比作一场单一的决斗。我将在四个相继的标题下讨论他的被认为是替代**传统诠释学**的另一种选择的**意识形态批判**。

（1）当伽达默尔从哲学浪漫主义借用**前见**（prejudice）概念，并用海德格尔前理解概念来重新解释它，哈贝马斯却提出**旨趣**（interest）概念，这一概念来自卢卡奇和法兰克福学派（霍克海默、阿多诺、马尔库塞和阿佩尔等）重新解释的马克思主义传统。

(2) 当伽达默尔呼吁与文化传统的当代重新解释相联系的**人文科学**时，哈贝马斯却诉诸**批判社会科学**，矛头直接指向制度的非人化(reifications)。

(3) 当伽达默尔引入**误解**作为理解的内在障碍时，哈贝马斯却提出**意识形态**理论，并把它解释为通过隐藏的力量的作用而对交往行为的系统扭曲。

(4) 最后，当伽达默尔把诠释学任务建基于“我们所属的对话”的本体论上时，哈贝马斯却召唤无限制和无强迫的交往的**调整性理想**，这种交往并不是先行于我们而是从未来观点指导我们。 79

为了清晰起见，我以这种概括的二者择一的形式来表现这两种观点。如果这两种明显对立的立场没有交叉地带——我认为这种交叉地带应成为新阶段诠释学（这种诠释学我将在第二部分概述）的出发点——那么争论就没有任何意义。不过，首先让我们讨论他们的分歧。

(1) 旨趣概念使我们要稍为谈及哈贝马斯与马克思主义的关系，这种关系大致相当于伽达默尔与哲学浪漫主义的关系。哈贝马斯的马克思主义是一种完全独特的类型，它与阿尔都塞的马克思主义很少有共同之处，它导致了一种非常不同的意识形态理论。在1968年出版的《知识与人类旨趣》一书中，马克思主义被放入知识考古学之内，这种考古学与福柯的考古学不同，它并不旨在孤立那种既不能被任何主体构造又不被任何主体操纵的不连续结构；相反，它的目的是追溯由于客观主义和实证主义兴起而淹没了的单一问题的连续历史，反思的历史。这本书力图重构“现代实证主义的前史”以及批判功能消解的历史，其目的可被称为辩护性的，即“恢复被忘却的反思经验”[9]。处在反思成功和失败的历史中的马克思主义，只能表现为一种非常模棱两可的现象。一方面，它是批判反思历史的一部分；另一方面，它处于由康德开始、后经费希特和黑格尔的这条线的一端。我没有时间去描述哈贝马斯如何在康德的主体、黑格尔的意识和费希特的自我，以及在生产活动中随着人与自然的综合而告终的相继阶段中看待这一系列激进的反思任务。这种从批判问题表述马克思主义系统的方法本身是很有启示的。把马克思主义设想为对客观性和客体的可能性条件问题的新颖解答，说“在唯物主义里劳动具有综合作用”，就是把马克思主义从属于真正的“批判的”解读（在“批判”此词康德派和后康德派的意义上）。因此哈贝马斯说政治经济批判在马克思著作中具有如逻辑学在观念论中的同样的作用。

因此处于批判反思历史内的马克思主义必然要以双重面貌出现，既作为元批判的最先进的立场，因为人这个生产者取代了先验主体和黑格尔的精神的位置；又作为忘却反思和实证主义与客观主义发展的
80 历史中的一个阶段。对人这种生产者的捍卫导致以所有其他事物为代价的一种行动范畴的实体化，即工具性行动。

为了理解这种被认为对马克思主义有内在意义的批判，我们必须引进旨趣这一概念，这里我在转向《知识与人类旨趣》一书前，将首先讨论 1965 年的论文，这篇论文作为附录收入该书之中。

旨趣概念与理论主体欲使自己处于欲望领域之外的一切主张相对立，这些主张是哈贝马斯在柏拉图、康德、黑格尔和胡塞尔著作中所看到的；批判哲学的任务正是揭露旨趣是知识事业的基础。很显然，不管旨趣概念可能与伽达默尔的前见和传统概念如何不同，但它们都具有一种家族相似，这点我们将在以后解释。目前它将使我们引进意识形态概念，这一概念在一种类似于弗洛伊德概念的意义上，被理解为有助于在合理化指导下掩盖旨趣的一种所谓无旨趣（无动于衷）的知识。

为了评价哈贝马斯对马克思的批判，重要的是要认识到有几种旨趣，或更恰当地说，存在一种旨趣的**复数**域。哈贝马斯区分了三种基本旨趣，其中每一种支配一个**研究**领域，因而支配一组科学。

首先，存在**技术的或工具性的旨趣**，它支配“经验分析科学”，它支配这些科学是这种意义，即可能的经验陈述的意义在于它们的技术的可利用性（exploitability）：经验科学的重要事实是在工具性活动的行为系统中由我们经验的一种先天组织所构成。与杜威和皮尔士

的实用主义相联系的这一论题对于理解哈贝马斯（跟随马尔库塞）认作现代意识形态即科学和技术本身的东西的功能来说是决定性的。意识形态的迫近可能性来自经验知识和技术旨趣之间的这种关联，哈贝马斯把这种旨趣更精确地定义为“在技术控制客观化过程中的认识旨趣”[10]。

其次，存在第二种旨趣领域，这种旨趣不再是技术的，而是康德意义上的**实践的**。在其他著作中，哈贝马斯把交往行为与工具性行为加以对立；这是同一的区分：实践领域是主体间进行交往的领域。他 81
把这一领域与“历史诠释学科学”的领域相联系。在这一领域中所产生的命题的重要性（signification）并不是来自可能预见和技术可利用性，而是来自理解意义。这种理解的产生是由于对日常语言中所交流的信息的解释，通过对传统所传递的文本的解释，凭借使社会作用制度化的规范的内在化（internalisation）。显然，这里我们更接近伽达默尔，而不是马克思。接近伽达默尔，是因为在交往行为层次上，解释者的理解从属于前理解条件，而前理解条件反过来又是在传统意义——此意义在捕捉任何新现象时都具有——的基础上被建构。甚至哈贝马斯所强调的诠释学科学的实践方面对于伽达默尔也不是完全陌生的，因为伽达默尔曾把对有距离的和过去的东西的解释与此时此地的“应用”（*Anwendung*）联系起来。接近伽达默尔，我们也就远离马克思。因为两种层次旨趣即技术旨趣和实践旨趣之间的区别，两种层次行为即工具性行为和交往行为之间的区别，以及两种层次的科学即经验分析科学和历史诠释学科学之间的区别，为内在地批判马克思主义提供了出发点（这里我转到《知识与人类旨趣》主要正文）。

批判要求是内在的，是因为哈贝马斯在马克思本人的工作中认出了他自己关于两种类型的旨趣、行为和科学的区分的概貌。他是在“生产力”和“生产关系”这一著名区分中看到这一点的，生产关系意指生产活动在其中进行的制度形式。马克思主义事实上依赖于力和形式之间的分离。生产活动应当造成一种唯一的自我生产的人性，一种唯一的人的“类本质”；但是，生产关系却把生产主体分解为对抗的阶级。在这里哈贝马斯看到他自己区分的开端，大意是说，统治和暴力的现象，以及对这些现象的意识形态的掩饰和政治解放事业，是在生产**关系**领域而不是在生产**力**领域内产生的。因此，为了说明马克思分析的现象：对抗、统治、掩饰、解放，我们必须意识到工具性行
82 为和交往行为之间的区别。但是，这种意识正是马克思主义在对其思想的理解所缺乏的。在把力和关系归属到同一个**生产**概念时，马克思主义阻止了诸旨趣的真正分离，因而也阻止了行为层次和科学领域的真正分离。在这方面，马克思主义显然属于实证主义历史，属于反思遗忘的历史，即使它在某种程度上是影响交往的物化意识的历史的一部分。

（2）我们仍没有讲到哈贝马斯称为**解放旨趣**（the interest in emancipation）的第三种类型的旨趣。他把这种旨趣与第三种类型科学，即**批判的社会科学**相联系。

这里我们触及与伽达默尔分歧的最重要源泉；当伽达默尔把“人文科学”看作原初的参照系时，哈贝马斯却求助于“批判的社会科学”。这种最初的选择对于结论是重要的。因为“人文科学”与伽达默尔所谓的 *humaniora*（**人文学**）的东西相关；它们本质上是文化科学，与文化遗产在历史现时的复兴相关。所以它们按本性是传统的科学——用其此时此地的意蕴重新解释和重新发现的，但仍然是连续的传统的科学。从一开始，伽达默尔诠释学的命运就和这些科学相联系。它们能具体化批判要素，但它们本性上自然倾向于反对审美的、历史的和语言的意识之疏异间距化。结果，它们禁止了对权威的承认和重新解释的传统本身提出批判要求。批判要求仅仅只能作为一种从属于有限状态和依赖于前理解形象（这常先于和包含它）的意识的要素被发展。

这种状况在批判社会科学里是完全不同的。它们本质上就是批判的；正是这一点使它们与社会秩序的经验—分析科学区别开来，也与上述的历史学—诠释学科学区别开来。批判社会科学的任务是，在经验社会科学所观察的规则基础上去辨认那些只能通过批判才改变的

"意识形态上冻结了的"依存关系。所以批判观点是由解放旨趣所支配，哈贝马斯把这种解放旨趣也称为**自我反思**。这种旨趣为批判的命题提供参照系：哈贝马斯在 1965 年的草稿中说，自我反思使主体摆
脱了对实体化力量的依赖。我们可以看出，这是激励过去哲学的真正 83
旨趣；它是哲学和批判社会科学共同之点。它是**独立**的、自主的和自治的旨趣。但是本体论掩盖了这种旨趣，在已经造成的支持我们的存在现实中摧毁了它。这种旨趣只在批判个案中才起作用，这种批判个案揭露了知识活动中起作用的旨趣，这种旨趣指出理论主体对来自制度强制的经验条件的依赖性，并且把对这些强制形式的承认转向解放。

所以批判个案处于诠释学意识之上，因为它表现为"消除"那种不是来自自然而是来自制度的强制的事业。因此在诠释学方案和批判方案之间出现了鸿沟，前者使假定的传统高于判断，而后者使反思高于制度化的强制。

（3）我们一步步被导致第三个分歧点，这是我们争论的焦点。我将对此做如下论述：意识形态概念在批判社会科学中所起的作用与误解概念在传统诠释学里所起的作用是相同的。正是施莱尔马赫在伽达默尔之前就使诠释学与误解概念相联系。凡有误解的地方就有诠释学。但是有诠释学是因为具有这样的相信和确信，即先于并包含误解的理解具有通过交互方式的问和答的运动可以把误解重新整合于理解的方法。假如我们可以这样说，误解与理解是同性质的并属于同一种类；因此理解并不求助于解释程序（explanatory procedures），因为解释程序属于"方法主义"的过分要求。

与意识形态概念的关系还有另一方面。什么造成区别？在这里哈贝马斯经常求助于精神分析学和意识形态理论之间的比较。比较依赖于如下标准。

第一点：在法兰克福学派中以及在一般意义上仍能被称为马克思主义的传统中，曲解总是与权威的压制行为，因而与暴力相联系。这里关键概念是"审查"（censorship），它原本是政治学概念，后经由

84 精神分析转到了批判社会科学。意识形态和暴力的联系是根本性的，因为它把那些度向，即劳动和权力的度向，引入反思领域，而这些度向虽然并未脱离诠释学，但却没有被它所强调。按照广义的马克思主义，我们可以说，阶级统治的现象是与人类劳动同时产生的，意识形态以一种我们将简略解释的方式表现这些现象。用哈贝马斯的术语，统治现象出现于交往行动领域；正是在这里，语言关于它在交往能力水平上的应用条件受到扭曲。因此，坚持**语言性**（Sprachlichkeit）理想的诠释学只是因为三个度向——劳动、权力和语言——之间的关系被改变才在影响语言的现象中找到它的界限。

第二点：因为对语言的曲解不是来自语言的用法本身，而是来自语言与劳动和权力的关系，因此这些曲解是不可被共同体成员认可的。这种错误的认可是意识形态现象所特有的。它只可以通过求助于精神分析类型概念从现象学上加以分析，这些概念包括：与错误相区别的**错觉**（illusion），作为虚假超验性建构的**投射**（projection），作为按照合理证明现象随后对动机再组的**合理化**（rationalisation）。为了在批判社会科学领域内论说相同的事物，哈贝马斯讲到“伪交往”或“系统扭曲的交往”，以此与单纯误解相对立。

第三点：如果错误认可难以通过直接对话路径而克服，那么意识形态的解除就一定要通过迂回程序，这种迂回程序不仅涉及理解，而且也涉及解释。这些程序乞灵于某种理论工具，这种工具不能从停留在日常讲话本能解释层次上的任何诠释学中推出。这里精神分析又提供一个好的模式：这种模式在《知识与人类旨趣》第三部分以及题为《诠释学的普遍性要求》的论文中都有详细的说明[11]。

哈贝马斯采用了阿尔弗雷德·洛伦佐（Alfred Lorenzer）关于精神分析是**语言分析**的解释，按照这种语言分析，意义的“理解”是由处于与两个其他“场景”——“症状场景”和人为的“转换场景”——关系中的“原初场景”的“重构”而完成的。的确，精神分析一直处于理解领域内，并且处于在主体意识里得以终结的理解领域
85 内，因此哈贝马斯称它为*Tiefenhermeneutik*，即“深层诠释学”。但

是意义的理解需要走对“去象征化”（desymbolisation）过程的“重构”的迂回之路，而对于这种去象征化，精神分析是在一种相反的方向上沿着“再象征化”（resymbolisation）路线加以追溯。所以精神分析并不完全外在于诠释学，因为它仍然可以用去象征化和再象征化来表现；其实，由于与“原初场景”的“重构”相联系的说明力，它构成一种**限制的经验**（limit-experience）。换句话说，为了“理解”征候是**什么**，我们就必须“说明”它的**为什么**。这种说明阶段产生了理论工具，这种工具建立了说明和重构的可能条件：地形学的概念（三种力量和三种作用），经济学的概念（防卫机制，首要的和次要的压抑，分裂），基因学的概念（象征组织的著名阶段和相继阶段）。关于那特殊的三种力量**自我—本我—超我**（ego-id-superego），哈贝马斯说，它们通过分析的对话过程而被结合到交往领域，通过分析的对话病人被导向对他自己进行反思。哈贝马斯得出结论说，元心理学“只能作为元诠释学而被建立”[12]。

遗憾的是，哈贝马斯对于精神分析的说明和元诠释学的格式如何能转变到意识形态层面的途径闭口不谈。我认为必须指出，与统治和暴力的社会现象相联系的对交往的扭曲也构成去象征化现象。哈贝马斯有时非常恰当地讲到“摆脱交往”（excommunication），召唤维特根斯坦关于公共语言和私有语言的区分。我们还必须指明，在什么意义上对这些现象的理解需要那种将恢复“场景”的理解或这三种场景本身的某些特征的重构。无论如何，我们必须指明理解需要说明的阶段，以便当无意义的起源有了说明，意义也就被理解。最后，我们还必须指明，这种说明如何求助于可与弗洛伊德的地形学或经济学相比较的理论工具，这种工具的核心概念既不能从日常语言框架内的对话经验中推出，又不能从应用于直接理解话语的文本注经学中推出。

这些就是意识形态概念的主要特征：暴力在谈话中的影响，关键在躲避意识的掩饰，以及通过原因说明的迂回之必要性。在诠释学看 86
来，这三种特征使意识形态现象成为一种**限制的经验**。因为诠释学只能发展一种自然能力，我们需要一种表述交往能力的变形理论的元诠释学。批判就是这种交往能力的理论，它包括理解艺术、克服误解的技术和对曲解的说明科学。

(4) 在没有说明使哈贝马斯区别于伽达默尔的也许是最深刻分歧之前，我不想就此结束对哈贝马斯思想的概述。

对于哈贝马斯来说，伽达默尔说明的主要缺陷是**本体论化**的诠释学；他以此意指伽达默尔诠释学坚持理解或强调一致（accord），好像先于我们的**一致同意**（consensus）是某种本质的东西，某种被给予存在的东西。伽达默尔不是说理解是**存在**（Sein）而不是**意识**（Bewusstsein）吗？他不是像诗人一样讲到“我们所属的对话”（*das Gespräch*，*das Wir sind*）吗？他不认为**语言性**是一种本体论构造，一种我们活动于其中的环境（milieu）吗？更根本地，他不是把理解的诠释学固系在有限状态的本体论里吗？哈贝马斯只能怀疑他认为是罕见经验的本体论实体化的东西，罕见经验即那种在我们最恰当对话中先于我们的（支持对话）理解的经验。这种经验不能被神圣化并因而不能成为交往行为的范例。阻止我们这样做的东西正是意识形态现象。如果意识形态只是理解的内在障碍，只是一种问和答可以解决的误解，那么我们就可以说：“凡存在误解的地方，就存在先天的理解。”

凡在传统诠释学按照设定的传统进行思考的地方，意识形态批判必须按照预期来进行思考。换句话说，意识形态批判必须在我们面前把传统诠释学认为在理解起源上就存在的东西设定为规范性观念。正是在这一点上，指导认识的第三种旨趣即解放旨趣才开始起作用。正如我们所看到的，这种旨趣激励了批判社会科学，为所有在精神分析和意识形态批判中所构成的意义提供一种参照系。自我反思乃是解放
87 旨趣的相关概念。因此自我反思不能建立在先天**一致同意**基础之上，因为先天的东西正是一种中断的交往。我们不能像伽达默尔那样，讲什么无须假定实际并不存在的传统的会聚，无须神圣化那种乃是错误意识源泉的过去，无须本体化那种仍只是一种曲解的“交往能力”的语言而实现理解的共同一致。

因此，意识形态批判必放置在规范性观念的标志之下，也即在无

限制和无强迫的交往的标志下。这里康德派的强调是明显的；规范性观念不只是“是什么”，它更是“应当什么”，不只是回忆，它更是预期。正是这一观念给予每一种精神分析学或社会学的批判以意义。因为只有在再象征化方案中才有去象征化，只有在结束暴力的革命背景中才有这种方案。当传统诠释学力求抽取权威的本质并把它与对卓越性的认可相联系时，解放的旨趣则回到《关于费尔巴哈的提纲》的第十一条：“哲学家们只是用不同的方式解释世界，而问题在于改变世界。”所以一种非暴力的末世论形成了意识形态批判的最终哲学视域。这种与恩斯特·布洛赫（Ernst Bloch）主张很接近的末世论取得了传统诠释学中语言理解的本体论位置。

II. 走向批判诠释学

1. 对诠释学的批判反思

现在我将提出我自己对于每一种立场的前提的思考，并着手解决导言中提出的问题。我们说过，这些问题涉及哲学最基本特征的意义。诠释学的特征是一种谦卑的特征，它承认一切人类理解由于有限性而从属于历史条件；而意识形态批判的特征则是一种傲慢的特征，它针对人类交往的扭曲进行挑战。对于前者，我使自己处于我知道我所隶属的历史过程中；对于后者，我用一种受无限制和无强迫的交往这一限定概念指导的、本质上是政治言论自由的观念来对抗被扭曲了的人类交往的现时状态。

我的目的不是以一种包容两者的超体系将传统诠释学和意识形态批判加以混合。正如我一开始说的，它们每一方都从不同的立场讲话。然而每一方都可以被要求承认对方，不是把对方作为陌生的和纯 88
粹敌对的立场，而是作为以它自己方式提出合法性要求的立场。

正是在这种精神指导下，我转到导言中提出的两个问题：(1) 诠释学哲学是否能说明意识形态批判的要求？如果能，代价是什么？

(2) 在什么条件下，意识形态批判是可能的？在最终分析下，它能离开诠释学的前提吗？

第一个问题是对诠释学一般说明批判实例的能力进行挑战。诠释学中如何能有批判呢？

我将首先指出，对批判实例的认可在诠释学内乃是一种不断被重申但又经常被忽略的模糊愿望。从海德格尔开始，诠释学整个来说是致力于**返回基础**，这是一种从关于人文科学可能性条件的认识论问题走向理解的本体论结构的运动。但我们可以问，从本体论到认识论的返回路线是否可能呢？因为只有沿着这一路线我们才能证实这样的断言，即注经学—历史学的批判问题是“派生的”，以及在注经学家看来，诠释学循环乃是“建立”在理解的基本预期结构之上的。

本体论诠释学出于结构上的理由似乎不能展现这种返回问题。在海德格尔自己的著作中，问题一经提出就被抛弃。所以在《存在与时间》里我们这样读到：

> 在理解的循环中………隐藏着最原始的认识的一种积极可能性。当然，只有在我们的阐释（*Auslegung*）中，我们理解到我们首先的最终的和经常的任务始终是不让我们的前有、前见和前把握以偶发奇想和流俗之见的方式对我们表现，而是根据事情本身做出这些预期，从而确保这些科学论题，我们才真正把握这种可能性。(《存在与时间》，德文版，第 153 页；英译本，第 195 页)

这里我们基本上发现了根据事情本身的预期和来自偶发奇想（*Einfälle*）和流俗之见（*Volksbegriffe*）的预期之间的区别；后面这两个词与仓促的前见和受感染的前见有着明显的联系。但是当我们随后直接地宣称，“历史学知识本体论前提在原则上超越最精密科学的严格性观念”(《存在与时间》，德文版，第 153 页；英译本，第 195 页)，从而回避了历史科学本身特有的严格性问题时，这种区别
89 如何能被追溯呢？比任何认识论更深刻地锚定这一循环的关注（concern）阻止了在本体论基础上提出认识论问题。

这是否说在海德格尔自己著作中不存在任何与认识论批判环节相应的发展呢？确实存在着这种发展，但是，这种发展被应用于其他地方。在从仍然包含理解和解释理论的对此在的分析过渡到包含理解再思考（第63节）的时间性和整体性理论的过程中，所有批判的努力似乎都是为了**解构形而上学**（deconstructing metaphysics）。其理由是清楚的：既然诠释学已变成存在的诠释学——关于存在意义的诠释学，适合于存在意义问题的预期结构也就被形而上学的历史所给出，预期取代了前见的位置。所以存在的诠释学在与古典的和中世纪的实体，与笛卡尔派和康德派的我思（*cogito*）的争论中使用了它所有的批判手段。与西方形而上学传统的对抗取代了对前见批判的位置。换句话说，从海德格尔派观点看，能够被认作揭蔽事业组成部分的唯一内在的批判才是形而上学的解构；一种真正的认识论批判只能间接地恢复，因为形而上学的残余在自称是经验的科学里仍能起作用。但是，对这种起源于形而上学的前见的批判是不能取代与人文科学，即与它们的方法论和认识论的前提的真正对抗。因此对彻底性的过分关注切断了从普遍诠释学向局部诠释学，即向语文学、历史学、深层心理学等的回归之路。

至于伽达默尔，毫无疑问，他曾经从指向派生物的基本原则中完全掌握了这种“下降辩证法”的紧迫性。所以，正如我们上面注意的，他旨在“探究那些根据海德格尔从此在的时间性推导（*Ableitung*）理解循环结构这一事实而为人文科学的诠释学所得出的结论”（《真理与方法》，德文版，第251页；英译本，第235页）。正是这些结论使我们感兴趣。因为正是在推导的运动中前理解和前见之间的联系才成为问题，以及批判问题在理解核心里重新被提出。所以伽达默 *90*
尔在谈到我们文化的文本时，反复地坚持这些文本本身意指着，存在一种对我们讲话的“文本的内容（事情本身）”。但是，如果不面对关于前理解和前见得以混淆的方式的批判问题，“文本的内容（事情本身）”如何能对我们讲话呢？

在我看来，伽达默尔的诠释学似乎阻碍了走这条路线，这不仅是因为所有思考的努力都是为了基础问题的彻底化，有如海德格尔一样，而且也因为诠释学经验本身阻止对任何批判实例的承认。

这种诠释学的**主要**经验，由于决定了它提出普遍性要求的立场，所以包含了对要求人文科学客观化态度的“疏异的间距化”——**陌生化**（Verfremdung）——的拒绝。这样，整个工作设定了一种二分的特征，这种特征即使在《真理与方法》书名中也表现出来，这书名是分离超过了结合。在我看来，正是这种最本源的两分情况阻碍了伽达默尔真正承认批判实例，因而不能公正地对待意识形态批判，意识形态批判乃是现代后马克思主义的批判实例的表现。

我自己的质问正是从这种观察进行的。转变诠释学问题的最初立场，重新以这种方式表述问题，以至于隶属性经验和疏异的间距化之间的辩证法变成了诠释学的主要动力、内在生命的关键，这难道不是恰当的吗？

这种改变诠释学问题最初立场的观念是由诠释学本身的历史所提出的。在这整个历史中，强调的重点总是返回到注经学或语文学，这就是说，总是返回到与基于文本或与文本有相同地位的文献或纪念物**中介**的传统的关系。施莱尔马赫是《新约圣经》的注释家和柏拉图的翻译家。狄尔泰则在文字固定的现象或更一般地说在铭文现象中找到了与直接理解他人（*Verstehen*）显然不同的阐释（*Auslegung*）的特殊性。

在回到本文的问题，回到注经学和语文学的过程中，初看之下，
91 我们似乎限制了诠释学的目的和范围。但是，既然任何普遍性要求都是事出有因，我们就可期望诠释学和注经学之间的联系的恢复将显露出它自己普遍的特征，这些特征并不与伽达默尔诠释学有真正矛盾，它们将以一种对于与意识形态批判的争论具有决定性的方式纠正伽达默尔的诠释学。

我将概述如下四个论点，这四个论点对传统诠释学将构成一种批判性的补充。

（a）这种诠释学在其中通常看到一种本体论优点失落的间距化似

乎表现为文本存在的一种积极成分；它典型地属于解释，不是作为解释的对立面，而是作为它的条件。在书写固定化中以及在谈话交流领域的所有类似的现象中都包含间距化因素。书写文字不只是谈话的物质固定化的材料，因为固定化还是更多基本的现象的条件，即文本自主性的条件。文本有三种自主性：相对于作者的意图；相对于文本生产的文化境遇和一切社会学条件；最后相对于原始听众。文本所意蕴的东西不再与作者所意指的东西一致；语词的意义和心理的意义具有不同的命运。这第一种形式的自主性已经暗含了“文本的内容（事情本身）”有脱离作者的受限制的意向视域的可能性，以及文本的世界可能冲破它的作者的世界。适合于心理学条件的东西也适合于社会学条件，即使准备清算作者的人很少准备在社会学领域进行同样的活动。不过，文学作品的特殊性——作品本身的特殊性——要超越它自己的心理学—社会学的生产条件，因而对无限制的系列阅读开放，尽管这些阅读本身总是处于不同的社会的文化背景之中。简言之，从社会学和心理学的观点看，作品自身**解除语境**（decontextualises），并且在阅读行动中能不同地自身**重构语境**（recontextualise）。由此推出，文本的中介不能被处理为对话境遇的扩大。因为在对话中，谈话的双方是由自身设置（setting itself）所预先给予的；由于书写，原来的听众被超越了。作品本身创造听众，在可能性上说这听众包括所有能阅读的人。

文本的解放为在解释核心上承认批判实例构成最基本的条件，因为间距化现在属于中介本身。

在某种意义上说，以上这些评论只是扩大了伽达默尔自己所说的东西，一方面是关于“时间距离”，正如我们上面所说，时间距离是“受历史效果影响的意识”的一个方面；另一方面是关于**文字性** 92
（Schriftlichkeit），按照伽达默尔自己的看法，文字性赋予**语言性**以新的特征。但在同时，这种分析也扩大了伽达默尔的分析，它多少改变了强调的重点。因为文字（书写）所表现的间距化已经表现在话语自身中，话语包含了**所说的东西**（the said）与**说**（the saying）的距离的萌芽，根据黑格尔在《精神现象学》一开始的著名分析：**说**消失了，但**所说的东西**仍然存在。在这方面，书写并不代表话语建构中的彻底革命，只是完成了话语建构最深刻的目的。

（b）如果诠释学想利用它自己前提说明批判实例，那么它必须满足第二个条件：它必须克服来自狄尔泰的关于“说明”（explanation）和“理解”之间的灾难性的二分性。众所周知，这种二分性是由于如下确信造成，即任何说明态度都是借用于**自然科学**方法论并非法地扩大到**人文科学**。但是，文本领域的符号学模型的出现使我们相信并非所有说明都是自然主义的或因果性的。特别是应用于叙事理论的符号学模型借用了语言领域本身，通过从小于语句的单元到大于语句的单元（诗、记叙文等）。这里，话语必须置于不再是书写的范畴之下，而是作品的范畴之下，也即必须置于从属于**实践**、劳动的范畴之下。话语的特征是它能作为一种展现结构和形式的作品而产生出来。作为作品的话语的生产比书写更多地包含一种客观化，使得话语总是在新的生存条件下被阅读。但是与会话（这自发地进入问与答的运动）的单纯话语相反，作为作品的话语在结构上“坚持”要求一种中介“理解”的描述和说明。我们在这里处于一种类似哈贝马斯所描述的情况：**重构**（reconstruction）是理解之路。但是，这种情况不是精神分析学以及所有哈贝马斯用“深层诠释学”所指的东西所特有的；它乃是一般作品的条件。所以，如果存在诠释学——并且这里我反对那些仍保持在说明层次上的结构主义形式——那么它一定是通过中介过程而构成，而不是反对结构说明的倾向。因为理解的任务就是
93 把原本作为结构被给予的东西带给话语。我们必须沿着客观化路线尽可能远地走去，直到在我们能声称用由此讲话的“内容”（事情）“理解”文本之前，达到结构分析揭示文本的**深层语义学**之地步。文本的**内容**（**事情**）不是单纯阅读文本就启示的东西，而是文本的形式排列所中介的东西，如果情况是这样，那么真理与方法就确实不构成分离，而是构成一种辩证的过程。

（c）文本诠释学以第三种方式转向意识形态批判，在我看来，真

正诠释学要素的产生是当我们越过文本的界限而对伽达默尔本人称之为“文本的内容（事情本身）”，即文本所开启的那种**世界**进行询问。这可以称之为**所指域**（referential）要素，借用弗雷格关于含义和指称的区分，作品的含义是它的内在的组织，而指称则是在文本面前所展示的存在方式。

我们可以顺便注意一下，这里存在与浪漫主义诠释学最决定性的决裂；所追求的东西不再是隐藏在文本之后的意图，而是在文本面前所展示的世界。文本要开启实在度向的力量原则上包含了反对任何给定的实在以及批判实在的可能性。在诗人的话语中，这种破坏的力量非常活跃。这种话语的策略包含着坚持两个要素的平衡：悬置日常语言的指称和开放第二层指称，这其实就是我们上面所说的由作品开启的世界的另一名称。在诗的情况中，虚构是重新描述之路；或者像亚里士多德在《诗学》中所说的，**神话**的创造，“寓言”的创造，是*mimèsis*之路，即创造性模仿之路。

这里我们又在发展伽达默尔本人，尤其是在他关于**游戏**那些动人的段落里所概述的一个主题。但是，随着这种在**虚构**和**重新描述**之间进行中介的关系的结束，我们引进了一个传统诠释学势必要抛弃的批判主题。然而这一批判主题却出现在海德格尔关于理解的分析之中。回想一下海德格尔是如何使理解与“我们最本真的可能性的筹划”观念相结合的；这意味着文本所开启的世界的存在方式乃是可能的方式，或更恰当地说，是能在的方式；这里存在想象的破坏力。诗的指称的悖论正是在于这一事实，即只有在话语被提升为虚构时，实在才 94
被重新描述。

所以，能在的诠释学自身转到了意识形态批判，它构成意识形态批判最基本的可能性。同时，间距化也在指称的核心里出现：诗的话语使自己与日常实在形成距离，目标朝向作为能在的存在。

（d）最后一种方式，文本诠释学为意识形态批判指明了位置。这最后一点涉及解释里的主体性状态。因为，如果诠释学的主要关注不是揭示隐藏在文本之后的意图，而是展示文本之前的世界，那么真正的自我理解，正如海德格尔和伽达默尔所想说的，乃是某种可以由“文本的内容（事情本身）”所指导的东西。与文本世界的关系取代了与作者的主体性的关系，同时读者的主体性问题也被取代了。理解不是把自己投射于文本中，而是把自己展示给文本；它是在接受一种由于占有了解释所展示的设定世界而扩大的自我。总而言之，正是文本的内容（事情本身）给予读者以他的主体性度向，所以理解不再是一种由主体所支配的建构。把这种观点推演到底，我们必须说，读者的主体性与文本所展示的世界一样是悬置的和潜在的。换句话说，如果虚构是文本指称的基本度向，那么它同样是读者主体性的基本度向：在阅读中，我“没有认识我自己”。阅读把我引入**自我**的想象变形。游戏中的世界变形也是**自我**的玩耍的变形。

在“自我的想象变形”这一观念中，我看到批判主体幻觉的最根本可能性。这种联系在传统诠释学里可能一直隐藏着或未发展，因为传统诠释学过早地引入**占有**（Aneignung）概念以反对疏异的间距化。但是，如果与自己的间距化不是一个要被反对的缺陷，而是在文本面前理解自己的可能性条件，那么占有就是间距化的辩证对立面。所以意识形态批判可以由本质上包含批判主体幻觉的自我理解概念来设定。与自己的间距化要求，对文本所提供的设定世界的占有要经过
95 对自我的非占有（放弃）。所以，**错误意识**批判可以成为诠释学的一个组成部分，它把哈贝马斯归于诠释学的元诠释学度向赋予意识形态批判。

2. 关于批判的诠释学反思

我现在将对意识形态批判做一类似的反思，目的是评价意识形态批判的普遍性要求。我并不期望这种反思使意识形态批判回到诠释学信仰，而是想证明伽达默尔这一观点，即两种“普遍性”，诠释学的普遍性和意识形态批判的普遍性是相互渗透的。我们的问题也可以用哈贝马斯的话来表述：在什么条件下批判可以表述为元诠释学？我想根据我所概述的哈贝马斯思想的次序来说明这些论点。

（1）我将从作为先验现象学和实证主义的意识形态批判基础的旨趣理论开始。人们可能会问：下述论点的权威何在？所有**研究**都由这样一种旨趣所支配，这种旨趣为它的意义域建立一种有前见的参照系；存在三种这样的旨趣（而不是一种或两种，或四种），即技术的旨趣、实践的旨趣和解放的旨趣；这些旨趣固定在人类的自然史中，但它们标志着人从自然中产生，在劳动、权力和语言领域内取得形式；在自我反思中，知识和旨趣是同一的；知识和旨趣的统一被证明在辩证法中，这种辩证法认清了压制对话的历史踪迹并重新构造了曾经被压制的东西。

这些“论点”在经验上是可证实的吗？不能，因为如果那样，它们将会受到从属于一种旨趣，即技术旨趣的经验—分析科学的支配。这些论点是一种“理论”吗，例如在精神分析学所给予该词的意义上，或者在允许重构原始场景的说明性假说之网的意义上？不是，因为如果那样，它们将像任何理论一样成为局部的论点，并将再次被一种旨趣，也许是解放旨趣所证明，而证明就会陷入循环。

是否从此就无须承认，在知识基础上对旨趣的揭露、旨趣的等级次序及它们与劳动—权力—语言三部曲的联系，依赖于一种类似于海德格尔的此在分析，特别是类似于海德格尔的“烦”的诠释学那样的哲学人类学呢？如果果真这样，那么这些旨趣既不是可观察到的，也 96
不是如弗洛伊德著作中的“自我”、“超我”和“本我”那样的理论实体，而是“生存的东西”（existentiales）。它们的分析依赖于诠释学，因为它们同时是“最封闭的”和“最隐蔽的”，以至于它们必须被揭露才能被承认。

假如我们认为诠释学主要是一种话语的诠释学，确实是一种语言生活的观念论，那么对旨趣的分析可以称之为“元诠释学的”。但是，我们已经看到它和这毫无关系，前理解的诠释学基本上是一种有限状态的诠释学。因此我完全愿意说，意识形态批判从不同于诠释学的立场，即从劳动、权力和语言相互交织的立场提出它的要求。但是，这两种要求却交汇在一个共同的基础之上，即有限状态的诠释学，这种诠释学先天地确保了前见概念和意识形态之间的相关性。

（2）我现在将重新考虑哈贝马斯在批判社会科学和解放旨趣之间所建立的契约。我们曾经把批判社会科学的立场和历史诠释学科学的立场做了尖锐的对比，后者倾向于承认传统的权威而不倾向于反对压迫的革命行动。

这里诠释学向意识形态批判提出的问题是这样：你能给解放旨趣指定一个不同于你为激励历史诠释学科学的旨趣所假定的地位吗？区别是这样独断地被肯定，以至于似乎在解放旨趣和伦理旨趣之间形成一鸿沟。但是哈贝马斯本人的具体分析却违背这种独断的目的。令人吃惊的是，精神分析所描述和解释的扭曲却在哈贝马斯放置它们的元诠释学层次上被解释为交往能力的扭曲。任何事物都表明，对于意识形态批判极其重要的扭曲也在这一层次发生作用。回忆一下哈贝马斯如何根据工具性行为和交往行为之间的辩证关系重新解释马克思主义。正是在交往行为核心上，人类关系的制度化才沦为非人化，以至于交往的参与者对它不可认识。由此推出，所有扭曲，包括精神分析
97 发现的和意识形态批判所谴责的扭曲，都是对人的交往能力的扭曲。

因此，解放旨趣是否能被认为是一种不同的旨趣呢？看来不能，特别是当我们从肯定方面认为它是一种真正的动机而不再以否定方面根据它与之争论的非人化来考虑，这种旨趣除了是无限制和无强迫的交往理想外不再有任何别的内容。解放旨趣如果不被放在与历史诠释学科学同一水平上，即交往行为的水平上，那么它将是完全空洞而抽象的。但是，如果情况是这样，对扭曲的批判能与交往经验本身分开吗？能与它开始的立场分开吗？能与它是真实的和典范的地方分开吗？传统诠释学的任务就是提醒意识形态批判注意，只有在重新创造性地解释文化遗产的基础之上，人才能筹划他的解放、期望一种无限制和无强迫的交往。如果我们没有任何交往经验，不管它是如何受限制和残缺不全，我们如何能希望它对所有的人有说服力并在社会关系的制度水平上盛行呢？在我看来，批判既不是第一也不是最后的个案。扭曲只能以**“一致同意”**（consensus，共识）的名义受到批判，

我们不能只是用规范观念的方式（除非观念被举例说明）空洞地期望一致同意，并且交往理想例证的真正场所正是我们在解释过去遗留下来的著作时克服文化距离的能力。凡是不能重新解释其过去的人，也无能力具体地筹划他的解放旨趣。

（3）我现在来到传统诠释学和意识形态批判之间分歧的第三点. 它涉及似乎把简单的误解与病理学的或意识形态的扭曲分离开来的深渊。我将不重新考虑上面已提到的论证，这些论证势必淡化误解和扭曲之间的区别；深层诠释学仍是一种诠释学，即使它被称为元诠释学。相反地，我将强调意识形态理论那种与精神分析相比较无关系的方面。哈贝马斯大部分著作不是针对抽象的意识形态理论，而是针对当代的意识形态。因此当意识形态理论是这样用对现时的批判而具体提出时，那么它就揭示了那种要求解放旨趣和交往旨趣之间具体的——而不只是理论的——**和睦关系**的方面。

因为按照哈贝马斯，什么是现代的占统治地位的意识形态呢？他的回答接近于赫尔伯特·马尔库塞和雅克·艾吕尔（Jacques Ellul）的回答：它是科学和技术的意识形态。这里我将不讨论哈贝马斯对先 98
进资本主义和发达工业社会的解释；我将直接去到这样一些基本特征，这些基本特征在我看来武断地把意识形态理论转回到诠释学领域。按照哈贝马斯的看法，在现代工业社会里，曾被用来证明权力的传统合法性、基本信念已经被科学和技术的意识形态所取代了。现代国家不再是用来代表压迫阶级利益的国家，而是用来消除工业体系机能障碍的国家。通过隐瞒其机制而证明剩余价值是正当的，不再是意识形态的首要的、合法的功能，有如它在马克思所描述的自由资本主义时代中所表现的，这一点完全是因为剩余价值不再是生产能力的主要源泉，占有剩余价值也不是这个体系的支配性特征。这个体系的支配性特征乃是理性本身的生产性，这种生产性具体化为自我调节系统；因此，要被证明合法的东西乃是体系本身的维持和发展。正是为了这一目的，科学—技术的装置已变成了一种意识形态，即成为对工业体系的功能所必需的统治与不平等关系的合法性，但是这种关系却在由体系所提供的一切种类的报酬之下被掩盖了。因此现代意识形态很明显不同于马克思所描述的意识形态，后者只盛行于自由资本主义短暂时期并不具有时间的普遍性。现在前期资产阶级意识形态是没有什么东西留下来了，资产阶级意识形态显然是与自由劳动合同的法律制度中被掩盖的统治相联系。

假如这种对于现代意识形态的描述是正确的，那么它用旨趣术语说明什么呢？它指明，工具性行为的分系统不再是一个分系统，它的范畴已超过了交往行为的范围。在这里存在马克斯·韦伯所讲的东西的著名的“合理化”：不仅合理性征服了新的工具性行为领域，而且它也控制了交往行为领域。马克斯·韦伯用“不再抱幻想”（disenchantment）和“世俗化”来描述这种现象；哈贝马斯把它描述为工具性行为层次——这也是劳动层次——和交往行为层次——这也是一致的规范、象征交往、个性结构和理性裁决程序的层次——之间区别
99 的消除。在现代资本主义体系里——在这里它似乎等同于工业体系——古代希腊的“善的生活”问题由于操纵体系的运作而被废除。与交往——尤其是与重要政治问题需受公众讨论和民主决定的愿望相联系——的**实践**问题没有消失；它们仍然存在，只是以一种受压制的形式。正是因为它们的消失不是自动的以及合法化的需要一直没有满足，所以仍然需要有使权威合法化的意识形态来保证体系的作用；今天的科学和技术就起了这种意识形态的作用。

但是，诠释学向当代意识形态批判提出的问题是这样的：假定今日之意识形态在于隐瞒交往行为规范秩序和官僚体制条件作用之间的区别，因此就是在于分解通过语言进入工具性行为结构中的相互作用范围，那么解放旨趣除了在交往行为本身的重新意识中使它具体化外，如何能够保留除了虚假誓言之外的任何其他事情呢？如果不是依据文化遗产的创造性的复兴，你将依据什么来支持对交往行为的重新意识呢？

（4）政治责任的重新认识和交往行为传统源泉的复兴之间的必然联系，使我必须在结束时对于什么是诠释学意识和批判意识之间似乎

是最棘手的区别讲些话。我们说过，前者是被转向**“一致同意”**（共识），这种一致同意先于我们并且在这种意义上是存在的；后者是预期一种以规范观念形式表现的未来自由，这种自由不是现实而是一种理想，即无限制和无强迫交往的理想。

由于这种明显的对立，我们达到了这场争论是生动的但也许是最无益的观点。因为在最后，诠释学将会说，如果不是从你自己曾谴责为非立场（non-place）、先验主体的非立场出发，那么当你求助于**自我反思**（Selbstreflexion）时你是从什么立场讲话呢？确实，你是从传统基础讲话。这种传统也许与伽达默尔的传统不相同；它也许是**启蒙运动**传统，而伽达默尔的则是浪漫主义传统。但它仍然是一种传统，解放的传统，而不是往事回忆的传统。批判也是一种传统。我甚至要说，批判投入到最感人的传统里，即自由行动的传统里，逃离埃及和耶稣复活的传统里。如果逃离埃及和耶稣复活从人类记忆里被抹 *100*
掉……那么也许就不再有解放的旨趣，不再有自由的期望。

如果情况是这样，那么没有比先天理解的本体论和自由的末世论之间的所谓矛盾更易欺骗了。我们在其他地方已经遇到这种错误的矛盾：好像它是在怀旧和希望之间必须做出选择的！用神学的话说，如果不对过去传递下来的行动进行背诵，那么末世论就不再是什么。

在概述这种传统回忆和自由期望的辩证法时，我并不想以任何方式去消除诠释学和意识形态批判之间的区别。它们各自有自己的特许立场，而且如果我可以这样说的话，它们各有不同的区域性偏爱：一方是注意文化遗产，也许最坚定地关注文本的理论；另一方是制度理论和统治现象理论，焦点是对非人化和陌生化的分析。鉴于各方为了赋予它们的普遍性要求以具体特征而必须被区域化，所以它们的区别必须被保留，以避开任何合并的倾向。但是，哲学反思的任务正在于消除这种欺骗性的二律背反，这种二律背反将使对过去的文化遗产的重新解释的旨趣与致力于自由人性的未来主义方案的旨趣相对立。

当这两种旨趣彻底地决裂时，诠释学和批判两者本身也就无非只是……意识形态！

注释

［1］这里简单说一下这一论争的历史。1965年伽达默尔的《真理与方法》第二版（图宾根）出版［Hans-Georg Gadamer's *Wahrheit und Methode*（Tübingen：J. C. B. Mohr；hereafter cited in the text as *WM*)］。其第一版于1960年出版［英译本：*Truth and Method*（London：Sheed and Ward，1975)，此后简写为*TM*］。这一版本包含了一个对第一批批评者所做的回应。哈贝马斯在1967年在《社会科学的逻辑》［*Zur Logik der Sozialwissenschaften*（Frankfurt：Suhrkamp)］一书中提出了一个开端性的批评，这一批评针对着我们稍后将关注的《真理与方法》中的一个章节，即偏见、传统和权威的复兴以及著名的"效果历史意识"理论。同年伽达默尔在《短篇著作集》Ⅰ［*Kleine Schriften* Ⅰ（Tübingen：J. C. B. Mohr)］中发表了一篇来自1965年的《诠释学问题的普遍性》("Der Universalität des hermeneutischen Problems")［英译本："The Universality of the Hermeneutical Problem"，translated by David E. Linge，in *Philosophical Hermeneutics*（Berkeley：The University of California Press，1976)］的演讲，以及另一篇题为《修辞学、诠释学与意识形态批判》("Rhetorik，Hermeneutik und Ideologiekritik")的论文。哈贝马斯在一篇长文《诠释学的普遍性要求》("Der Univärsalitétsanspruch der Hermeneutik")——发表于为纪念伽达默尔的题为《诠释学与辩证法Ⅰ》［*Hermeneutik und Dialektik* Ⅰ（Tübingen：J. C. B. Mohr，1970)］的《纪念文集》(*Festschrift*)——中做出了回应（后面两篇文章重印于哈贝马斯与他人所编辑的《诠释学与意识形态批判》［*Hermeneutik und Ideologiekritik*（Frankfurt：Suhrkamp，1971)］文集中)。但是我们将主要涉及的哈贝马斯的作品是《知识与人类旨趣》(*Erkenntnis und Interesse*)（Frankfurt：Suhrkamp，1968)［英译本：*Knowledge and Human Interests*，translated by Jeremy J. Shapiro（London：Heinemann，1972)］；此书在附录中包含了一篇出版于1965年的作为《普遍视角》的原则和方法的重要说明。他

的意识形态的当代形式的概念出现在《作为意识形态的技术与科学》("Technik und Wissenschaft als 'Ideologie' ")[英译本:"Technology and Science as 'Ideology'", translated by Jeremy J. Shapiro, in *Toward a Rational Society* (London: Heinemann, 1971)]中,该书是 1968 年为纪念马尔库塞 70 诞辰而写的。

[2] Hans-Georg Gadamer, *Hermeneutik und Ideologiekritik*, p. 57.

[3] Ibid.

[4] Martin Heidegger, *Sein und Zeit* (Tübingen: Max Niemeyer, 1927; 此后简写为 *SZ*) [英译本: *Being and Time*, translated by John Macquarrie and Edward Robinson (Oxford: Basil Blackwell, 1978; 此后简写为 *BT*)]。

[5] Hans-Georg Gadamer, *Kleine Schriften* Ⅰ, p. 158.

[6] Ibid., p. 101 [*Philosophical Hermeneutics*, pp. 3–4].

[7] Ibid., p. 104 [p. 7].

[8] Ibid., p. 107 [p. 11].

[9] Jürgen Habermas, *Knowledge and Human Interests*, p. 9.

[10] Ibid., p. 309.

[11] Cf. *Hermeneutik und Ideologiekritik*, pp. 120ff.

[12] Ibid., p. 149.

3　现象学和诠释学

101 本文的目的并不打算研究现象学的历史，研究它的考古学，而是试图探究今日现象学的命运。如果我已经选择了一般解释理论或诠释学作为检验标准，那么这并不意味着我以现代哲学比较史的一章替代了历史的专题。对于诠释学也是一样，我也不希望作为一个历史学家继续下去，即使是作为一个当代的历史学家也不行。不管下面的思考对海德格尔，特别是对伽达默尔有多少依赖性，但问题是如何继续追随他们，并和他们一起——但不要忘记胡塞尔——研究哲学的可能性。因此，我的论文将试图成为一场关于哲学仍然能被追求的方式的争论[1]。

我提出如下两个论题以供讨论。**第一个论题**：诠释学所破坏的不是现象学，而是对现象学的一种解释，即由胡塞尔本人所做的**观念论**的解释；因此，我将讲到胡塞尔的观念论。我取《纯粹现象学和现象学哲学的观念》[2]一书的“后记”作为参照和引子，并从诠释学对它的主要论题进行批判。所以本文的第一部分将纯粹只是一个**“对照性的”**(antithetical)。

第二个论题：除了单纯的对立外，现象学和诠释学之间还存在着共同的隶属性，但必须使其明确化。这种隶属性可以通过两种立场来认识。一方面，诠释学建立在现象学的基础上，因此它在有所区别之外，还保留了这种哲学的某些内容：**现象学仍是诠释学的不可超越的前提**。另一方面，现象学的自身构成不能没有**诠释学前提**。现象学的诠释学条件与**阐释**（*Auslegung*，explication）在实现它的哲学方案中的作用相联系。

I. 对胡塞尔观念论的诠释学批判

本文的第一部分就致力于揭示诠释学方案与现象学的一切观念论表述之间所具有的裂缝，如果不说是鸿沟的话。两种哲学方案的对立立场将单独予以阐明。然而我们将保留这种可能性，即现象学本身是不可为它的诸种解释中的一种所完全穷尽，即使胡塞尔本人的解释也不行。按照我的看法，胡塞尔的观念论反倒应受诠释学的批判。 *102*

1. 胡塞尔观念论的论题纲要

为了必要的概略讨论起见，我将把 1930 年《纯粹现象学和现象学哲学的观念》的“后记”作为胡塞尔观念论的典型文献。这篇后记和《笛卡尔的沉思》一起构成了这种观念论最成熟的表现。我从中摘引如下几条，并逐条地对其加以诠释学批判。

(a) 现象学所宣称的科学性理想与科学、科学的公理及科学的基础事业没有什么联系：构成现象学的“终极证明”具有不同的程序（《胡塞尔全集》，第 5 卷，第 138 页以下、159 页以下）。

这一论题表现了现象学对彻底性的要求，它是用一种论辩的格式陈述的；它是一种论辩型哲学的论题，这种论题在观点上常有对手，这对手不管是客观主义、自然主义、活力论哲学，还是人类学。现象学开始于一种不能用证明的论证来构造的彻底的动机，那么它从何处演绎呢？因此，彻底性要求的自我肯定格式，只能通过对否定它的东西的否定来加以检验。**“终极奠基”**（aus letzter Begründung）这一表述在这方面最为典型。它召唤了柏拉图派的无前提（anhypothetical）的传统以及康德派的批判行为的自主性传统；在**向后追问**（Rückfrage，《胡塞尔全集》，第5卷，第139页）的意义上，它也标志与科学提问自身的原则问题具有某种联系。然而，返回到基础的过程与任何科学内在具有的基础并无丝毫联系：对于基础科学，“既不能存在任何含糊的和有疑问的概念，也不能存在任何悖论”（《胡塞尔
103 全集》，第5卷，第160页）。但这并不意味着不存在**几种**方式对此唯一观念的回答；基础观念乃是保证各种方式（逻辑的、笛卡尔的、心理学的、历史—目的论的，等等）的等价性和融合性的东西。存在由“前提的绝对缺乏”所导出的“真正的开端”，或者说“通向开端的诸道路”。因此对这样一种彻底开端的动机进行探究是不会有结果的；在此领域内没有任何理由提出起源问题。正是在这种意义上，证明才是**自我奠基**（Selbst-Begründung）。

（b）原则上，奠基具有直观次序，打基础（to found）就是观看（to see）。因此“后记”证明了与任何演绎或构造哲学相对立的意向性实现（《胡塞尔全集》，第4卷，第141页以下、143页以下）的优先性，这种优先性是《逻辑研究》第6篇所说的。

这方面的关键概念是**经验域**（Erfahrungsfeld）概念。现象学的奇特性完全就在这里：从一开始，原则就是“域”，第一位真理就是“经验”。与一切“思辨构造”相反，每一个原则问题通过视觉（vision）而解决。我刚才讲到奇特性：因为尽管（而且由于）经验主义的批判，严格经验意义上的经验仍只有在一种“经验”中才被超越，这难道不令人惊讶吗？这一**经验**（Erfahrung）的同义词表示现象学不是存在于其他地方，不是存在于别的世界，而是与自然经验本身相关，只是后者未意识到它的意义。因此，不管多么强调先天的特征，强调还原到埃多斯（理念），强调想象变异的作用，甚至强调“可能性”概念，经验的特征仍然是根本的（我们只需考虑“直观的可能

性”这一术语，《胡塞尔全集》，第5卷，第142页）。

(c) 绝对直观的基点是主观性。一切超验性都令人怀疑；只有内在性才是不容置疑的。

这是胡塞尔观念论的核心论题。一切超验性之所以是令人怀疑的，是因为它是由**侧显**（Abschattungen），即由“勾勒”（sketches）或“轮廓”（profiles）而产生的；因为这些**侧显**的会聚总是假定的；因为假定可能由于某种矛盾而失效；最后还因为意识能够对彻底矛盾的现象形成夸张的假说，这假说就是“世界毁灭”的假说。内在性之所以是不容置疑的，是因为它不由“轮廓”给出，因此它不包含任何假定，它只允许反思与“刚才”被经验到的东西的相互一致。

(d) 被提升到超验性行列的主观性不是经验的意识，不是心理学的对象。不过，现象学和现象学心理学是并列的并构成“对偶物” 104
(doublet)，这种对偶物经常导致两种学科的混合，一种是超验的，另一种是经验的。只有还原才能区别并分离它们。

这里现象学必须反对一种不断出现的误解，这种误解也是现象学本身引起的。因为现象学的“经验域”与非还原的经验有结构上的类似；这种同构的原因在于意向性的真正本性（布伦塔诺发现了意向性，但没有意识到还原，并且第五版《逻辑研究》仍然用对现象学和意向性心理学同样适合的术语定义了它）。另外，还原是“从自然态度”开始的；因此先验论现象学以某种方式预先假定了它所超越的以及作为**同一之物**以**另一种态度**加以重申的东西。所以，区别不在于描述的特征，而在于本体论的标记，在于**存在有效性**（Seinsgeltung）；**作为实在**（als Reales）的有效性必须被“丧失掉”[3]，心理学的实在主义必须被摧毁。这将不会是一个轻松的任务，如果现象学不被理解为必然失却世界、躯体和自然，因此使它自己封闭在非宇宙的实在界的话。这是一个悖论，因为只有通过这种丧失，世界才会被揭示为“先给予的”，躯体才会被揭示为“存在着的”，自然才会被揭示为“存在”。所以还原并没有在我和世界之间、灵魂和躯体之间、精神和自然之间发生，而是通过先给予、存在着和存在而出现，这些东西不再是自我明显的，也不是在盲目的难以理解的**存在信念**（Seinsglaube）中得到假定，相反成了**意义**（meaning）：先给予的**意义**，存在着的**意义**，存在的**意义**。因此切断了先验主体性与经验自我关系的现象学彻底性等于把**存在信念**转变成意向意识（noesis）的意向对象（noematic）关联物的彻底性。因此，noetics（意向行为）或 no-ology（无一学）是与心理学有区别的。它们的“内容”（*Gehalt*）是同一的；但现象学的内容是心理学上“被还原的”内容。正是在这里，两者之间存在着“平行论”的原则，或者更恰当地说，存在着“符合论”。也正是在这点上，存在着它们之间区别的原则：因为某种“转换”——哲学的转换——分离了它们。

（e）支持反思工作的意识发展了它自己的伦理内涵，因此反思是
105 直接的自我责任行为。

“最终的自我责任”（《胡塞尔全集》，第 5 卷，第 139 页）这一表述似乎把伦理蕴涵引入基础的论题，而此伦理蕴涵不是那种本身是纯认识论的事业的实践补充：使反思脱离自然态度的转换同时——可以这样说，即同样的——既是认识论的，又是伦理的。哲学的转换是最重要的自主性行为。所以我们称为伦理蕴涵的东西是直接地包含在基础行为中，就这基础行为只能是自我设定的而言。正是在此意义上，它才是最终的自我责任的。

基础的自我肯定的特征使哲学的主体构成责任的主体。这就是哲学化的主体本身。

2. 反对胡塞尔观念论的诠释学

我们可能逐个论题地使诠释学与胡塞尔观念论相对立，但不是与整个现象学本身相对立。这种“反题（对立）”的探讨是在它们两者之间建立真正的“辩证的”关系的必然之路。

（a）被胡塞尔观念论解释成终极奠基的科学性理想，在理解的本体论条件中遇到了它的基本界限。

这种本体论条件可被表现为有限状态。然而这不是我将认为是基

本的概念；因为它是以否定的术语指称一个完全肯定积极的条件，这条件将以隶属性概念得到最好的表达。隶属性概念直接指称任何证明和奠基事业不可超越的条件，即它总是由支持它的关系而前行。这是一种对于客体的关系吗？这恰恰不是。诠释学对胡塞尔观念论质疑的方面首先就是，意向性的巨大和不可超越的发现如何被表达在一个会削弱其范围（能量）的概念框架，即主体与客体关系的概念框架内。正是主体与客体的关系才使我们产生了要去探究某种统一客体意义的东西，以及把这种统一建立在构成性的主观性里的必要性。诠释学的首要宣言就是说，客观性的问题预先假定了一种先天的包含关系，这种包含关系包括所谓的自主性的主体和所谓相反的客体。这种包含或包括关系就是我所谓的隶属性。隶属性的本体论优先性暗示了基础问题不再能只是与终极证明的问题相符合。当然，胡塞尔是第一个强调 106
先验论基础事业与内在研究之间的不连续性，他是以**悬置**（epoché）来设定的，这种不连续性是每一种科学都具有的，因此每一种科学都力求详尽说明它自己的基础。而且，胡塞尔总是把先验论现象学提出的证明要求与**普遍性数学**（methesis universalis）的预先建立的模式加以区别。这样，我们下面将会看到，他奠定了诠释学的现象学条件。但是，诠释学确切寻求的乃是使胡塞尔派关于先验论基础与认识论奠基之间的不连续性这一主题彻底化。

对于诠释学来说，只要科学性理想不像此前这样令人质疑，终极基础的问题仍然属于客观化思想的领域。这种质疑的彻底性将导致从科学性观念退回到隶属性的本体论条件，这时，提问的人就要对他提问的事情负责。

这种隶属性关系后来被理解为知识的有限状态。“有限状态”一词所传达的否定蕴涵之所以被引进到隶属性的整个肯定的关系中——**这就是诠释学经验本身**——只是因为主观性已经提出了它要作为最终基础的要求。这一要求，这一不合理的主张，这过分的自负，反而使隶属性关系作为有限状态出现。

海德格尔用“在世存在”（being-in-the-world）的语言表达了隶

属性。这两个概念是等值的。“在世存在”一词更好地表达了“烦”(care)对“凝视”(gaze)的优先性，表现了束缚我们东西的视域特征。事实上，正是这“在世存在”先于反思。同时，这一术语也证实了我们所属的此在(the *Dasein*)这一本体论范畴对于设定自身的主体这一认识论和心理学范畴的优先性。尽管在“在世存在”这一表述里有所谓意义的密度，但我宁愿追随伽达默尔，使用隶属性概念，因为这一概念直接提出了主体—客体关系的问题，并为随后引入间距化概念铺平了道路。

(b) 胡塞尔派要求返回到直观，这与所有理解都必须以解释作为中介相对立。

毫无疑问，这一原则是从历史科学的认识论借来的。目前它属于
107 施莱尔马赫和狄尔泰所界定的认识论领域。但是，如果解释只是一个历史学—诠释学概念，那么它将与人文科学本身一样是局部的。但是历史学—诠释学科学中解释的用法只是解释这一普遍概念的固着点，解释这一概念与理解概念，最终与隶属性概念，具有同样的外延。因此，它超越了注经学和语文学的方法论界限，指称了所有诠释学经验所固有的阐释(explication)工作。按照海德格尔在《存在与时间》中的评论，**阐释**(Auslegung)是根据“作为”(*Als*)结构的“理解的进展”[4]。因此在实现“作为”的中介作用时，“阐释并没有把理解转换成某种别的东西，而是使它成为它自身”(《存在与时间》，德文版，第148页；英译本，第188页)。

解释(interpretation)对理解的依赖性说明了阐释(explication)为什么总是先行于反思并在最高主体构造任何客体之前就出现。这种先在性在阐释层次上是由“预期结构”来表现的，预期结构阻止阐释不依赖前提而对先给予的存在进行把握；阐释在**先有**(Vor-habe)，**先见**(Vor-sicht)，**先把握**(Vor-Griff)，**先见解**(Vor-Meinung)的模式中先行于它的对象(《存在与时间》，德文版，第150页；英译本，第191页)。这里我将不评论海德格尔这些众所周知的表述。重要的倒是要强调，不实现预期结构，也就不可能实现“作为”的结

构。“意义”概念服从于“作为”（*Als*）和“先于”（*Vor-*）这双重的条件：“由先有、先见和先把握所构造的意义为任何筹划形成视域，而由于这视域，某物才能作为某物被理解”（《存在与时间》，德文版，第151页；英译本，第193页）。所以，解释的领域同理解的领域一样广大，它包括意义在某一境遇中的所有筹划。

解释的普遍性以几种方式被证明。日常最普通的应用是自然语言在会话境遇中的运用。与根据数理逻辑的严格要求而构造的并以公理方式定义一切基本词项的严格形式语言相反，自然语言的使用依赖于语词的多义价值。自然语言包含语义上的可能性，这种可能性不会被任何特殊应用所穷尽，而必须不断地由语境来筛选和规定。正是语境的这种选择功能，解释在此词最基本的意义上被联系。解释是这样的过程，由于提问和回答的相互作用，对话者集体地规定构成他们会话的语境价值。因此，在任何把注经学和语文学建立为一种自主学科的 *108*
技艺学（Kunstlehre）之前，存在一种自发的解释过程，它在任何给定的境遇中都是理解的最基本运用的部分。

但是，会话依赖的关系太受限制，不能包括阐释的整个领域。会话，最终来说，就是对话关系，被限制在“面对面”的vis-à-vis界限之内。包括它的历史联结只是一复合体。“短的”主体间性关系在历史联结的内部，和各种“长的”主体间性关系缠结在一起，它们的中介是各种社会制度、社会角色和集合体（群体、阶级、国家、文化传统，等等）。长的主体间性关系是由历史传统来支撑的，对话则只是这种传统的一个片段。因此，阐释的外延远远超过了对话，而和最宽广的历史联结相一致[5]。

由文本所进行的中介，即由固定在书写中的表述所进行的中介，以及由所有与书写有共同基本特征的文献和纪念物所进行的中介，是与阐释在传达历史传统规模上的应用相联系的。这种使文本构成为文本的共同特征就是，其中所包含的意义相对于作者的意图、话语的原本境遇和原始的听众而**自主地**产生。意图、境遇和原始听众构成文本的**生活场所**（Sitz-im-Leben）。多重解释的可能性是由文本所开启的，文本因此而摆脱其**生活场所**。除了会话中语词多义性之外，还有文本的多义性，它招致多重解读。这就是解释在**文本注经学**技术意义上的要素。它也是读者所产生的理解和文本所建议的意义之间诠释学循环的要素。诠释学循环最基本的条件在于前理解的结构，这种结构涉及所有阐释与先于它并支持它的理解的关系。

在什么意义上，所有理解在解释中的发展与胡塞尔**终极**奠基的方案相对立呢？本质上说，在如下意义上，即所有解释都使解释者处于“中间地位”（*in medias res*），而永远不会处于开端或末尾。如同过去一样，我们突然达到了谈话的中途，此谈话已经开始，而且我们试
109 图判别方向，以便能够为谈话做点贡献。现在，直观基础的理想就是这样一种解释的理想，它在某个点上进入完全的幻觉。这就是伽达默尔称为“彻底中介”（total mediation）的假说。只有彻底中介才能等同于既是最初的又是最后的直观。因此，观念论现象学只有通过采用黑格尔主义的绝对知识要求，以一种直观而不是思辨的方式，才能支持它的终极奠基的主张。但是，诠释学哲学的关键假设是，解释乃是一种开放的过程，它不能包含任何单独的幻想。

（c）终极奠基的位置是主观性，即所有超验性都是可疑的，而只有内在性才是不容置疑的——这反过来其实是非常可疑的，因为**我思**（cogito）同样似乎是可疑的，易受到现象学否则要给予所有假象的那种彻底的批判。

自我意识的策略比事物的策略更微妙，让我们回忆一下海德格尔著作中伴随“此在是谁”问题的疑问：

> 通达此在必须只通过行动的“我”的反思领悟才能得到，这是否明显是先天的吗？如果在此在上这种“给予自身”将导向我们生存分析歧路，并且以建基于此在本身之存在的方式这样做的话，情况将是什么呢？也许当此在以最接近于它自身的方式自我表白时，它总是说“我是这个存在者”，并且到后来当它“不”是这个存在者时，它还会强调这点。如果前面提到的探究是从把“我”给予此在开始，是从某种相当独特的此在的自我解释开始，

并将导致把生存论分析引入陷阱，那情况又是怎样呢？如果只通过“给予”而能接近的东西是可以被规定的，那么就可能有一种假设上的本体论视域来规定它；但是，如果这种视域在原则上应是不能被规定的，那么情况又是怎样呢？（《存在与时间》，德文版，第 115 页；英译本，第 151 页）

这里，正如其他地方一样，我不想逐字追随海德格尔的哲学，而是为我们自己的目的发展它。正是在**意识形态批判**（这与精神分析一样，或更多）中，我将为包含在海德格尔“此在是谁”问题的疑问寻求证据。意识形态批判和精神分析在今天为我们提供了通过主体批判而实现客体批判的工具。在胡塞尔的著作中，客体批判与**事物构成**（Dingkonstitution）具有共同外延；像我们已经说过的那样，它依赖于系统综合的设定特征。但是胡塞尔认为，自我知识不能被设定，因为它不能以“勾勒”或“轮廓”先行出现。但是，自我知识为其他理 *110*
由可能是设定的。就自我知识是灵魂与自身的对话而言，就对话为暴力和统治结构侵入交往结构而能被系统扭曲而言，作为内在化交往的自我知识就能像客体知识一样令人怀疑，尽管是因为不同的和完全特殊的理由。

我们是否能说，现象学的中介的**自我**（ego meditans）通过还原就避开了经验自我知识的扭曲呢？这将会忘却胡塞尔的**自我**不是康德的**我思**（I think），它的个体即使不缺乏含义，至少也是成问题的。正是因为自我能够并且必须被还原到“隶属性领域”——的确，在“隶属性”一词的不同意义上，它不再意味着隶属于世界，而是隶属于自身——所以必须在主体间性上，而不是在非人格的主体上，建立自然的客观性和历史共同体的客观性。结果是，交往的扭曲直接涉及主体间性之网的构成，正是在此网中一个共同的自然和共同的历史实体才能形成，诸如《笛卡尔的沉思》第 58 节讨论的“较高层次的人格”的实体。自我学（Egology）必须考虑交往的基本扭曲，其方式就像在事物的构成中考虑知觉的错觉。

在我看来，只有交往诠释学才能承担将意识形态批判和自我理解相结合的任务[6]。它能以两种互补的方式做到这一点。一方面，它能通过它在任何文化对象的领悟中对“前理解”作用的沉思，来证明意识形态现象的不可超越的特征。诠释学只是简单地提出这种理解概念，它最初应用于文本注经学，应用于一般前见理论层次，其外延与历史联结本身的外延相同。正如误解是注经学（施莱尔马赫）的基本结构一样，前见也是在社会和制度形式中的交往的基本结构。另一方面，诠释学能够证明意识形态批判的必要性，即使借助了前理解结构，这种批判也永不能成为整全的。批判依赖于**间距化**要素，而间距化属于历史联结本身。

间距化概念是隶属性概念的辩证补充物，其意思是说，通过那种远近波动的间距化关系，我们隶属于某种历史传统。解释就是把远的
111 东西（在时间、地理、文化、精神上）变成近的东西。在这方面，文本所做的中介就是间距化模式，间距化不只是疏远，而是如同伽达默尔在其整个著作（《真理与方法》，德文版，第 11、80、156、364 页以下；英译本，第 15、75、145、348 页以下）中所争论的**陌生化**（Verfremdung）一样，是真正创造性的。文本由于卓越性，乃是在间距化中并通过间距化进行交往的基础。

如果情况是这样，那么诠释学就有办法既说明意识形态现象的不可超越的特征，又可说明展开（即使不能完成）意识形态批判的可能性。诠释学之所以能做到这点，是因为与现象学观念论相反，它所说的主体总是对历史效果开放（引述伽达默尔著名的**效果历史意识**，见《真理与方法》，德文版，第 284 页；英译本，第 267 页）。既然间距化是隶属性的一个要素，意识形态批判就能在扩大和恢复交往、自我理解的筹划中被具体化，作为客观的和说明的片段。通过文本注经学对理解的扩展，通过意识形态批判而对理解不断予以纠正，恰恰是**阐释**（Auslegung）过程的一个部分。文本注经学和意识形态批判是两个特许的途径，沿着此两途径，理解发展成解释并成为其自身。

（d）使主观性的至高无上性成为问题的彻底方式乃是把文本理论当作诠释学的轴心。就文本的意义被认为相对于作者的主观意图方面

是自主性而言，本质的问题就不是在文本后面去发现失落的意图，而是在文本之前展现文本所开启和揭示的世界。

换言之，诠释学的任务乃是辨识文本的“事理”（Matter，伽达默尔），而不是作者的心理。文本的事理与其结构的关系，就像在命题中，指称（reference）与含义（sense）的关系（弗雷格）一样。正如在命题中，我们不满足那是其理想对象的含义，而且要进一步探究它的指称，即它的真理要求一样；我们对文本也不能停止在内在固有的结构，停止在文本所使用的“编码”的十字路口所产生的内在依赖性系统上，而且我们还希望去阐释文本所筹划的世界。在说这话时，我不是不知道，我们称为**文学**（literature）——叙述、小说、诗歌——的文本的重要范畴，似乎抛弃了所有对日常实在的指称，语言 112
似乎命定为至高无上的威严，好像以取消日常话语的指称功能为代价来换取自身的荣耀。但是，恰恰正是由于虚构话语“悬置了”它的第一级指称功能，它才提出了一个第二级指称，其中世界不再表现为可操纵的对象整体，而是表现为我们生活和我们筹划的视域，简言之，表现为**生活世界**（Lebenswelt），表现为**“在世存在”**。正是这种指称度向——在小说和诗歌得到其充分发展——才提出基本的诠释学问题。诠释学不能再被定义为对深藏在文本后面的心理意图的探究，而是被定义为对文本所揭示的“在世存在”的阐释。在文本中要被解释的东西乃是一个被筹划的世界，我居住于其中，并能在其中筹划我最本己的可能性。如果我们回忆上面所提到的间距化原则，我们就能够说，小说或诗歌文本不仅使文本的意义与作者的意图有**距离**，而且也使文本的指称与日常语言所表达的**世界**有**距离**。这样，实在由于我所谓的“想象变换”（文学就是使其应用于现实）而变形。

对于胡塞尔观念论来说，诠释学关注文本的事理的结果是什么呢？本质上说是这样：由于发现意向性普遍特征而产生的现象学，对它自己这一发现，即意识的意义在自身之外，却并未一直坚持。意义在意识中构成这一观念论理论在主观性结构中达到顶峰。这一结构的价值是由上面提到的在现象学与心理学之间“平行论”中的困难所指明的。这些困难证明，现象学总是处在把自己还原到先验主观主义的危险之中。结束这不断产生混乱的彻底之路，就是把解释的轴心从主观性问题转移到世界的问题。这就是文本理论试图通过把作者意图问题从属于文本事理问题所做的事情。

（e）与观念论关于起中介作用的主体的最终自我责任的论题相反，诠释学目的在于使主体性成为理解理论的最后的而不是最先的范畴。如果主体性可以在更温和的作用中被发现，那么它必须失去作为
113 彻底的根源。

这里，文本的理论再一次成为好的向导。因为它表明，主体性行为与其说产生了理解，毋宁说终止了理解。这种终止理解的行为可以被刻画为**“占有”**（appropriation，*Zueignung*）（《存在与时间》，德文版，第 150 页；英译本，第 191 页）。它并不像浪漫主义诠释学所标榜的那样，它并不想去重新结合那种支持文本意义的原始主体性。宁可说它**回应**（responds）文本的事理，回应文本所揭示的意义建议。所以，正是间距化的补充物才确立了与文本的作者、文本的境遇和文本的原始读者相对的文本的自主性。占有也是其他间距化的补充物，由于这种间距化，文本所筹划的一种新的“在世存在”才摆脱了日常实在的错误明见性。占有就是对与文本事理相联系的这双重间距化的**回答**：关于文本的意义和关于文本的指称。所以占有能被综合到解释理论中，而不必偷偷摸摸地重新引进已被前四个论题所摧毁的主体性的优先性。

占有并没有包含秘密退回到至高无上的主体，这一点可以如下方式得到证明：如果诠释学终止于自我理解确是真的，那么这个命题的主观主义一定是通过这样说而被纠正：理解**自身**就是理解自身**在文本之前**（in front of the text）。结论是，所谓占有，从某种观点看，就是放弃其他。占有就是使异己的东西成为自己的。被占有的东西确实是文本的事理。但只有当我放弃我自己，以便让文本的事理存在，文本的事理才成为我自己的。所以，我是用**我**，自己的**老师**，来交换**自我**，文本的**学生**。

在占有内部，这一过程可以表述为“**使自身与自身间距化**”(a distanciation of self from itself)。这种间距化完成了所有怀疑策略，其中意识形态批判是主要模式。间距化以它所有的形式和形象，卓越地构成了理解的批判要素。

这种最终的彻底的间距化形式是**自我**要把自己构成为终极根源的主张的残余。**自我**必须为自己假定“想象变异”，据此，它才可以与 *114*
文学和诗歌，以及其他话语形式之外的东西所产生的实在的“想象变异”相一致。正是这种“对……回应”的格式，诠释学才对立于**终极**自我责任性的观念论。

II. 走向诠释学的现象学

我认为，诠释学对胡塞尔观念论的批判只是一个积极研究纲领的消极方面，这一积极纲领我将放在“**诠释学的现象学**”这一暂定的说明性的题目下。本文并不要求阐述——“做出”——这种诠释学的现象学。它只试图通过下述两方面工作来表明这种诠释学的可能性：一方面，确认除了对胡塞尔观念论批判之外，现象学仍是诠释学不可逾越的前提；另一方面，确认现象学如没在**自我**经验的**解释**中构成它自身，就不能实现它的**建构**纲领。

1. 诠释学的现象学前提

(a) 解释哲学最基本的现象学前提是，一切关于任何种类“存在”的问题都是关于那个“存在”的意义的问题。

因此，在《存在与时间》的最初几页中，我们读到，被遗忘的问题就是存在的**意义**的问题。在这方面，本体论问题就是现象学问题。仅仅就意义被遮蔽而言，本体论问题是一个诠释学问题，当然意义并不是自在地被遮蔽，而是被阻止通往存在道路的任何东西所遮蔽。但是，为了成为一个诠释学问题——一个关于被遮蔽意义的问题——现象学核心问题必须重被看作关于意义的问题。因此，现象学态度就已经处在自然主义—客观主义态度之上。所以，**偏爱意义的选择就是任何诠释学的最一般的前提条件**。

人们可能反对说，诠释学比现象学更古老。甚至在“诠释学”一词于 18 世纪恢复地位以前，就存在圣经注经学和古典语文学，这两种学问就已经在“坚持意义”。这确实如此；但是诠释学之所以变成解释哲学——并且不只是注经学和语文学的方法论——仅仅是因为返回到注经学和语文学的可能性条件，甚至超出文本的一般理论，它致
115 力于所有经验的语言条件——**语言性**（Sprachlichkeit）（《真理与方法》，德文版，第 367 页以下；英译本，第 345 页以下）。

这种语言条件在一般“意义”理论里有它自己的前提。我们必须承认，经验在其最充分的形式下（有如黑格尔所理解的，可以参见海德格尔的著名论文《论黑格尔的经验概念》）[7]原则上具有一种可表达性（expressibility）。经验能够被说，它要求被说。将经验带到语言，并不是把它变成别的东西，而是表述它和阐述它，使它成为它自身。

这就是注经学和语文学在某个文本范畴层次上所使用的“意义”（meaning）的前提条件，这些文本有助于我们历史传统的流传。注经学和语文学在历史上可能先于现象学意识，但是后者却在基础程序上先行于前者。

公认的困难是用非观念论语言表述这一前提条件。现象学态度与自然主义态度之间的裂缝——或者如我们所说，偏爱意义的选择——似乎就等于选择“其中”有意义出现的意识。难道不是通过“中止”所有**存在信仰**才得到意义的度向吗？难道存在本身的**悬置**（epoché）因此不是由于偏爱意义的选择所假定吗？每一种意义哲学难道不是观念论的吗？

我认为，这些蕴涵在事实上和原则上都根本没有说服力。它们在事实上没有说服力——我意指从一种明显的历史观点看；因为如果我们从胡塞尔的《观念》和《笛卡尔的沉思》回到他的《逻辑研究》，

我们就会重新发现一种现象学状态，在那里表达和意义概念、意识和意向性概念、理智直观概念，都未经在其观念论含义上被引进的“还原”而被详尽说明。正相反，意向性论题明显地指出了：如果所有意义都是对意识而言，那么在它对那种它超越自身**所指向**的某物有意识之前，或像萨特在一篇重要论文中所说的[8]，在它对那种它“引爆”的某物有意识之前，那么就没有意识是自我意识。意识处于它自身之外，在意义为意识之前，特别是在意识**为意识**之前，意识乃**指向意义**（toward meaning）：这难道不是现象学的根本发现所暗示的东西吗？所以，退回到还原的非观念论含义就是坚持《逻辑研究》的主要发现，也就是说，逻辑上的意谓（signification）概念——如弗雷格所引进的——由更宽广的意义（meaning）概念浓缩而成，后一意义概念的外延与意向性概念相同。因此我们可以正确地谈论知觉的“意 116
义”、想象的“意义”、意愿的“意义”，等等。逻辑上意谓概念属于普遍的意义概念，并受意向性概念指导，但这种隶属绝不表示先验的主观性已完全掌握了它为之定向的意义。正相反，现象学倒能被推向相反的方向，即推向意义优先于自我意识的论题。

（b）诠释学在另一方式上也可返回现象学，即通过它在隶属性经验核心上求助于间距化。诠释学的间距化与现象学的**悬置**不是没有关系的，现象学的悬置是一种非观念论含义上被解释的悬置，它是意识指向意义的意向性运动的一个方面。因为所有意义的意识都包含间距化要素，即与纯粹而简单固守的“活的经验”（lived experience）有距离。当我们不满足“活的”或“复活的”，为了使之有意指而中断活的经验时，现象学就开始了。**悬置**与意义—意向是紧密相连的。

这种关系在语言问题中极易辨识。语言符号之所以**代表**某物，只有当它**不**是事物。在这方面，符号具有一种特殊的否定性。为了进入符号世界，每种事情都在发生，好像讲话的主体必须具有一种自由支配的“虚空”，以便从中符号的使用能开始。悬置就是一个虚拟的事件，是一个引发整个游戏的想象行为，凭借此游戏，我们用符号交换事物和用符号交换其他符号。现象学就像是这个虚拟事件的明显复活，它提高行为的地位，赋予哲学的姿态。它使仅仅操作的东西成为主题，并因此使意义作为意义而出现。

诠释学把这种哲学姿态扩展到它自己领域，这领域是历史科学的领域，更一般地说，是人文科学的领域。与带入语言和提出意义相联系的“活的经验”是历史联结，它是由书写的文献、著作、制度和纪念物的传承而被中介，这些东西使当时在场的东西成为历史的过去。我们称为“隶属性”的东西无非只是对这种历史上活的经验的固守，
117 是黑格尔所谓的道德生活的“实体”。现象学的“活的经验”，在诠释学方面，与具有历史效果的意识相符合。因此，诠释学间距化与隶属性之间的关系，就像在现象学中悬置与活的经验之间的关系一样。同样，当我们不满足隶属于传承下来的传统，我们中断隶属性以便指称它时，诠释学就开始了。

这个比较相当重要，如果诠释学确实必须结合那种意识形态批判、精神分析等从其出发的批判要素、怀疑要素的话。只有当间距化与隶属性成为同一体，批判要素才能与隶属性关系加以整合。现象学表明，这是可能的，如果它使构成那种使主体能指称其活的经验并使其隶属性能指称历史传统的“虚空”的实际行为得到哲学的决定的话。

(c) 诠释学与现象学一样都分享了语言意义的派生特征这一论题。

在这方面，返回到某些著名的诠释学论题的现象学根源是容易的。从最近伽达默尔的论题开始，我们可以看到，语言问题的附属特征在《真理与方法》的组织结构中有所反映。即使所有经验都具有“语言度向”，并且这种**语言性**插入和充满所有经验中，这都是真的，然而诠释学哲学并不是由于这种**语言性**而开始的。我们首先必须说什么东西来到了语言。因此诠释学哲学开始于艺术的经验，这种经验必然不是语言的。而且在这种经验里，它强调了**游戏**经验更为本体论的方面——在此词幽默以及戏剧性的意义上（《真理与方法》，德文版，

第 97 页以下；英译本，第 91 页以下）。因为正是在游戏者参与到游戏的过程中，我们才发现哲学家对其疑惑性要加以考察的隶属性的最初经验。正是在游戏过程中，展示或展现（*Darstellung*）功能的构成才能被看到，这是一种无疑造就语言中介的功能，但又是在原则上先于和支持语言中介的功能。话语在《真理与方法》所解释的第二组经验中也不是主要的。排除了对前见的总体反思，并超越了历史学家对过去的任何客观化，具有历史效果的意识不能被还原到传承过去的真正语言方面。文本、文献和纪念物只代表其他诸多中介的一种，然 118
而由于上面所提到的理由，这种中介可能是典型的。对于历史联结是构成性的那种距离与邻近的相互作用，就是来到语言的东西，而不是语言所产生的东西。

这种使**语言性**从属于来到语言的经验的方式，完全符合《存在与时间》中海德格尔的立场。让我们回忆一下此在的分析是如何使**陈述**（Aussage）的层次［陈述的层次也是逻辑意谓（signification）的层次，即严格含义（*Bedeutung*）上的意谓层次］从属于**话语**（Rede）的层次；按照海德格尔的看法，话语与**境缘性**（Befindlichkeit，现身状态）和**理解**具有“同样的本源性”（equiprimordial）（《存在与时间》，第 34 节）。所以，与“发现自身”和“理解”交织在一起的“说”（saying）是先行于逻辑次序的。因此陈述的层次不能要求自主性；它向后指向构成“在世存在”的生存性结构。

我认为，语言层次的指称退回到经验结构（经验在陈述中来到语言），这就构成诠释学最重要的现象学前提条件。

自从《逻辑研究》时期以来，我们可以看到一种进展，即将逻辑的意谓（signification）置于一般的意向性理论之中。这种进展暗示了意向性模式从逻辑层面转向到知觉层面，我们最初与事物的指称关系就是在知觉层面上形成的。同时，现象学从论断性和断言性的意谓（signification）层次——《逻辑研究》的层次——退回到真正的前论断的层次，在此层次上，意向对象分析先于语言性探究。所以，在《观念 I》中，胡塞尔竟如此说道，表达层（the layer of expression）

在本质上是一个“非生产的”层面（《胡塞尔全集》，第3卷，第124节）；的确，不必像现在这样考虑语言的表达，意向意识—意向对象相互关系的分析也能进行得很好。因此，现象学独有的策略层次是**意向对象**（noema），它的变形（呈现、记忆、幻想，等等），它的信念模式（确信、怀疑、假设，等等），以及它的现实性和可能性的程度。尽管在语言层面上，命名、述谓、句法连音等的功能得以表述，而**完整意向对象**的构成则先于这种真正的语言层面。

我认为，这种使语言层面从属于意向对象分析的前语言层次的方
119 式，对诠释学是典型的。当意向对象分析使语言经验服从我们的审美和历史经验的整体时，它就在人文科学的层次上继续了胡塞尔在知觉经验层面上开创的运动。

（d）由于胡塞尔现象学本身开始在历史经验诠释学的方向上发展知觉现象学，所以现象学的前论断性与诠释学的前论断性之间的亲缘关系更亲密。

众所周知，一方面，胡塞尔继续发展知觉经验的真正**时间性**（temporal）蕴涵。通过他自己的分析，胡塞尔被导向作为整体的人类经验的历史性。特别地、越来越明显地，知觉经验从其时间结构中所获得的假定的、不充分的、未完成的特征，能够一步一步地被应用于整个历史经验。因此，一种新的真理模式可以从知觉现象学中导出，并被转换到历史诠释学科学领域。这就是梅洛-庞蒂从胡塞尔现象学中得出的结论。

另一方面，知觉经验越来越像是一个从“生活世界”关系中人为分离出来的片段，本身直接地具有历史的和文化的特征。这里我将不强调《先验论现象学与欧洲科学危机》时期富有特色的这种**生活世界**（Lebenswelt）的哲学，此哲学与海德格尔的**此在**分析同时。它足以说明，从伽利略、牛顿的科学所客观化和数学化的自然返回到**生活世界**的过程，与诠释学试图在人文科学层面返回到其他地方的过程具有同一原则，因为诠释学同样希望从历史科学、社会学的客观化和说明退回到先行于并支持这些客观化和说明的艺术的、历史的、语言的经

验。如果**生活世界**不和某种不可言喻的直接性相混淆，并不等同于人类经验的生命和情感外壳，而是被解释为对意义的储存、活生生经验中的意义过剩（这些使客观化和说明态度成为可能）的指明的话，那么对**生活世界**的返回就能更有效地为诠释学起典范作用。

这些最后的评论已把我们带到这样一个转折点，只有当现象学反过来并合乎某个诠释学前提，现象学才能够是诠释学的前提条件。

2. 现象学的诠释学前提 120

所谓诠释学前提，我主要指现象学必须把它的方法看作阐释（Auslegung）、注释（exegesis）、阐述（explication）、解释（interpretation）。如果我们谈论的是《逻辑研究》和《观念》时期的文本，而不是《先验论现象学与欧洲科学危机》这一时期的文本，那么这种必要性的论证将更为明显。

(a)**《逻辑研究》中对阐释（Auslegung）的求助**。在《逻辑研究》第1部分中阐释这一要素，与把“意谓赋予行为”带到直观的努力是同时的[9]。研究开始于这样一个坚决的主张，即在对表达式（就此词的逻辑含义而言）的理解中反对意象（image）的干扰。胡塞尔说，理解一个表达式，并不是恢复与此表达式有关的意象。意象能够“伴随”和“说明”思维活动（intellection），但它们并不构成思维活动，也往往达不到思维活动。这种缺乏意象的思维活动的激进主义是众所周知的：找出其中的缺陷则更有兴趣。

胡塞尔在之后（《逻辑研究》，II/1，第77页以下；英译本，第1卷，第312页）考察的变动意义的例子，我们暂时搁下。但是，这种意义对我们研究现象学的诠释学前提却有重要贡献。在最初系列的变动意义中，胡塞尔加进了偶缘（occasional）的意义，如人称代词、指示词以及由定冠词引导的描述词等，这些意义只能根据语境来加以规定和实现。为了理解这种类型的表述，“重要的是根据偶缘，讲话人和境遇来规定实际的意义。只要看看说话的实际情况，就能从所有这些相互联系的含义中为听众构成一种确定的意义”（《逻辑研究》，

II/1，第 81 页；英译本，第 1 卷，第 315 页)。确实，胡塞尔在这里没有讲到解释，而是把偶缘意义的实际规定设想为指示功能（indicative function）(《逻辑研究》，II/1，第 83 页；英译本，第 1 卷，第 316 页）和意谓功能（signification function）之间相互相交的例证。但是这些意义的功能作用，与上面表现在日常语言层次上，由于语词的多义性以及对话中语境的使用从而对解释的最初干涉，几乎无一不符。不过，指明解释的位置是在所有意义形式（胡塞尔要求）返回的非偶缘意义的处理中，对于我们的目的来说，这将是具有更多的指示意义。

121 对那种不具有偶缘方面的意义的说明，必须以最显著方式求助于**阐释**（Auslegung)。因为这些意义虽然原则上是单义的，但并不直接显示其单义性。用胡塞尔的术语来说，它们必须经过阐明（*Aufklärung*）工作。现在除非有最低程度的意向性实现，也就是说，除非某些“相应的”直观被给予，否则这种阐明是不能完成的(《逻辑研究》，II/1，第 71 页；英译本，第 1 卷，第 306 页)。这是一个意义相互重叠的例子；这里胡塞尔自己都感到惊奇。他以问题的形式引进这种分析：“这里人们可能会问：如果那些纯粹象征性地起作用的表述的意义存在于那样一种行为特征中，那种行为特征使对语词符号的理解性把握区别于对缺乏意义的符号的把握，那么当我们想确立意义的区别，揭示其歧义，或为了限定我们的意谓—意向（signification-intention）的偏差时，我们为什么又要求助于直观呢?”(《逻辑研究》，II/1，第 70 页；英译本，第 1 卷，第 306 页）因此产生了“直观澄清的”表述的问题（《逻辑研究》，II/1，第 71 页；英译本，第 1 卷，第 307 页)。变动的表达式与固定的表达式之间的界限突然模糊了起来。

> 为了认识意义的区别，如“蛀虫”和“大象”之间的意义区别，我们不需要特殊的程序。但是，当意义不断互相掩饰，难以觉察的转换模糊了明确判断所需要的界限时，正常的阐明过程就要求助于直观。当表述的意谓—意向由那种未受同一概念影响的

不同直观来实现时，充实方向上的明确划分，才显示出意谓—意向的差异性。(《逻辑研究》，II/1，第71-72页；英译本，第1卷，第307页)

因此，阐明（或澄清）要求对意义进行真正形式的研究，想象中的再现所起作用的偶然性，远比胡塞尔含义理论在原则上单独准许的“伴随物”的作用的偶然性要少得多。

人们可能说，这种阐明离诠释学所谓的解释还有很长一段距离；当然，胡塞尔的例证取自远离历史诠释学科学的领域。但是，在《逻辑研究》分析过程中，当**解释**（Deutung）概念——这概念就是 interpretation——突然出现时，则此两概念重建亲近关系（*rapprochement*）就最明显。这个表述很精确，以便可以刻画逻辑意义的阐明或澄清某个片段工作的特征。《逻辑研究》第1部分第23节，题为“与表述和直观表现相联系的立义（*Auffassung*）”，开始于如下评论：“理解的立义——由于这种立义，语词的意义变成有效的——就**任何** 122
立义在一种意义上都是理解和解释而言，与各种不同形式带出的‘客观化的立义’——在这种立义中，由于经验到的感觉复合体，对某一对象（如外在事物）的直观的表现（知觉、想象、反映等）就产生了——是很接近的。”(《逻辑研究》，II/1，第74页；英译本，第1卷，第309页）因此，正是在我们注意彻底区别的地方，一种亲缘关系才表现出来。亲缘关系被精确地带到已经在简单知觉中起作用的并使后者与单纯的感觉材料有区别的解释上。亲缘关系在于说明那种既允许逻辑操作又允许所谓**立义**的知觉操作的活动。看来，澄清的任务能求助于“相应的”直观（第21节提到的），只是由于两类**立义**之间的亲缘关系。

同一次序的亲缘关系说明了胡塞尔**表象**（Vorstellung）——“再现”（representation）——一词的这种用法，即包括普遍（共相）的意识和单一的意识，《逻辑研究》第2部分对此两种意识做了区别；这两种形式的意识分别指称“特称的表象”和“单称的表象”(《逻辑研究》，II/2，第131、157页；英译本，第1卷，第357、379页)。

因为在这两种情况里，我们都研讨**意指**（meinen），借助它，某物就“放置在我们面前”（“更为清楚的，就像我们经常所说的，共相乃是我们所思的东西”）（《逻辑研究》，II/2，第 124 页；英译本，第 1 卷，第 352 页）。因此，胡塞尔并没有和弗雷格站在一起，弗雷格切断了 *Sinn*（含义）和 *Vorstellung*（表象）之间的联系，把前一名称派给了逻辑，而把后一名称归给了心理学。胡塞尔继续用 *Vorstellung*（表象）一词来描述特殊东西的意向意义以及个体的意向意义。

不过，把握总体和把握个体，其核心都是一样，它们都被解释为感觉：“由解释所引起的感觉（sensations）表现了在对事物的相应感知中的客观化的规定，但它们本身不是这些客观化的规定。显现的对象，正如它们在现象中所显现一样，超越了这种作为现象的显现。”（《逻辑研究》，II/2，第 129 页；英译本，第 1 卷，第 356 页）由于不能在特称物的意向意义和个体的意向意义之间坚持明显的区别，胡塞尔把它称为“共同的现象方面”放置在这种分歧的起源上。

> 当然，在每种情况都存在一个确定的共同的现象方面。在每
> 123 一种情况里，同一个具体事物产生它的外观，以致以同一方式给
> 予和解释的同一含义内容，即实际被给予的含义内容和形象内容
> 的同一过程，就是同一“概念”和“解释”的基础，其中，这些
> 内容所表现的具有**特性**的**对象**的外观（appearance），就是为我
> 们而构成的。但是同一外观在两种情况中承担了不同的行为。
> （《逻辑研究》，II/2，第 131 页；英译本，第 1 卷，第 339 页）

这说明了为什么同一个给予的直观可以“在一种场合直接意指**那个在那里的事物**，而在另一种场合又意指作为某共相的**载体**”（《逻辑研究》，II/2，第 131 页；英译本，第 1 卷，第 357 页）。“同一个感性的直观可以在某个场合作为所有这些设想方式的基础”（《逻辑研究》，II/2，第 131 页；英译本，第 1 卷，第 357 页）。这一解释的核心保证了两种意向意义的“表象性的”共同性，以及从一种“领悟”到另一种领悟的过渡。因此感知之所以“再现”，是因为它已经是解释工作的中心；也是因为它尽管是单个的，却能作为特殊表象的“载体”。

这就是现象学接触解释概念的第一条道路。解释这一概念就表现在现象学坚持逻辑性理想、单义性理想的过程中，这一理想支配了《逻辑研究》中的意谓理论。胡塞尔是以如下话语陈述这一理想的：

> 事实上很明显，说每一个主观表述都可以用一个客观的表述来取代，无非只是肯定**客观理性的无限制范围**。所以存在的事物都可以自在地被认识。它们的存在是一个在内容上被规定了的存在，并在这些和那些的“自在真理”中表现自己……凡是在客观上完全确定的东西，都必须允许客观的规定性，凡是允许客观规定性的东西，从理想上说，都必须通过完全规定的语词—意义而得到表述。与自在存在相符合的是自在真理，而与这些真理相符合的则是固定的无歧义的陈述。(《逻辑研究》，II/1，第 90 页；英译本，第 1 卷，第 321-322 页）

因此，固定表述（expressions）的固定意义和内容必须由流动的意义和主观的表述来代替。这任务是由单义性理想指明，并受“客观理性的无限制范围”（the unbounded range of objective reason）公理所支配。正是这种澄清任务的执行，才首先成功地指示了基本**偶缘**的意义和单义的意义之间的分裂；然后说明了由阐明性直观所实现的**伴随性**（accompaniment）功能；最后还展示了感知解释所表演的**支持载体**（support）的作用。一步步地，直观理论开始了向解释理论的转换。

（b）**《笛卡尔的沉思》中对阐释**（Auslegung）**的求助**。因为这时期现象学所设定的逻辑定向，上述这些诠释学的开端不能由《逻辑研究》给予任何进一步的发展。因此，我们所能讲到的这些开端仅作为单义性要求所揭示的残余。 124

《笛卡尔的沉思》与此完全不同，在这里，现象学不仅要求说明形式完善的表述的理想意义，而且也要求说明**作为整体**的经验的意义。所以，如果**阐释**（Auslegung）在这个说明中必须起某种作用，它将不再是受限制的阐释（受限制，就是说，感觉经验必须被解释，以便作为“类型”领悟的基础）；阐释将进入**在它们总体中**的构成性问题。

这就是实际所发生的。**阐释**概念——也许还未充分被认识——在问题达到其最有力的批判点上以决定性的方式插入了。正是在这个关键点上，自我学（egology）才被作为意义的终极法庭建立起来：“为我（für mich）而存在的客观世界，已经存在并且将为我继续存在，这个客观世界同所有它的对象都是从我这里（aus mir selbst）抽取出其所有意义和所有它为我而有的存在有效性。”[10] 在**自我“内”的存在有效**（Seinsgeltung）的内含物——这被表现在从**为我**（für mich）到**从我**（aus mir）的还原中——最后都在《笛卡尔的沉思》第 4 篇中得以实现。这种实现即刻就成为它的顶点和它的危机。

它的顶点：意思是说，只有现象学和自我学的同一才保证了世界意义到我的**自我**的完全还原。单单自我学满足的要求是，对象只有当它们**从**我这里抽取所有它们的意义和所有它们的存在有效性时，它们才**为**我而存在。

它的危机：意思是说，另一个**自我**（alter ego）状态，并且通过它，世界它在性状态完全成为可疑的。

正是在这顶点和危机之上，**阐释**（Auslegung）主题插入了。在第 33 节里我们读到：“既然单子论上的具体自我也包括整个现实的和潜在的意识生命，那么很清楚，在现象学上**阐释**（explicating，*Auslegung*）**这个单子自我**的问题（自我对他自身而言的构成问题）就必须**无一例外地**包含**所有构成性的问题**。因此，这个**自我建构**的现象学与作为整体的现象学是相一致的。”（《胡塞尔全集》，第 1 卷，第 102-3 页；《笛卡尔的沉思》，第 68 页）

这里，胡塞尔所谓**阐释**（Auslegung），意指什么，他从此词中
125 期望什么？为了回答这一问题，让我们从第 4 个沉思转到第 5 个沉思，以便处在如果不求助于**阐释**就不能解决的悖论的核心点上。然后再回顾我们的步伐，我们将试图理解从第 4 个沉思转到第 5 个沉思的过程中，**阐释**这一概念在策略上的作用。

这个明显不能解决的悖论是：一方面，将所有意义还原到具体自我的意向生命，暗示他者是“在我之内”（in me）和“由我”（from me）所构成的；另一方面，正是在他者经验是某个不是我的他者的经验时，现象学才必须说明他者经验的起源。整个第 5 个沉思是由这两个要求之间的张力所支配：**在我中**建构他者，把他者作为**他者**来建构。这个难以克服的悖论潜伏在其他四个沉思中：“事物”作为某种不同于我的东西，作为我的对面物，已经从我的生命中分裂出自身，即使它只是一个意向性的综合，一个被设定的统一体。然而，当他者不再是一个事物，而是另一个自我，一个不同于我的自我，那么还原的要求与描述的要求之间的潜伏张力就成为公开的冲突。因为虽然绝对地说来，唯一的主体是我，被给予的他者不单单是作为处于自然中的心理—生理的客体；它也是经验的主体，其方式与我是经验的主体一样，这样，它感知我好像属于它的经验世界。而且，正是在这个主体间性的基础上，才构成一个“共同的”自然和一个“共同的”文化世界。在这方面，还原到隶属性领域——还原中的名副其实的还原——可以被理解成对作为悖论的悖论的征服：“在这相当特殊的意向性中，建构了一种新的生存性的意义，它超越了（*überschreitet*）我的单子自我的存在；建构了一个不是作为‘我自己’，而是作为在我自己自我中，在我的单子中的镜像（*spiegelnden*）的自我。”（《胡塞尔全集》，第 1 卷，第 125 页；《笛卡尔的沉思》，第 94 页）这就是这样一个悖论，当我设定我的存在是唯一的，则另一个存在就会脱离它。

只要第 4 个沉思所引进的**阐释**（Auslegung）的作用不被感知到，即使求助于“类比领悟”（analogical apprehension）和“配对”（pairing，*Paarung*）概念，这个悖论也绝不会被消除。因为说他者是“超前表现”（appresented）和从不真正“表现”，似乎是一种认同困难而非解决困难的方式。说类比领悟不是由类比推理进行的，而是由直接基于我这儿的躯体与那儿的躯体的配对的转换而进行的，就是等于指出描述要求和构成要求相交点，就等于对此可解决悖论的混

126 合体以名称。但是，这种“感知换位”（apperceptive），这种“类比领悟”真正指称什么呢？如果自我和另一个自我从一开始就没有结合，那么它们就永不会结合。因为这种结合暗示所有我的经验的意义都会返回到指向他者经验的意义。但是，如果这种结合原本不是自我为其自身的构成的部分，那么自我的经验将不并入对他者经验的任何指称。事实上，关于第 5 个沉思的最明显的东西就是许多突破观念论的描述。例如，结合的具体形象，或者在符号、表述、姿势、心境之间的一致性基础上辨认出陌生精神生命，而这些符号、表述等则实现他人活的经验的预期，或实现在类比领悟中想象的作用：如果我能筹划我自身，则我就能在这儿……

尽管有这些令人称赞的描述，但是仍令人费解的是，**另一个自我**如何既能是我单子生命的超验的修正，又能是我单子生命的意向性修正：“由于它的意义的构成，他者必然地出现在我的原始的‘世界’中，如同在第一个例子中被客观化的我的自我的**意向性修正**……换句话说，通过超前表现（appresentation，共现），**另一个单子**构成于我之中。”（《胡塞尔全集》，第 1 卷，第 144 页；《笛卡尔的沉思》，第 115 页）求助于阐释（*Auslegung*）所能解决的正是这种费解，这个悖论，实际上正是两种筹划之间的这种潜伏的冲突——描述的超验性筹划和内在性构成的筹划。

因此，让我们再回到第 4 个笛卡尔沉思用**阐释**（Auslegung）来定义整个现象学事业的关键点。结束第 4 个沉思的第 41 节，明确地把先验观念论定义为“在我的自我中进行的‘现象学的自我阐释’”（《胡塞尔全集》，第 1 卷，第 117 页；《笛卡尔的沉思》，第 84 页）。解释的“风格”是由对现在经验视域的展开过程中所包含的“无限制工作”来刻画其特征的。现象学是“被无限制**追求**的”沉思，因为反思被我们自己活的经验的**潜在**意义所远远压倒。同样的主题也出现在第 5 个沉思的结尾处。第 59 节的题目是“本体论阐释和它在整个构成性先验论现象学中的位置”。胡塞尔称为“本体论阐释”（Ontological explication）的东西在于展现意义的各种层次（自然、动物性、心理、文化、人性)，它们共同构成“作为构成意义的世界”。因此阐释处于建构哲学和描述哲学的中途。为反对黑格尔主义和它的后继者，反对所有的“形而上学的构造”，胡塞尔坚决主张现象学不是“创造”而只是“发现”(《胡塞尔全集》，第2卷，第168页)。这就是现象学的过于经验性的方面；阐释是对经验的阐释：“现象学阐释不做什么——这一点不能再过分强调——而只是阐释世界对我们所有人所具有的，并先于任何哲学的意义，这种意义很明显是由我们的经验所给予的。这种意义可以由哲学来揭示(*enthüllt*)，但却永不能被哲学所改变(*geändert*)；在每一种现在的经验中，它都被澄清(*Klärung*)所需要的视域所包围——因为某些根本理由，而不是我们无能所致。”(《胡塞尔全集》，第1卷，第117页；《笛卡尔的沉思》，第151页)然而，在因此把阐释与视域澄清的联系中，现象学试图超出经验的静态描述，这仅是一种意义层次的地理学。从自我转向他者，然后转向客观自然，最后转向历史的过程，是对我们朴素地经验为“生活世界”的东西的一种不断建构——最终确实是一个“普遍的起源”——的完成。 127

这种“意向性阐释”(intentional explication)包括两个要求，它们互相冲突地出现在整个第5个沉思里：一方面，尊重他者的异质性；另一方面，把这种超越性经验固着在原初经验中。因为**阐释**(Auslegung)无非只是展现过剩的意义，这种意义指明他者在我的经验中的位置。

因此，对整个第5个沉思做一个不是二分而是整体的解读是可能的。**阐释**(Auslegung)已经在还原到隶属性领域过程中起作用。因为隶属性不是一个所与，从它我能进展到另一个所与，另一个可能是他者的所与。还原到一个活生生躯体的经验乃是对任何“陌生”的事物进行抽象的结果；胡塞尔说，由于这种抽象的还原，我“显露了我的生命的有机体，还原到我的隶属性领域”(《胡塞尔全集》，第1卷，第128页；《笛卡尔的沉思》，第97页)。这种**带出**(Herausstellung)，在我看来，意指原初东西总是“反问”的界限；由于这种**向**

后追问（Rückfrage），在深厚的经验中并通过层层构造，看到了胡塞尔称为“原初的建立”的东西——这些层次所指称的**原创造**（Urstiftung）（《胡塞尔全集》，第1卷，第141页；《笛卡尔的沉思》，第111页）。所以，原初的东西就是这种指称的意向性界限。因此没有必要在“隶属性领域”这一题目下去寻求那种保存在我的文化经验核
128 心中的无理性的经验，而是要发现那种本身从不被给予的前提。因此，尽管它的直观核心，这种经验仍是一种解释。“我的自己也是由阐释所发现的，并由于此而获得其原本的意义。”（《胡塞尔全集》，第1卷，第132页；《笛卡尔的沉思》，第102页）一个人自己的东西只有作为“被阐释的经验”才能被揭示出来。甚至我们还可以说，自身的东西和陌生的东西却在**同一的解释**中对立地被建构起来。

因此，正是由于**阐释**（Auslegung），他者既在我之中又作为他者被构成。第46节说，一般经验的特征是，只是在“通过自身解释自身”中它才成为一个确定的对象，因此“它只作为纯粹阐释而被实现”（《胡塞尔全集》，第1卷，第131页；《笛卡尔的沉思》，第101页）。一切规定就是阐释：“这种自身的本质内容只是在一般程度上和视域上才是事先预期的；然后通过阐释，它才成为原初构成的——其意思是：内在的，自身本质特征（特殊的，部分或性质）。”（《胡塞尔全集》，第1卷，第132页；《笛卡尔的沉思》，第101页）

这种构成的悖论——它既是“在自我中”的构成，又是作为“他者”的构成，如果通过阐释的作用来澄清，那么它就具有全新的意义。他者并不作为所与出现在我的经验中，它在我的经验中，是当它由一个“开放的和无限的视域”所刻画（《胡塞尔全集》，第1卷，第132页；《笛卡尔的沉思》，第102页），它是一个我不能看就能把握的意义的潜在性。因此我确实可以说，他者的经验只是“发展”我自己同一的存在，但它发展的东西已经远远超出我自身，因为我在这里称为我自己同一存在的东西乃是超出反思界限的意义的潜在性。超越我自己走向他者的可能性，被包含在称之为“阐释”（explication）的这种视域结构之中，用胡塞尔自己的话说，一个“关于我自己存在

的视域的阐释”(《胡塞尔全集》,第 1 卷,第 132 页;《笛卡尔的沉思》,第 102 页)。

胡塞尔看到了直观和阐释的同时存在关系,虽然他不能由此推出所有的结论。一切现象学都是明见性的阐释和阐释的明见性。被阐释的明见性,展示明见性的阐释:这就是现象学的经验。正是在这个意义上,现象学只能作为诠释学才得以完成。

但是,这个命题的真理性,只有当对胡塞尔观念论的诠释学批判完全被接受的同时才可以把握。因此本文的第二部分又返回第一部分:只有当胡塞尔现象学的观念论服从诠释学批判,现象学和诠释学才互为前提。

注释

[1] 本文反思了包括我自己思想进展的方法的变化,从《自由与本性》(*Freedom and Nature*,1950)中的本质现象学,到《弗洛伊德和哲学》(*Freud and Philosophy*,1965)和《解释的冲突》(*The Conflict of Interpretations*,1969)。

[2] “后记”首先出现于 *Jahrbuch für Philosophie und Phänomenologische Forschung* (1930);之后发表于 *Husserliana* V, edited by H. L. van Breda (The Hague: Martinus Nijhoff,1952;此后简写为 *Hua* V),pp. 138-62。

[3] “失去”(verliert)一词再现了三次,见 *Hua* V 145。

[4] Martin Heidegger,*Sein und Zeit* (Tübingen: Max Niemeyer,1927;此后简写为 *SZ*),p. 149 [英译本:*Being and Time*, translated by John Macquarrie and Edward Robinson (Oxford: Basil Blackwell,1978;此后简写为 *BT*),p. 189]。

[5] Hans-Georg Gadamer,*Wahrheit und Methode* (Tübingen: J. C. B. Mohr,1960;此后简写为 *WM*),pp. 250ff. [英译本:*Truth and Method* (London: Sheed and Ward,1975;此后简写为 *TM*),pp. 235ff.]。

［6］见本书第二篇论文《诠释学与意识形态批判》。

［7］Martin Heidegger，“Hegels Begriff der Erfahrung”，in *Holzwege*（Frankfurt：Vittoria Klostermann，1950）［英译本：*Hegel's Concept of Experience*（New York：Harper and Row，1970)］。

［8］Jean-Paul Sartre，“Une idée fondamentale de la Phénoménologie de Husserl：l'Intentionnalité”，in *Situations 1*（Paris：Gallimard，1947）［英译本：“Intentionality：a Fundamental Idea of Husserl's Phenomenology”，translated by Joseph P. Fell，*Journal of the British Society for Phenomenology*，1，no. 2（1970），pp. 4-5］。

［9］Edmund Husserl，*Logische Untersuchungen* Ⅱ（Tübingen：Max Niemeyer，1900；此后简写为 *LU* Ⅱ），pp. 61ff. ［英译本：*Logical Investigations* Ⅰ，translated by J. N. Findlay（London：Routledge and Kegan Paul，1970；此后简写为 *LI* Ⅰ），pp. 299ff. ］。

［10］Edmund Husserl，*Cartesianische Meditationen* in *Husserliana* Ⅰ，edited by S. Strasser（The Hague：Martinus Nijhoff，1950；此后简写为 *Hua* Ⅰ），p. 30［英译本：*Cartesian Meditations*：*An Introduction to Phenomenology*，translated by Dorion Cairns（The Hague：Martinus Nijhoff，1960；此后简写为 *CM*），p. 99］。

第二部分

解释理论的研究

4　间距化的诠释学功能

在先前的研究中，我已经以这样一种方式描述了我行将赖以对诠释学问题进行详细阐述的背景，以使得这种描述对于诠释学、符号学科（semiological）和注经学科（exegetical）之间的对话有重要意义。这种描述将我们引向了一种二律背反，在我看来，这种二律背反就是伽达默尔工作的主要动机，即疏异的间距化（alienating distanciation）与隶属性（belonging）之间的一种对立。这种对立之所以是一种二律背反，是因为它提出了一种难以成立的选择：一方面，疏异的间距化是这样一种态度，它使在人文科学中占统治地位的客观化成为可能；但另一方面，这个作为各门学科的科学地位的条件的间距化，同时又是一种衰退，它破坏了我们据此而属于并且参与到历史实在——这种历史实在我们要求建构成一种客体——中去的那种根本的和原始的关系。因此，在伽达默尔的著作《真理与方法》这个题目下就隐藏着这样一种选择：我们或者采取方法论的态度而失去我们研究的这种实在的本体论的密度，或者我们采取真理的态度并且必须抛弃人文科学的客观性。 131

我自己的反思起源于对这种选择的反驳并试图克服它。这种试图的第一个表现在于选择一个我认为似乎逃离了在疏异间距化和参与隶属性之间选择的重要问题。这个重要问题就是文本的问题，这个问题重新引进了一个积极的，如果可以这样说的话，也是一个创造性的间距化概念。按照我的看法，文本远比主体间交往这一特殊情形还有更多东西：它是交往过程中间距化的范例。所以，它展示了人类经验的
132 历史性的根本特征，即它是在距离中并通过距离的交往。

下面，我将根据文本证实的东西，即间距化在人类经验的历史性核心里的积极的和创造性的作用，来详细阐明这个文本概念。我打算围绕五个主题来构造这一问题：（1）作为**话语**的语言的实现；（2）作为**有结构的作品**的话语的实现；（3）在话语中和在话语的作品中**说与写**的关系；（4）作为**世界的筹划**的话语的作品；（5）作为**自我理解中介**的话语和话语的作品。这些特性加在一起就构成文本性的标准。

我们将看到书写的问题，当它被放到这个标准网核心处，它绝不构成文本的独特的问题框架。所以文本不可能和书写纯粹地、简单地统一。这有几个理由。首先，并不是书写本身引起诠释学的问题，而是说话和书写的辩证法产生这一问题。其次，这种辩证法是在间距化辩证法基础上构造的，间距化辩证法比书写和说话之间的对立更原始，并且已经是作为话语的口头话语的部分；因此我们必须在话语本身中寻找后来一切辩证法的根源。最后，在作为话语的语言的实现和说话与书写的辩证法之间，似乎必然要插进一个作为有结构的作品的话语实现的根本概念。在我看来，在话语的作品中语言的客观化，构成了书写中铭记话语的最大化条件；文献是由书写作品组成的，因此作品是第一位重要的。但是，这并不是全部：话语—作品—书写这个三合一仍然只是构成支撑这个决定性问题即世界筹划问题的三脚架，我将把这个问题称为作品的世界，并在这里看到了诠释学的引力中心。全部基础性的讨论将只是用来为取代文本的问题而走向敞开着的**世界**的问题准备道路。同时，自我理解问题——在浪漫主义诠释学中已经占据了显要的位置——一直被推迟到最后，它是作为一个终点，

而不是作为一个引导性的主题，更不是作为引力中心而出现的。

I. 作为话语的语言实现

话语，甚至以口头形式出现的话语，展现了我们以后将考虑的作为一切特征可能性条件的间距化的原始类型。这种原始类型的间距化可以在事件和意义的辩证法这个题目下加以讨论。

话语是作为一个事件而被给予的：当某人讲话时，某事就发生。133 作为事件的话语概念，在我们考虑从语言或代码的语言学向话语或信息的语言学的过渡时具有本质性的意义。我们知道，这种区别来源于费迪南·德·索绪尔（Ferdinand de Saussure）[1]和刘易斯·赫耶尔姆斯列夫（Louis Hjelmslev）[2]，前者区别了“语言”（*langue*）和“言语”（*parole*），后者区别了“图式”（schema）和“使用”（use）。话语理论得出了这种二元论的全部认识论的结论。当结构语言学只是把言语和使用放在括号里时，而话语理论则去掉了括号，并宣称这两种是建立在不同原则上的语言学的存在。法国语言学家埃米尔·班文尼斯特（Emile Benveniste）[3]在这个方向上走得更远。在他看来，话语语言学和语言语言学是建立在不同的单位上。如果“符号”（sign，音位学的或词汇学的）是语言的基础单位，那么“句子”（sentence）就是话语的基础单位。句子的语言学是事件和意义的辩证法的基础，这种事件和意义的辩证法形成了我们的文本理论的出发点。

“事件”一词做何理解？说话语是事件，首先就是说，话语是有时间性并在当下实现的，反之，语言体系则是虚拟的并在时间之外的。在这个意义上，为了指明作为一个事件的话语本身的出现，我们可以和班文尼斯特一样说“话语实例”。另外，当就“谁说话”这一问题并不应用于这一层次，语言就没有主体时，话语却通过一套复杂的指示物如人称代词而回指它的说话者。在这种意义上，我们可以说，话语的实例是自我指涉的。现在事件的特征又和说话的人联系起来；事件就在于某人说话，某人采用说话的方式来表达他自己这一事实。在这第三种方式中，话语仍是事件：语言的符号只指称在同一系统内的其他符号，以至于语言就像有时间和主体一样具有世界，而话语总是关于某事的。话语指称一个它要描述、表达或表象的世界。在这第三种意义上，事件就是借助话语的语言（language）中的世界的降临。最后，如果说语言只是交往（语言为交往提供代码）的先天条件，那么正是在话语中，信息才得以相互交换。所以话语不仅有一个世界，而且还有一个他者，另一个人，一个它对之攀谈的谈话者。在这后一种意义上，事件就是有时间性的交往现象，是一个能开始、继
134 续和被打断的对话的建立。所有这些特征放在一起就构成了作为一个事件的话语。显然，这些特征只是语言在话语中的实现，我们语言性执行能力在现实化中的实现。

但是，在这样强调话语的事件特征的时候，我们只是说明了话语本质的两端点中的一个端点，现在我们必须说明第二个端点，即意义这一端。因为正是这两端之间的张力，才导致了作为一个作品的话语的产生，说和写的辩证法，以及那个丰富间距化概念的文本的所有其他特征。

为了引入事件和意义的辩证法，我建议说，如果所有话语是作为一个事件而实现的，那么所有话语就被理解为意义。我们想理解的东西不是瞬间即逝的事件，而是持久的意义。这一点要求极大的明确性，因为看起来我们似乎又从话语语言学转向语言语言学。但情况并非如此，因为正是在话语语言学中，事件和意义才相关联。这种关联是全部诠释学问题的核心。正如语言是在话语中被现实化，超越作为系统的自身并作为事件实现自身一样，话语也是通过进入理解过程，超越作为事件的自身并变成意义。借助意义而超越事件，是话语本身的特征。它证明了语言的意向性本身，证明了在语言内意向对象（noema）和意向活动（noesis）的关系。如果语言是一种**意指**，一种有意义的意向，那么这正是由于通过意义而对事件的超越。所以第一个间距化就是在所说的东西中对说（the saying）的间距化。

但什么被说了呢？为了更完全地澄清这一问题，诠释学不仅必须求助于语言学——甚至当这种语言学被理解为和语言语言学相对立的话语语言学时——而且还要求助于“言语行为”（*speech-acts*）理论，这种理论可以在奥斯汀（Austin）[4]和塞尔（Searle）[5]的著作中看到。按照这些作者的看法，话语行为是由分布在三个层次上的从属行为的等级体系所构成的：（1）以言表意或命题行为（the locutionary or propositional act），说的行为层次；（2）以言行事行为（或力量）[the illocutionary act (or force)] 层次，我们在说时**所包含**要做的东西；（3）以言取效行为（the perlocutionary act）层次，我们**通过我们说这一事实**所做的东西。如果我告诉你关门，我做了三件事：首先，我把行为这谓词（关）和两个变项（你和门）联系起来：这是说的行为。其次，我是带着一个命令的力量而不是以陈述、希望或允诺
来告诉你的：这是以言行事的行为。最后，根据我给你一个命令这一 135
事实，我能激起某种后果，例如害怕，因此话语是一种能产生某些结果的刺激物：这是以言取效的行为。

对于我们的意向性外化（the intentional exteriorisation）问题（根据它事件在意义上被超越）来说，这些区分意味着什么呢？以言表意的行为是在作为命题的句子中被外化。因为正是如此这般的命题，句子才能被识别并且**同样地**再识别。因此句子表现为一种什么说出（Aus-sage），它能够带着一个如此这般意义被传达给他人。所识别的是谓语结构本身，就如上述例子所提示的那样。所以，一个行为句子可以根据它的特殊谓词（行为）和它的两个变项（行为者和对象）来识别。以言行事行为也可以通过语法范型（不同的语气，如直陈语气、祈使语气等）和其他标志一个句子的以言行事力量并使它能被识别和再识别的那些程序来外化。的确，在口头话语中，以言行事力量可以通过姿势、手势和适当的语言特征来识别。这一点也是真实的，即话语的那些最不相关的方面，即我们叫作韵律的那些方面，提供了最引人注目的标记。不过，适当的句法标记构成了一个标记体系，这体系通过写出这些以言行事力量的标示物而使固定化成为可

能。我们必须承认，以言取效行为，它首先是口头话语的特征，乃是最不可描述的成分。但是，以言取效行为也是话语最少推论性的方面，它是作为刺激的话语。这里话语起作用不是通过我的意图被谈话者所认识，而是在于这样一种有能量的方式，即通过对谈话者情绪和效果态度产生直接的影响。所以命题行为、以言行事力量和以言取效行为，在下降的程度上容易受那种使书写铭记成为可能的意向性外化的影响。

所以，根据话语行为的意义，或**说**的**意向对象**，我们不仅必须理解到句子的关联物（在命题行为的狭义上来讲），而且还必须理解以言行事力量的关联物以及以言取效行为的关联物，因为此话语行为的这三个方面是按照范例被整理和规定，因而它们可以被识别和再识别为拥有相同的意义。所以我给“意义”一词一个非常宽泛的含义，即
136 它包含意向性外化的所有方面和全部层次，这种**意向性外化**反过来又使话语在书写和作品中外化成为可能。

II. 作为作品的话语

我将要提出作品概念的三个不同特征。第一，作品是一种比句子更长的组合，相对于构成作品本身的、有限的和封闭的整体，它提出一个新的理解问题。第二，作品服从那种用于创作本身的编纂形式，这种编纂形式把话语变成一个故事、一首诗、一篇论文，等等。这种编纂被认作一种文学类型；换言之，作品从特征上看隶属于文学类型。第三，作品被给予一种独一无二的外貌，这种外貌使作品和某个个体相似，它可以称为作品的风格。

创作，属于一种类型和个体的风格，这些特征使话语成为作品。“作品”一词揭示了这些新范畴的本性；它们是生产范畴和劳动范畴。把一种形式强加到质料上，使产品服从类型，生产出个体：这些都是把语言处理为被加工和形成的质料的诸多方式。因此，话语成为**实践**

和**技术**的对象。在这方面，精神劳动和手工劳动之间不存在尖锐的对立。我们可以回忆亚里士多德就实践和生产所说过的那些话："所有实践和生产都和个体相关。因为不是人医好了伤口（除非是意外），而是卡里阿斯（Callias）或苏格拉底，或其他个别的如此来称呼的人，这些人同时碰巧是人。"（《形而上学》A，91a，a15）根据相似的脉络，葛兰格尔（G.-G. Granger）在其《论一种风格哲学》里写道："实践是和它的复杂语境，特别是和在实际经验的世界中给它以意义的那些社会条件一起被考虑的活动。"[6]所以，劳动是实践的一种（如果不是主要的）结构；它是一种"在作品中使它自己客观化的实践活动"[7]。同样，文学作品也是一种组织语言的劳动的结果。在对话语的劳动中，人影响了个体范畴的实践规定：话语的作品。这里意义概念接受了一种新的说明，把它和个体作品的层次联系起来了。所以就有了作品的解释的问题，这不是一个一步一步归结到句子的理解的问题。全面地表示作为作品的作品现象被风格的事实所加强了。文 137
学问题可以放置在一般风格学中，被设想成"对人类作品的沉思"[8]，并且可以用劳动概念来说明，它为劳动寻找各种可能性的条件："研究在个体实践中插入结构的最一般的条件将是风格学的任务。"[9]

从这些原则来看，在我们研究的开头所概括的话语的那些特征怎样了呢？让我们回忆一下事件和意义的原来的悖论：我们说过，话语是作为一个事件而被实现的，但是被理解为意义。作品概念怎样适应这个悖论呢？通过将生产和劳动范畴引入话语的范围，作品概念表现为事件的非理解化（the irrationality of the event）和意义的可理解化（the rationality of meaning）之间的实践中介。事件就是风格化本身，但这种风格化与表现矛盾倾向的复杂的、具体的境遇是处在一种辩证的关系中。风格化发生在经验的核心之处，经验是已经有了结构，但仍然是以开放性、可能性和非决定性为特征。把作品理解成一个事件，就是把握了在重构过程中境遇和筹划之间的关系。在先前似乎是突然取消的、未被解决的、开放的境遇和一种重新组织先前构造剩下的剩余物的行为或策略之间，风格化的作品采取了一种特殊相互作用形式。同时，流逝的事件和可以识别的、可以重复的意义之间的悖论——它是我们对话语中的间距化思考的根源——在作品概念中找到了一个值得注意的中介。事件和意义这两个方面被风格概念拉到一起来了。我们说过，风格在时间上表现为一种个别作品，并在这方面它涉及采取立场的那个非理解化环节，但是它在语言质料中的铭记却使它表现为一种可感觉的观念，一个具体的共相，就像温姆萨特（W. K. Wimsatt）在其《语词偶像》[10]中所说的那样。风格是对作品中特殊立场的一种升华，作品根据其独特性，说明和发扬了话语的事件性特征，但是，这个事件除了在作品的形式中之外在任何其他地方都是找不到的，如果个别的作品不能在理论上把握，那么为了对确定的境遇做出回应，我们可以把作品看作一个过程、一种建构的独特性。

当话语变成作品的时候，话语的主体概念就获得了一种新的地
138 位。风格概念使我们对文学作品的主体问题有了一种新的方法。关键在生产和劳动的范畴中；在这方面，工匠的榜样是特别有建设性的（18 世纪贴在家具上的印记、艺术家的签名等）。因为在这个层次限定了讲话主体概念的作者概念似乎是作为作品的个别性的相关物而出现的。最显著的证明是由一个不太具有文学性的例子所提供的，即数学对象建构的风格，有如葛兰格尔在其《论一种风格哲学》一书中的第一部分所描述的。甚至现象的抽象模式的建构，就它是内在于建构过程中的实践活动而言，也有一个专名。一个特定的建构模式似乎必然被选择来代替某种其他模式。因为风格是一种个别化的劳动，即产生一个个体，所以它又反过来指称它的作者。所以“作者”一词属于风格学的术语。作者说的东西比讲话者多：作者是语言作品的工匠。但是作者范畴同样是一个解释的范畴，因为它是与作为整体的作品的意义同时出现的。作品的独特风格和作者的独特风格是严密相关的。人在生产个别作品时也使他自己个别化。签字就是这种关系的一个标记。

引入作品范畴的最重要结论属于创作概念。因为话语的作品表现了那些能使结构性方法用于话语本身的组织和结构的特征，这些结构

性方法首先成功地被应用于比语音学和语义学的句子更短的语言学实体中。话语在作品和创作的结构特性中的客观化（我们将把书写的间距化附加给它），迫使我们怀疑狄尔泰提出的“理解”和“说明”之间的对立。结构分析的成功开创了诠释学的一个新阶段，从此之后，说明成为理解的一条必由之路。不过，我得赶快说，这并不意味着说明能够消除理解。话语在结构性作品中的客观化并未抹去话语的第一位的根本的特性，即它是由一系列句子所构成，而人们正是通过这些句子关于某物对别人讲某事。我将说，诠释学仍然是在作品中辨别话语的艺术，但这种话语只在作品的结构中和通过作品的结构才被给予。所以解释是对人在话语作品里的客观化所构成的本质间距化的回答，人在话语作品里的这种客观化可以与人在其劳动和艺术的生产中所表现的客观化相比拟。

III. 说话与书写的关系

当话语从说话过渡到书写，它发生了什么呢？首先看来，书写似 139
乎只是引入了一个纯粹外部的和物质的因素：固定化，它使话语事件免于毁灭。事实上，固定化只是一个更重要的、影响到我们上面列举的话语的全部性质的问题的外部表现。首先，书写使文本相对于作者意图的自主性成为可能。文本指称的意义和作者的意思不再一致了；从此之后，文本的意义和心理学的意义就有了不同的命运。

自主性的这第一种模式鼓励我们在“**陌生化**”（Verfremdung）中认识到一种积极的意谓，一种不能归结为伽达默尔想赋予它的那衰落的细微判别的意谓。文本的自主性已经包含了这样一种可能性，即伽达默尔叫作文本的“事情”的东西可能逃避开了作者的有限意图的视域；换言之，由于书写，文本的“世界”可能打破了**作者**的世界。

适合于心理学条件的东西同样也适用于文本产生的社会学条件。文学作品和一般艺术作品的本质特征就是，它们超越它们自己产生的心理学—社会学条件，从而使自己对无限系列的处于不同的社会—文化条件下的阅读开放。简言之，从社会学和心理学的观点来看，文本必须能够使自己以这样的方式来“解除语境”（decontextualise），以至于在一种新的境遇下可以“重建语境”（recontextualised）——准确地说，这是通过阅读行为来完成的。

关于作者的解放在那些接受文本的人那里有一个平行物。与对话的境遇相反——在对话那里，“面对面”是由话语的境遇本身所决定——书写话语创造的听众原则上可以扩展到一切能阅读的人。书面材料对于话语对话条件的解放是书写最有意义的结果。它意味着，书写和阅读之间的关系不再是说与听之间关系的一种特殊情形。

文本的自主性的第一个重要的诠释学结论是：间距化不是方法论的产物，因而它不是某种多余的或寄生的东西，它对于作为书写的文
140 本的现象具有建构性。同时，它是解释的条件；**陌生化**不仅是理解必须克服的东西，而且也是理解的条件。我们已经发现了“客观化”和“解释”之间这样一种关系，它比浪漫主义传统所建立的那种关系的二分性少得多，因而相互补充性多得多。从说话到书写的过渡在其他好几个方面都影响了话语。特别是，当指称不再可能识别作为对话者的共同境遇的一部分的那个所说的东西时，指称的作用彻底地改变了。我们将在“文本的世界”这一题目下对这一现象做一单独分析。

IV. 文本的世界

我们已经纳入这个题目下的这个特性，将导致我们从浪漫主义诠释学的立场（包括狄尔泰的工作）离开，并进一步走向结构主义的反面（我在这里把结构主义看作浪漫主义的简单的对立面）。

我们可以回忆一下，浪漫主义诠释学把重点放在天才的表现上，把自己比作这种天才，使它具有当代性，这是诠释学的任务。狄尔泰在这个意义上接近浪漫主义诠释学，他把他的解释概念建立在“理

解”的概念上，这就是说，去把握一个通过书写的客观化来表现自身的陌生的生命。从这里产生了浪漫主义和狄尔泰式诠释学的心理主义化的和历史主义化的特性。一旦我们严格地通过书写来间距化并通过结构来客观化，这条道路就不再为我们开放了。但是，这是否就是说在抛弃了任何想把握作者心灵的尝试后，我们就将把我们自己限制在重构作品的结构上吗?

对这个问题的回答使我们和结构主义、浪漫主义保持同样的距离。诠释学的主要任务是回避对天才或结构的选择。我们将把它和“文本的世界”概念联系起来。这个概念扩大我们以前称作话语的指称或外延的东西。跟随弗雷格，我们可以区分任何命题的**含义**（sense）和**指称**（reference）[11]。含义是命题想要表达的理想对象，因而在话语中是纯粹内在的。指称是命题的真值，它的要求是达到实在。所以指称使话语和语言（*langue*）区分开来了，后者和实在没有关系，它的语词是在字典的无限循环中返回到其他语词。我们将说，只有话语才指向事物，把自己应用于实在，表现世界。

这就产生了一个新问题：当话语变成文本时，指称发生了什么 141
呢？在这里我们发现，书写，首先是作品的结构，把指称限制在使它处于完全不定的状态。在口头话语中，问题完全被话语的直指功能所解决；换句话说，指称是由指向谈话者共同的实在的能力来决定的。如果我们不能指向我们说的那个东西，至少我们能够把它放在谈话者所分享的唯一的时空网的关系之中。正是话语的境遇所规定的“这里”和“现在”，为全部话语提供了最终指称。由于书写，事情已经开始发生变化了，因为不再有作者和读者共同的境遇，并且指向行为的具体条件已不再存在了。指称的直指特征的消灭无疑使我们叫作“文学”的那种现象成为可能，它可能消灭对某个既定实在的一切指称。但是，只是因为某些文学类型——它们一般和书写相联系但并不必然依赖于书写——的出现，直指指称的消灭才被认为是其最极端的条件。我们大多数文学的作用似乎是毁灭世界。这也适合于虚构性的文学——民间传说、神话、小说、戏剧，也包括一切可以称作诗歌的文学，在那里，语言似乎以牺牲日常话语的指称功能为代价来换取它自身的光荣。

然而，并不存在如此赋予虚构性的话语，以至于它和实在没有任何联系。但是这种话语指向另一层次，比我们称作日常语言的那种描述性的、表态的、教诲的话语所达到的更根本的层次。我这里的论点是，第一层次的指称的消除（这是通过小说和诗歌的影响而导致的消除），乃是第二层次的指称解放的可能性条件，它不仅在操作对象的层次上，而且还在胡塞尔用“生活世界”（*Lebenswelt*）和海德格尔用“在世存在”（being-in-the-world）这些表达式所指的那个层次上达到了世界。

按照我的看法，小说和诗歌作品的唯一指称维度提出了最根本的诠释学问题。如果我们不再根据另一个隐藏在文本后面的他人的心理学意图来规定诠释学，如果我们不需要把解释归结为结构的析解，那么还剩下什么需要解释呢？我将要说，解释就是对**文本前面**展开的那种在世存在类型的阐释（explicate）。

142 这里我们考虑一下海德格尔关于**理解**（Verstehen）概念的一个建议。请回忆一下，在《存在与时间》中，理解理论不再和对他物的理解联系在一起了，而成了在世存在的结构。更准确地说，它是一种在考察了**境缘状态**（Befindlichkeit）之后所说明的结构。“理解”的要素与在某境遇中的存在是辩证地联系在一起的：它是我们在其中找到自己的那些境遇的中心之上对我们最密切的可能性的筹划。从这个分析中我要保留“对我们最密切的可能性的筹划”观念，把它用于文本理论。因为在文本中必须解释的东西就是我能居住并在那儿我们能筹建我们最密切的可能性的“被筹划世界”（a *proposed world*）。这就是我们称作文本的世界的东西，这个世界适合于**这个**唯一的文本。

因此，文本的世界不是日常语言的世界。在此意义上，它构成了一种新的间距化，这可以叫作远离它本身的实在的间距化。小说引进我们对实在的理解中的正是这种间距化。我们说，故事、民间传说、诗歌不是没有一个指称物，但是这个指称物和日常语言的指称物不是一致的。通过小说和诗歌，在世存在的新的可能性开启在日常实在中。小说和诗歌意指实在，但不是在既定存在（being-given）的形式下，而是在能存在（power-to-be）的形式之下。所以日常实在被我们叫作想象性的变形（文学把它贯彻在实在中）的东西改变了形态。

我在别的地方曾用隐喻语言的例子[12]说明，小说是对于实在的重新描述的一条优越之路；诗歌语言是卓越的，它产生了亚里士多德在思考悲剧时叫作实在的**模仿**的那种东西。因为悲剧之所以模仿实在，只是因为它用神话、寓言重新创造实在，而这些神话或寓言达到了实在最深刻的本质。

这就是诠释学经验必须体现的**间距化**的第三种类型。

V. 作品面前的自我理解

我想考虑一下文本概念的第四种，也是最后一种度向。我在导论中说，文本是我们通过它来理解我们自己的中介。这第四个主题标志着读者的主体性的出现。它扩展了一切话语的根本特征，因而话语才被说给某人。但是和对话相对照，这种面对面并不是在话语的境遇中 *143*
被给予的；如果我可以这样说的话，它是由作品本身创造或设定的。作品开启它的读者，并因此创造了它直接面对面的主体。

人们可以说，这个问题在传统的诠释学中是众所周知的：这就是文本的**占有**（appropriation，*Aneigung*）问题，文本对读者的当前境遇的**应用**（application，*Anwendung*）。的确，我也可以这样来理解它，但是我想强调的是，在前面讲过的那几点之后再引入这个主题，它发生什么变化。

首先，占有和**书写**的间距化特征辩证地联系在一起。间距化不是被占有消灭，而是它的补足物。由于书写所造成的间距化，占有和作者的意图不再有任何感情上的亲和力。占有完全是同时性（contemporaneousness）和同构型（congeniality）的反对物：它是在距离之中并且通过距离的理解。

其次，占有和**作品**的客观化特征辩证地联系在一起。占有是被文本的所有结构性的客观化所中介；就占有对作者没有反应而言，它对意义有反应。也许正是在这个层次上，受文本影响的中介可以得到最好的理解。和*cogito*（我思）的传统以及通过直接的直观来认识自己的主体的要求相对照，应该说，我们只有通过积淀在文化作品中的人文标记的漫长弯路才能理解我们自己。如果爱、恨、道德感以及一般说来我们称作**自我**的那些东西不是由文学带入语言并加以清楚表述的话，我们会认识它们是什么吗？所以，似乎是和主观性最相反对的，结构分析作为文本的结构（texture）而揭示出来的那种东西，就是我们在其中能够理解我们自己的**中介物**。

重要的是，占有的**对面**（*vis-à-vis*）就是伽达默尔叫作“文本的事情”和我在这里叫作“作品的世界”的东西。最后，我所占有的东西乃是被筹划的世界。被筹划的世界不是在文本之后，像一个隐藏的意图那样，而是在文本之前。就像作品展开、发现、揭示的东西那样。自此之后，理解就是**在文本面前理解我们自己**。它不是一个把我们有限的理解能力强加于文本的问题，而是一个把我们自己揭露给文
144 本并从它那里得到一个扩大自我的问题，这将是一个以最适合的方式与被筹划的世界相对应的筹划的存在。所以理解和那种主体占据中心的建构完全不同。在这方面，说**自我**是由文本的“事情”所构成，或许更正确一些。

无疑，我们必须继续前进：正如文本的世界只有就它是想象性的而言才是真实的，同样也应该说，读者的主体性只有在它被放在不确定的、未实现的、潜在的位置上而言才能实现自己。换言之，如果虚构是文本指称的基本度向，那么它也是读者主体性的基本度向。作为读者，我只有丧失自我才能发现自我。阅读把我引进到自我的想象性变化。游戏中的世界的转换也是自我的游戏化的转换。

如果情况真是这样，那么“占有”概念，就它和**陌生化**（Verfremdung）直接相反而言，它要求一种内在的批判。因为我们刚才

讲到的自我的转换，在自我和它自身的关系中包含了间距因素，所以理解既是占有（appropriation）又是非占有（disappropriation，失却）。因此，以一种马克思的或弗洛伊德的方式，对主体幻觉的批判能够并且必须合并到自我理解之中。这个结论对于诠释学来说是重要的：我们再也不能反对诠释学和意识形态批判。意识形态批判是自我理解必然要走的迂回之路，如果自我理解是由文本的事情所形成，而不是由读者的前见所形成的话。

所以，我们首先在文本、文本的结构、文本的意义和文本指称的层次上所感知的客观化和理解的辩证法，我们必须将它放在自我理解的核心位置上。在所有这些分析的层次上，间距化是理解的条件。

注释

［1］Ferdinand de Saussure，*Cours de Linguistique Générale*（Paris：Edition critique T. de Mauro，1973），pp. 30ff.，36ff.，112，227［英译本：*Course in General Linguistics*，translated by Wade Baskin（London：Fontana/Collins，1974），pp. 13ff.，17ff.，77，165］。

［2］Louis Hjelmslev，*Essais Linguistiques*（Copenhague：Cercle Linguistique de Copenhague，1959）.

［3］Emile Benveniste，*Problèmes de Linguistique Générale*（Paris：Gallimard，1966）［英译本：*Problems in General Linguistics*，translated by Mary Elizabeth Meek（Florida：University of Miami Press，1971）］。

［4］J. L. Austin，*How to Do Things with Words*（Oxford：Oxford University Press，1962）.

［5］John R. Searle，*Speech Acts*：*An Essay in the Philosophy of Language*（Cambridge：Cambridge University Press，1969）.

［6］G.-G. Granger，*Essai d'une Philosophie du Style*（Paris：A. Colin，1968），p. 6.

[7] Ibid.

[8] Ibid.，p. 11.

[9] Ibid.，p. 12.

[10] W. K. Wimsatt，*The Verbal Icon*：*Studies in the Meaning of Poetry*（Kentucky：University of Kentucky Press，1954）.

[11] G. Frege，"On Sense and Reference"，in *Translations from the Philosophical Writings of Gottlob Frege*，edited by Peter Geach and Max Black（Oxford：Basil Blackwell，1960）.

[12] 见本书《隐喻与诠释学的核心问题》。

5　什么是文本？说明和理解

这篇论文主要是为在文本问题上可能采取的两种基本态度之间的 145
争论而写的。这两种态度，在 19 世纪末的威廉·狄尔泰时期，是由“说明”（explanation）和“解释”（interpretation）[①] 这两个词来概括的。在狄尔泰看来，一方面，“说明”是指实证主义学派从自然科学中借来并应用于历史学科的可理解性模式；而另一方面，“解释”是一种理解的派生形式，狄尔泰把它看作人文科学的基本态度，只有它能够保存这些科学和自然科学的根本区别。这里我打算从当代各学派之间的冲突的角度来考察一下这种对立的命运。因为说明概念自那时以来已经被替代了，以至于它不再是来源于自然科学，而是来源于正宗的语言学模式。关于解释概念，它已经经历了深刻的转变，用狄尔泰的话的意义来说，这种转变把它和理解的心理学概念隔离开来

① 本文中所说的“解释”概念应当是指狄尔泰所用的 *Auslegung*（阐释）一词，但利科试图超出狄尔泰关于说明（*Erklärung*）与阐释（*Auslegung*）的对立，他统一使用 interpretation 一词。

了。我想要探讨的正是对这个问题的这种新见解，也许包含的矛盾更少，内容更丰富。但在展开说明和理解的新概念之前，我想在这个事实上支配着我们全部研究的基础问题上停留一会儿。这个问题是：什么是文本？

I. 什么是文本？

我们说，“文本”就是任何由书写所固定下来的话语（discourse）。按照这个定义，由书写固定就是文本的构成要素。但是书写固定了什么呢？我们说过，固定的是任何话语。这是否就是说，话语首先必须以物理的或心理的形式被宣告出来？这是否就是说，所有书写一开始至少是以潜在的形式就是讲话（speaking）？简言之，文本与讲话的关系是什么？

146 首先，我们想说，一切书写都基于某种先前的讲话。因为，如果我们像费迪南·德·索绪尔一样，把**讲话**（parole，言语）理解为**语言**（langue）在话语事件中的实现，是一个个别讲话者产生的个别发声，那么每一文本与语言的关系就好像处于讲话的位置。而且，书写作为一种构成是后于讲话的，它似乎只是以一种线性的符号将口头上已出现的一切发声固定下来。如果我们唯一地注意语音的书写，那么似乎可以证实，书写除了使讲话现象能得以保存下来的固定外，没有给它增添任何东西。因而可以认为，书写就是固定了的讲话，而铭记，不管它是印刷的还是记录的，乃是讲话的铭记，由于铭刻的长久性，这个铭记保证了讲话的持久性。

讲话相对于书写的心理学和社会学的优越性在这里不予讨论。但是人们可能要问，书写后来的出现是否对我们与我们话语陈述本身的关系产生一种彻底的改变呢？让我们回到我们的定义：文本是由书写固定了的话语。所以书写所固定了的东西乃是一种可以被说的话语，当然，它之所以被书写正是因为它不被说。书写的固定代替了讲话，出现在讲话能出现的那个位置。这就表示，只有当文本不被限制在抄录先前的讲话，而是直接以书写字母铭记话语所意指的东西时，文本才真正是文本。

这种陈述的意义和书写之间的直接关系的观念可以通过反思一下阅读在与书写关系中的作用来得到支持。书写以一种能使我们直接引入解释概念的方式求助于阅读。暂且让我们说读者代替了讲话者，正如书写代替了讲话和讲话者一样。书写—阅读关系不是说话—应答关系的一种特殊情形。它不是一种谈话关系，不是一种对话的个案。说阅读就是通过作者的作品与作者进行对话，这是不够的，因为读者对书的关系具有完全不同的性质。对话是问题和答案的交换；而在作者与读者之间没有这种交换。作者不回答读者。实际上书本把书写的行为和阅读的行为分成了两边，它们之间没有任何交流。读者缺乏写的 147
行为，而作者没有读的行为。所以文本造成了读者与作者的双重分裂。因而文本取代了那种对话关系，对话能够把一个人的声音和另一个人的听觉联系起来。

阅读取代没有出现的对话是这样的明显，以至于当我们碰巧遇到了一位作者，并且和他谈起（例如他的著作），我们就在一种在他的著作中并通过他的著作与他所有的特殊关系上，经验到一种深刻的鸿沟。有时我想说，读一本书就是把它的作者看作已经死了，是死后发表的书。因为当作者死后，与书的关系就变成彻底的，并且还似乎是完整的。作者不再回答了，只剩下阅读他的著作了。

阅读行为与对话行为之间的区别证实了我们的如下假设，即书写是一种可以与讲话相比拟并与讲话平行的实现，一种取代了讲话并似乎是切断了讲话的实现。所以我们可以说，来到书写的东西乃是作为说话意向的话语，而且书写乃是这种意向的直接标记，即从历史上和心理学上讲，书写是从讲话记号的书面抄录开始的。书写的这种解放，即让书面抄录取代了讲话，就是文本的诞生。

现在，当陈述是直接地被铭记下来而不是被读出来的时候，陈述本身会是怎样呢？我们总是在强调那个最显著的特征，即书写保存了话语，并使它成为一个为个体记忆和集体记忆可达到的档案。还可以补充说，符号的线性化允许对语言的全部连续的和不连续的特征有一种分析的、明确的翻译，因而增强了它的效能。这就是全部吗？保存和增加了的效能仍只是描述了在书写记号中对口头语言的抄录。文本从口头情境中解放出来在语言与世界之间，以及语言与各种有关的主体性（作者的主体性和读者的主体性）之间的关系上引起一场真正大变动。我们在区分阅读和对话时对这第二次大变动曾有过注意，我们还要进一步，但这一次是从我们在文本代替讲话时语言对于世界的指称关系所经历的大变动开始的。

148 指称关系或指称功能，我们做何理解呢？话语的主体在对另一个讲话者说话时，他关于某物说了某事，他讲的这个某物就是他的话语的指称物。正如众所周知的，这种指称功能是由语句所支持的，而语句是话语的基本的和最简单的单位。正是语句想说某物是真的或某东西是实在的，至少在直陈式的话语里是这样。指称功能是如此重要，以至于它实际上补偿了语言的另一个特征，即记号与事物相分离。凭借指称功能，语言把那些记号（一开始，符号功能把它们从事物中分离出来）“又反过来指回宇宙”［按照纪尧姆（Gustave Guillaume）的说法］。所以在某种程度上说，一切话语都与世界相联系。因为我们如果不说世界，那我们会说什么呢？

当文本取代了讲话，某种重要的东西出现了。在讲话时，谈话者不仅出现在另一个人面前，而且也出现在那个情境中，即话语的环境和周围的境遇中。正是在对于这种周围境遇的关系中，话语才是完全有意义的；返回到实在最终就是回到这样一种实在，这种实在可以说是在讲话者的“周围”，如果可以这样说的话，是在讲话本身实例的“周围”。而且，语言全副武装来保护这种停泊之所。指示词、时空副词、人称代词、动词时态，总而言之，一切“指示的”和“直指的”指示物都用来将话语停泊在围绕话语实例的周围实在中。所以在生动的讲话中，所说的话的理想的意义回过来又指向着“实在”的指称，指向我们所说的那个东西。在这里，这种实在的指称容易融汇到直指的指示（这里说话和姿势是相配合的）之中。意义消失在指称中，而指称又消失在显示的行为中。

这不再是文本取代讲话的那种情形。指称向着显示行为的运动被截断了，同时，对话也被文本打断了。我说被截断了而不是说被压制了；正是在这个方面，我将我自己和后面叫作绝对文本的意识形态分隔开。在我们刚刚提出的合理观点的基础上，这种意识形态以一种不稳靠的假设，通过了一条极其隐蔽的道路。正如我们将会看到的，文本不是没有指称的；阅读的任务，作为解释，将会准确地实现指称。那种延缓指称的悬而未决状态只是让文本好像是“在空中”，在世界之外或没有世界。由于这种去掉与世界的关系，每一文本都可以自由 149
地进入到和其他一切文本（它们终于取代了生动讲话所指涉的环境实在）的关系中。这种文本对文本的关系，由于我们所说的世界的消除，产生了文本或文学的准世界。

这就是当指称向着显示行为的运动被截断时而影响话语本身的大变动。语词不再在事物前面消退，书面语词成为自为的语词。

由文本的准世界所造成的环境世界的消失是这样的彻底，以至于在书写的文明中，世界本身再也不是在讲话中所显示的东西，而被归结为一种书写著作展开的“氛围”。所以我们说古希腊世界或拜占庭世界。这个世界可以被称为“想象的”，因为它被书写**重现**（represented）出来以代替讲话所**表现**（presented）的世界；但是这种想象的世界本身是一种文学的创造。

文本和它的世界之间关系的这种大变动是其他那些我们已经谈到的影响文本和作者及读者的主体性之间关系的大变动的关键。我们认为，我们知道文本的作者是谁，是因为我们从讲话者的观念那里得到了作者的观念。按照班文尼斯特的看法，讲话的主体就是在说到“我”时所指称的那个东西。当文本取代讲话时，就不再有讲话者，至少是在话语实例中讲话的那个人当下和直接自我指涉这种意义上。讲话主体对他自己的讲话的这种接近，被作者对文本的复杂关系所取代，这种关系能使我们说作者是由文本建立的，他站在书写所追溯和铭刻的意义的空间之中。文本就在作者出现的那个地方。但是作者显得和第一位读者不同吗？文本和它的作者的隔离已经是一种第一次阅读的现象，这一现象下一步将提出全部问题的系列，这些问题正是我们现在在说明（explanation）和解释（interpretation）的各种关系上将面临的。这些关系是在阅读的时间中出现的。

II. 说明还是理解？

正如我们将会看到的，我们原先在说明和解释这一对题目下所持的那两种态度在阅读行为中将会彼此发生冲突。这种二元性首先是在
150 狄尔泰的著作中遇到的。对于狄尔泰来说，这些区别构成了一种选择：在其中一个术语必然地排挤另一个术语：你或者以自然科学家的方式来“说明”（explain），你或者以历史学家的方式来“解释”（interpret）。这种排他性的选择为下面的讨论提供了一个出发点。我想说明，文本的概念，就像我们在这篇论文的第一部分里已经规定的那样，需要重新修正“说明”和“解释”这两个概念，由于这种修正，它们的相互关系的概念间矛盾就更少了。让我们直接说，讨论是精心设计的，目的就是想在说明和解释之间找到一种严格的互相补足性和相互依赖性。

在狄尔泰的著作中，最初的对立不完全就是说明和解释之间的对立，而是说明和理解之间的对立，解释乃是理解的一个特殊领域。因此我们必须从说明和理解之间的对立开始。现在，如果这种对立被排除了，那是因为在狄尔泰著作中，这两个术语是指它们分别用来区分的两个实在的领域。这两个领域就是自然科学和人文科学的领域。自然是提供给科学观察的对象领域，这个领域包括从伽利略到数学化的事业，以及从约翰·斯图亚特·密尔到归纳逻辑规则。心灵是心理个体性领域，每一个精神生命都能够把自身输送到其中。理解就是这样一种向另一个精神生命的转移。问人文科学是不是能够存在，也就是

问关于个体的科学知识是不是可能的，这种对于单一事物的理解能否本身是客观的，它是否被怀疑为普遍的有效性。狄尔泰肯定地回答，因为内在生命是在外在记号中被给予的，这些外在记号可以被知觉和理解为另一精神生命的记号。狄尔泰在那篇著名的论文《诠释学的起源》中说，理解是“一个过程，在此过程中，我们通过那些表现精神生命的并可以知觉的符号对该精神生命有所认识”[1]。这就是理解，而解释是它的一个特殊领域。在另一个精神生命的那些记号中，我们有“许多以持久的方式固定的表现物”，“由书写保存的人类的证据”，“书写下来的纪念物”。解释就是被用于这样一些表现物，这样一些证据，这样一些纪念物（书写就是这些东西的个性特征）的理解艺术。 151
理解，作为通过另一个精神生命的记号所获得的知识，它为理解—解释这对子提供了基础；由于书写赋予记号的固定和保存，后一个成分（解释）提供了客观化的程度。

虽然说明和理解之间的这种区别一开始似乎很清楚，但是一当我们自问解释的科学性条件时它又越来越模糊了。说明已经从人文科学的领域中被排除出去了，但在解释概念的核心处，冲突又重新出现了：一方面，解释所附属的那个心理学化的理解概念具有直观的、无法证实的特性；另一方面，又要求属于人文科学概念的客观性。诠释学在它的心理学化倾向和寻求解释的逻辑之间的这种分裂最终导致了对理解和解释之间关系的怀疑。解释难道就不是一种打破了那个类型的理解呢？难道通过书写固定的这个具体差异不是比一切记号共同的特征——以一种外在形式表现内在生命——更重要吗？什么是更重要的东西：诠释学包含在理解领域中或在与之相区别中？在狄尔泰之前，施莱尔马赫就证明了诠释学筹划的这种内在分裂，并且通过浪漫主义的天才和语文学的技巧之间的幸福结合克服了这种分裂。对于狄尔泰来说，认识论的要求更迫切了。几代人使他和浪漫主义学者分开了，几代人在认识论反思方面很有造诣，从而矛盾现在大明大白了。请听狄尔泰是怎样评论施莱尔马赫的：“诠释学的最终目的就是比作者自己还更好地理解作者。”关于理解的心理学就说这些。关于解释的逻辑，他说："诠释学的作用就是在理论上建立那种历史中全部确实性都建立其上的解释普遍有效性，以反对浪漫主义的念头和怀疑派的主观主义不断地闯进历史的领域。"[2]所以，诠释学只有通过把自身从理解其他事物的直接性中，让我们说，从对话价值中解脱出来，才能实现理解的目的。理解力图和作者的内在生命相一致，把它自己与作者**相等同**（sich gleichsetzen），**再造**（nachbilden）产生作品的那个创造性过程。但是，这种意向，这种创造的记号，除了施莱尔马赫称作作品的"外在的"和内在的形式，或使其成为一个有组织的整体
152 的那种"内在关系"（Zusammenhang）之外，是无处可找的。狄尔泰的最后著作（《人文科学中历史世界的建立》）进一步加剧了这种紧张。一方面，作品的客观方面在胡塞尔的《逻辑研究》的影响下加强了（对于胡塞尔来说，如我们所知，陈述的"意义"构成了一个既不在现世实在中存在，也不在精神实在中存在的"理想性"，即没有任何实在处所的纯粹意义统一体）。同样，诠释学来自在作者和我们之间起作用的那些作品中的生命的创造性能量的客观化；这就是精神生命自身，它的创造动力，它需要以"意义"、"价值"或"目标"为中介。如果记忆本身遵循着意义（它们本身并不是精神现象）之流这一点是真的话，那么科学的要求就推进到一种更大的解释的、理解本身的、或许内省的去心理学化（depsychologisation）。生命的外化包含着对自我和他人的解释的一种更间接和中介性的刻画。但是解释所追求的，正是一个以心理学的术语提出的自我和另一个自我，解释的目的总是指向活生生的经验（lived experiences）的**再生产**（Nachbildung）。

狄尔泰后来证明了的这种无法忍受的紧张关系，引导我们提出两个指导着下面的讨论的问题：我们难道不要彻底抛弃解释对于理解的一切指称关系，并且停止使对书面纪念物的解释成为理解内在精神生命的外在记号的一种特殊情形吗？但是，如果解释不再在理解其他事物中寻找其可理解的标准的话，它对于说明（我们目前还把说明放在一边）的关系现在就不需要重新考虑吗？

III. 文本与结构说明

还是让我们再从对于文本的分析和我们已经承认的文本对于讲话的自主地位开始吧！我们用文本的准-世界来称呼周围世界所丧失的东西产生了两种可能性。作为读者，一方面，我们仍然能够怀疑文本，把它看作没有世界和没有作者的对象，在这种情况下，我们是根据它的内在关系、它的结构来说明文本。另一方面，我们也能够解除这种怀疑，在讲话中实现文本，恢复它的生动联系，在这种情况下，我们解释了文本。这两种可能性都属于阅读，而阅读乃是这两种态度的辩证法。

在探讨它们的关联之前，让我们分别地来考虑它们。我们可以从 153
事第一种类型的阅读，它在形式上似乎记录了文本割断了它对于那个能够被指出的世界和那个能够谈话的主体的全部联系。这种向“某位置”——一个不是地方的位置——的转移，构成了一个关于文本的特殊筹划，即延长对于世界和讲话主体的指称关系怀疑的筹划。由于这个特殊筹划，读者决定把他自己放在“文本的位置”上和这个位置的“围墙”内。按照这个选择，文本没有外部而只有内部；它没有超越的目的，它不像那种对某人关于某物说某事的讲话。

这个筹划不仅是可能的，而且也是合法的。因为作为文本的文本构成和作为文献的文本总体的构成，证明了话语向着世界和向着某人的双重超越被阻止了。所以就产生了一个关于文本的说明态度的可能性问题。

与狄尔泰思想相对照，这种说明态度并不是从知识领域和认识论模式那里借来的，而是来源于语言自身的领域。它不是后来扩展到人文科学的自然主义模式。自然—心灵的对立在这里完全没有作用，如果有某种借用形式的话，那么它是在同一个领域，即符号领域中出现的。因为我们可以按照语言学成功地用于简单的符号系统——这些符号构成了与**言语**（parole）相对立的**语言**（langue）——的那些说明性规则来处理文本。众所周知，语言—讲话的区别是根本的区别，这种区别给语言学一个类似的对象；讲话属于生理学、心理学和社会学，而语言，作为讲话由之而进行的游戏规则，只属于语言学。大家同样知道，语言学只考虑那种缺乏合适意义的单元的系统，它们中的每一个只是根据它和其他全部单元的区别来定义。这些单元，不管它们是否像语音学关联的单元那样具有特色或像词源学关联的单元那样富有意义，它们都是对立的单元。这些对立面的相互作用和它们在一系列不关联的单元中的结合，就是在语言学中定义结构概念的东西。这种结构模式提供了我们现在将看到被用于文本的那种类型的说明态度。

甚至在从事这一探究之前，有人就可能反对说，那些只对不同于
154 讲话的语言才有效的规律不可能被应用于文本。虽然文本不是讲话，但是在对于语言的关系上，它不是似乎和讲话站在同一边吗？话语，作为一系列陈述，最终是一系列句子，难道不是和语言完全对立的吗？和语言—话语的区别相比较，讲话—书写的区别不是次要的吗？以至于讲话和书写总是发生在话语这一边吗？这些说法完全合法，它们证明了我们认为说明的结构模式并没有完全穷尽在文本方面可以采用的可能态度的领域。但是在详细解释这种说明模式的范围之前，我们必须掌握它的有效性。对文本的任何结构分析所做的作业假说是这样的：尽管书写在对于语言的关系上是和讲话站在同一边的，即在话语这一边，但是书写对于讲话的关系的特异性则是建立在这样一些结构特征上，而这些特征在话语中可以看作语言的类似物。这一作业假说完全是合法的，它几乎等于说，在某些条件下，**语言**（langage）的较大单位，即比句子更高一级的单位，表现出可以与语言的较小单位——那些比句子低一级但同时又属于语言学领域的单位——相比拟的组织。

克劳德·列维-斯特劳斯在他的《结构人类学》中对文本的一个范畴，即神话范畴表述了这样一个作业假说：

> 像每一种语言学实体一样，神话是由构成单元组成的。这些单位包含那些通常进入语言结构中的东西的在场，即音素（phonemes）、词素（morphemes）和义素（semantemes）。神话的各种构成单元对于义素的关系，正如义素对于词素的关系，词素反过来对于音素的关系一样。每一种形式不同于先于它的形式，因为它有更高程度的复杂性。因为这一理由，我们将把那些真正属于神话的元素（它们是最复杂的）叫作：大构成单元。[3]

根据这个作业假说，大单元是最小型号的句子，它们放在一起构成神话特有的叙事次序，大单位可以按照用于语言学所熟悉的较小单元的同样的规则来处理。为了说明这种类似，列维-斯特劳斯以我们说音素、词素和义素的同样方式讲到“神话素”（mythemes）。但是，为了停留在神话素和低层次的语言学单元之间模拟的范围内，对文本的分析将必须进行到像音韵学家所进行的那样一种抽象。因为对于音韵学家来说，音素不是具体的单音，它被绝对地了解为发音洪亮的实体，它的功能是通过交换方法来定义的，它的对立价值是由与所有其 155
他音素的关系来决定的。正如索绪尔所说的，在这个意义上，它不是“实体”，而是“形式”，是一种关系的相互作用。同样，神话素也不是神话的句子的一种，而是一种由几个特殊句子所共有的对立价值，用列维-斯特劳斯的语言来说，构成了“一束关系”。“只有在这样一束关系的结合形式中，构成单元才获得一种指意功能。”[4]这里所说的“指意功能”完全不是神话所意指的东西，即它的哲学的或生存论的含义，而是神话素的安排、陈列，简言之，神话的结构。

我想简要地回忆一下列维-斯特劳斯按照这种方法对俄狄浦斯神话所做的分析。他把神话的句子分成四栏，在第一栏中，他列出了全部叙述估价高或过分看重血缘关系的句子（例如，俄狄浦斯和伊俄卡斯达即他的母亲结婚；安提戈涅不顾禁令埋葬了波吕尼克斯即她的哥哥）。在第二栏中，我们看到了同样的关系，但被相反的记号限制了，估价低或过分轻视了的血缘关系（俄狄浦斯杀了他的父亲拉伊俄斯，厄忒俄克勒斯杀了她的哥哥波吕尼克斯）。第三栏是关于怪物和它们的破坏；第四栏收集了所有那些专名，其意义是指走直路有困难（跛的、不灵活的、胀起的脚）。比较这四栏就揭示了一种相互关系。在第一栏和第二栏之间，我们有一种估价高、反过来又估价低的血缘关系；在第三栏和第四栏之间，我们对人的原本性有一种肯定，然后又有一种否定。"结论是，第四栏和第三栏相关，就像第一栏和第二栏相关一样……对血缘关系估价高是和估价低相对的，就像想逃脱原本性是和成功的不可能性相对一样。"所以神话是作为一种逻辑工具出现的，它为了克服矛盾就把矛盾集中到一起了："联结各组关系的不可能性被这个论断——两种矛盾的关系，就它们每一个都是自相矛盾的而言，它们是同一的——所克服，或者更准确地说，所取代。"[5]我们马上将回到这个结论，在这里让我们把自己限制在陈述它的范围内。

我们确实能够说，据此我们已经说明了（explained）神话，但并不能说我们已经解释了（interpreted）神话。通过结构分析，我们已经阐明了把关系群内在联系起来的操作逻辑，这种逻辑构成了"有
156 关神话的结构规律"[6]。我们将不得不注意到，这个规律，卓越地说——在那种神话的力量得以在某种特殊境遇中将会重新恢复的重述的意义上——就是阅读的对象，而根本不是讲话的对象。在这里文本只是文本，阅读照样只是作为阅读寄存于文本中，而对我们来说，文本的意义以及其在当下的讲话中的任何实现，始终是存疑不定的。

我刚刚是从神话领域举了一个例子，我可以再从一个相似的领域即民俗学领域举另一个例子。这个领域已经由俄国的普洛普（Propp）学派的形式主义者和法国的叙事结构分析专家罗兰·巴特（Roland Barthes）和 A. J. 格雷马斯考察过。在这些作者的著作中，我们看到与列维-斯特劳斯所用的相同假设：句子以上的单元和句子以下的单元有同样的构成；叙事的意义在于根据整体对次级单元的整合力量，由元素的安排所决定；反之，元素的意义则是它进入和其他元素的关系以及和作品整体的关系中的能力。这些假设合在一起就规定了叙事的范围。结构分析的任务将是实现作品的分割（视界方面），然后是建立起把部分整合到整体的各种层次（层系方面）。所以分析

家所孤立的行为单元将不是能够被经验的心理单元，它们也不是能够包括在行为主义心理学中的行为单元。这些关联的端点只是叙事的转换点，以至于一个元素的改变则所有其他元素就不同。这里我们承认从语音学的层次过渡到叙事单位的层次中方法的转变。所以行为逻辑在于一系列相互联系的行为点，它们一起构成了叙事的结构连续性。这种技术上的应用以对叙事做“非编年史式的排列”而结束，在某种程度上它说明了那种暗含着叙事时间的逻辑。最终，叙事可以被归结为少数可能是行为范型的戏剧性单位（保证、背叛、阻碍、支持等）的**结合**（combinatoire）。所以一个关联就是一串行为结节，其中每一个都封闭了由前一个所打开的选择。正像基本的单元联系在一起一样，这些行为结节也适合更大的单位。例如，会晤是由像走近、呼唤、问候等基本行为组成的。说明一个叙事就是要抓住这种纠缠物，掌握交织在一起的行为的这种流动着的结构。

与行为的这些连接相对应的是叙事的“行为者”之间具有的相似 157
本性的关系。据此我们了解到并不是所有作为心理学主体的角色都赋予它们自身存在的性质，而只是那些和形式化行为相关联的角色才能有它们的存在。行为者完全由行为的谓词来定义，由句子和叙事的语义联结来定义：行为者就是那个行为由他、对着他、伴随他……而发生的人；正是他许诺、接受许诺，他是给予者、接受者，等等。所以结构分析说明和**行为**的系属等级体系相关的**行为者**的系属等级体系。

叙事仍然是作为整体被集中在一起，然后又返回叙事的交往。那么叙事就是叙事者对听众所说的话语。然而，对于结构分析家来说，在文本中必须能找到两个谈话者。叙事者是由叙事的记号（它们属于叙事的构成物）标示的。在行为、行为者和叙事这三个层次之外，再也没有别的东西能够落入符号学科学的范围。只有叙事使用者的世界才能最终由其他符号学学科（那些分析的、社会的、经济的和意识形态体系的学科）来处理，但是这些学科在本性上再也不是语言学的了。语言学模式向叙事理论的这种转变完全证实了我们先前的论断：今天，说明不再是一个从自然科学中借用来而转到书写物这个异化物的领域的概念，相反，它通过从小的语言单元（音素、词素）向比句子更大的单元如故事、民间传说和神话的类似转变，起源于语言的领域。从今往后，解释——如果把意义给予这个概念仍有可能——将不再遇到一个人文科学以外的模式，相反，它将遇到一个可理解的模式，这种可理解性属于（从一开始就这样说）人文科学的领域，确实属于这个领域中的一门领导科学，即语言学。所以正是在同一个领域，在同一的**语言**（langage）范围内，说明和解释展开了争论。

IV. 走向一个新的解释概念

现在让我们考虑关于文本所能采用的其他态度，这就是我们已经把它叫作解释的态度。我们可以通过首先把它和先前那种态度对立起来的方法，以一种仍然接受狄尔泰的方式来引入这种态度。但是，我
158 们将看到，说明和解释之间将必然逐渐进到一种更相互依赖和相互补充的关系。

让我们再一次从阅读开始。我们说，有两种阅读方式被提供给我们。通过阅读我们能够延伸和增强那种影响文本对周围世界和对讲话主体的听众的指称的怀疑：这就是说明的态度。但是我们也能够消除这种怀疑并在当下的讲话中实现文本。正是这第二种态度才是阅读的真正目的。因为这种态度揭示了这种阻止文本向意义运动的怀疑的真实本性。如果作为书写的文本并不十分明显地等待和期待阅读的话，那么其他的态度甚至就不可能。如果阅读是可能的，那么确实是因为文本不局限在它自身之中，而是向其他事物开放。按照任何假设，阅读就是把一个新的话语和文本的话语结合在一起。话语的这种结合，在文本的构成上，揭示了一种原始的更新能力，这种更新能力乃是文本的开放特征。解释就是结合和更新的具体结果。

在第一个例子中，将引导我们表述一种与说明概念相对立的解释

概念。但这还不能把我们和狄尔泰的立场恰当地分开，除非这个相对立的说明概念已经获得一种从语言学和符号学得来的，而不是从自然科学那里借来的力量。

按照这第一种意义，解释保留了施莱尔马赫、狄尔泰和布尔特曼所承认的占有（appropriation）特征。事实上，这种意义将不被抛弃；它将只由说明来中介，而不是以一种直接的，甚至是朴素的方式和说明相对立。所谓“占有”，我理解是这样：文本的解释在主体的自我解释中达到了巅峰，自那时起，这一主体对他自己的理解更好、更为不同，或只是在开始理解他自己。文本的理解在自我理解中达到高峰，这乃是那种反思哲学——在许多场合我称之为“具体反思”——的特征。这里诠释学和反思哲学是相互联系和相互依赖的。一方面，自我理解经历了理解文化记号（在此记号中自我记录了并形成了它自己）的曲折之路。另一方面，理解文本不是以它自身为目的，它中介了某个主体与他自己的关系，而这个主体在简短的直接反 159
思的思路中本来并没有发现他自己生命的意义。所以，我们应当以同样的力量说，反思不是一个没有记号和作品的媒介的东西，说明如果不表现为自我理解过程中的中介阶段，那说明也就不存在。简言之，在诠释学反思中——或反思诠释学中——**自我**的构成和**意义**的构成乃是同时的。

“占有”一词强调了另外两个特征。全部诠释学的目的之一就是同文化间距做斗争。这种斗争可以以纯粹的时间术语理解为同世俗的疏远做斗争，或者以更地道的诠释学术语理解为同意义本身的疏远做斗争，这就是说，同文本建立其上的价值体系的疏远做斗争。在这个意义上，解释是“集合”“同化”“使同时和相似”，这样真正使原本是**陌生的**东西成为某人**自身的**东西。

首先，把解释刻画为占有，这意味着强调解释的“当下”特征。阅读就像读乐谱，它标志着文本的语义可能性的实现、再规定。最后这个特征最重要，因为它是其他两个特征（就是说，克服文化间距以及文本解释和自我解释的融合）的条件。确实，实现的特征揭示了阅读的一个决定性方面，即它在一种和讲话度向相似的度向中实现了文本的话语。这里从讲话概念保留下来的东西不是它被说出这一事实，而是它是一个事件这一事实，即一个话语实例，有如班文尼斯特所说。文本的句子意指这里和现在。但“现实化的”文本找到了环境和听众，它重新开始了向着一个世界和主体的指称运动——这运动曾被阻止和停止。这个世界就是读者的世界，这个主体就是读者自身。在解释中，我们将说，阅读变成了像讲话一样。我之所以不说“变成讲话”，是因为阅读和口头交流、对话绝不是对等物。但是，阅读是在一个和作为讲话的文本相关（就像和话语相关，即作为事件和话语实例）的具体行为中达到了极点。原先，文本只有一种**含义**（sense），即内在关系和结构；现在它有了**意义**（meaning），即在阅读主体的话语中的实现。根据它的**含义**（sense），文本只有符号学的度向，而根据它的意义（meaning），文本现在有了语义学的度向。

让我们在这里稍停一下。我们的讨论已经到达了一个关键点，在这里**解释**被理解为占有，在结构分析的意义上它仍然是外在于**说明**的。我们继续把它们对立起来，好像它们是两种我们必须在它们之间
160 进行选择的态度。现在我想超越这种相互反对的对立并做出一种能使结构分析和诠释学相互补充的表述。因为重要的事情就是表明，在我们已经并列的这两种态度中，每一种如何根据它自己的特征返回指称另一种。

我们再来考虑我们从神话和叙事的理论中借用来的结构分析的例子。我们试图坚持含义（sense）这一概念，它是和文本要素的排列，与在作为自我封闭的整体来处理的叙事内的行为片段和行为者的整合是严格对等的。事实上没有人如此真正地停止在这一意义概念上。例如，列维-斯特劳斯叫作“神话素”的那个东西——在他眼里，是神话的构成单位——是在一个有特定意义的句子中如“俄狄浦斯杀了他的父亲”“俄狄浦斯娶了他的母亲”等中表达的。我们能够说结构说明使句子的特定意义中性化，只是在神话中保留了它们的位置吗？但是，列维-斯特劳斯把神话素所归结于的那一束关系，仍然属于句子

的序列，并且在这种非常抽象的层次上所确立的这种对立的相互作用同样也属于句子的序列和意义的序列。如果某人讲到“估价高的血缘关系”或“估价低的血缘关系”，说到人的“原本性”和“非原本性”，那么这些关系仍然以句子的形式写出来：血缘关系是一切关系中最高的关系，或血缘关系并不与社会关系一般高，例如禁止乱伦等等。最后，按照列维-斯特劳斯的观点，神话想要解决的矛盾，本身就是用有意义的关系来陈述的。列维-斯特劳斯承认这一点，尽管他自己写道：“如果我们承认，神话的思维起源于某种对立的意识，并倾向于它们的不断发展的中介，那么这些选择的理由就变得清楚了。”[7]他还写道：“神话就是一种力图产生出在生命和死亡之间进行中介的逻辑工具。”[8]在神话的背后有一个问题是相当重要的，即关于生与死的问题。“我们是从一生的还是从二生的？”甚至以它的形式化的表述：“同一是生于同一，还是生于其他”？这问题表达了我们对起源的焦虑：人是从何处来？他是从地球上诞生的，还是从他父母那里诞生的？如果没有关于人的起源与归宿的重要问题和有意义的命题，那么就没有任何矛盾，也没有解决矛盾的任何企图。结构分析力图把它放在括号中的正是神话作为一种起源的叙事这一功能。但是，这种
分析并没有成功地逃避这种功能：它只是延缓了这种功能。神话不是 161
任何命题（无论它是什么，但都包含了表明有限境遇、起源与归宿、死亡、痛苦、性欲等命题）之间的逻辑算子。

结构分析非但没有解决这个彻底的疑问，而且在更彻底的层次上重建了这个疑问。为了揭示深层语义学（如果我可以这样说的话，它是神话的活的语义学），结构分析的功能将不是被指责为叙述的神话的表层语义学吗？如果这不是结构分析的功能，那么照我的看法，它将会被归结为一种无聊的游戏，一种元素的可笑的结合，神话就会被剥夺列维-斯特劳斯自己在断言神话思维起源于某种对立意识并走向它们不断发展的中介时所承认的那种功能。这种认识就是对人类存在困境（*aporias*）的意识，神话思维就是积淀在其周围。消除这种有意义的意向，就是把神话理论归结为人类的无意义话语的死亡讣告。

如果相反，我们承认结构分析是朴素的解释和批判的解释之间，表层解释和深层解释之间的一个阶段，并且是一个必然的阶段，那么我们就似乎可以把说明和解释沿着一个独特的**“诠释学之弧”**（hermeneutical arc）排在一起，并且在一个全面的、作为意义发现的阅读概念中将说明和理解这两种对立态度加以综合。

如果我们现在转向原始矛盾的第二项，我们将在说明和解释之间的这种和解的方向上又迈出了一步。到目前为止，我们已经讨论了一个解释概念，不过它仍然很主观。我们说，解释就是**这里与现在**占有文本的意向。在这样说时，我们仍然处在狄尔泰的理解概念的包围之中。现在，我们刚才关于文本的结构分析所提示的深层语义学所说的东西引诱我们说，文本所意向的意义，从本质上讲并不是作者所设定的意向、作者经历过的经验，而是文本对于那些听从它命令的人所意味的东西。文本力图把我们放在它的意义中，这就是说——按照 *sens* 这词的另一接受的意义——在同一个方向上。所以，如果意向是文本的意向，并且这个意向是向着思维开启的，那么深层语义学就必须以
162 一种基本的动力学方式来理解。因此我将说，说明就是导出（bring out）结构，也就是说，导出构成文本静力学的内在依赖性关系；而解释就是沿着文本为我们开启的思维之路，把我们自己置身于朝着文本的方向的路上。这个说法引导我们纠正我们原先的解释概念，并且寻找——超出作为一个对文本行为的主观解释过程——一个将是文本行为的客观解释过程。

我将从我最近所做的研究（对《圣经·创世记》1-2，4a 中关于创世的祭司故事的注释 9）中借用一个例子[9]。这个注释揭示了两个叙事在文本内部的相互作用：一个是“行为的报告”（*Tatbericht*），其中创世被表现为行为的叙述（“上帝创造了……”）；一个是“语词的报告”（*Wortbericht*），这就是讲话的叙述（“上帝说，然后有……”）。第一个叙事可以说起了一个传说的作用，而第二个叙事起了一个解释的作用。这里有趣的是，解释，在是一种注释者行为之前，就是文本的行为。传说与解释之间的关系乃是一种内在于文本的

关系，对注释者来说，解释就是把他自己放在由文本自身所支持的那种解释关系所指出的意义中。

这个客观的、似乎是内在于文本的解释概念，绝非寻常的。的确，它有着和主观解释概念斗争的漫长历史，这种主观解释是（可以回忆）和那种通过他人关于其自觉生命所给予的符号来理解他人的问题相联系。我愿意将这个新的解释概念和亚里士多德在以《解释篇》为题的论文中所指出的解释概念联系起来。亚里士多德的解释（*hermenetia*），与先知和预言者的解释技巧相对照，乃是语言对事物的行动。在亚里士多德看来，解释不是一个人用第二种语言对第一种语言所做的事，而是第一种语言已经做的事，通过记号的中介所做的我们与事物的关系。因此，按照波埃修（Boethius）的注释，解释就是：通过它自身指示其他东西（或者是复杂的，或者是不复杂的）的指示性语音的工作（*the work of the vox significativa per se ipsam aliquid significana，sive complexa，sive incomplexa*）。所以它是名词、动词、一般话语，它是在意指过程中进行解释。

确实，在亚里士多德的含义中，解释并不完全是为理解同一个文本中几层意义之间动力学关系准备道路。因为它是以讲话理论为前提，而不是以文本理论为条件。“由嗓子发出的声音是灵魂状态的符号，而写下的语词则是讲话中发音语词的符号。”（《解释篇》第一段）
所以解释和讲话的语义度向相混淆：解释就是话语本身，它是任何话 163
语。不过，我从亚里士多德那里保留了这样一个观念，即解释是在成为语言**的**解释之前**通过**语言的解释。

我想在查尔斯·桑德尔·皮尔士的著作中寻找这样一种解释概念，它与在文本内部把解释和传说联系在一起的注释所需要的解释概念更接近。按照皮尔士的观点，“记号”和“对象”之间的关系是这样的，以至于在“意解”（interpretant）和“记号”（sign）之间的另一种关系可以被嫁接在第一种关系上。对我们来说重要之事是，在意解和记号之间的这种关系是一种开放的关系，因为总有另一种意解能够中介第一种关系。G.-G. 葛兰格尔在其《论一种风格哲学》这篇论文中对这一点解释得很好：

> 记号在心灵中唤起的意解不可能是一种纯粹的、简单的演绎（这种演绎将从记号中抽取某种已经存在于其中的东西）的结果。……意解就是一种注释，一种定义，一种在记号对于对象的关系中对记号所做的说明。意解本身就是一种符号表达式。记号—意解的联系（通过任何心理过程所实现的）只是通过讲话者与听话者之间（多少不太完善）的经验共同体才成为可能。……它总是一种绝不能完全归结为观念，或记号的对象（像我们所说过的一样，那是它的结构）的经验。由之产生了皮尔士的意解序列的不确定的特征。[10]

当然，我们在将皮尔士的意解概念应用到对文本的解释时，应该特别小心。他的意解是一种记号的意解，然而我们的意解则是一种陈述的意解。但是，我们对意解的运用，从小单位过渡到大单位，却是和结构主义将句子以下层次的单元转移到句子以上或与句子同等层次的单元的组织规律恰好相似。在结构主义那里，正是语言的语音学结构充当更高一级关联的结构的符号模式，而在我们这里，则是词素单元的特征转移到陈述和文本的水平上。所以，如果我们完全意识到了转移的这种类似特征，那么我们就可以说，这种被嫁接到记号对于对象的关系上的开放的意解系列，阐明了对象—记号—意解之间的三角关系，而后一种关系又能充当在文本层次上构成的另一个三角模式。
164 在这个新的三角形中，对象就是文本自身，记号就是由结构分析揭示出来的深层语义学，而意解的系列则是由解释共同体所产生的诸解释的链条并且被合并到文本的动力学中，就像意义对自身的作用一样。在这个链条中，开头的那些意解对最后的那些意解起了传说的作用，而最后的意解就是真正意义上的解释。

因为受到亚里士多德的解释概念，特别是皮尔士的解释概念的影响，我们能够尽可能地使我们的解释概念“去心理学化”，并将它和在文本中起作用的过程联系起来。从今以后，对于注释者来说，解释就是把自己置身于由那种被文本支持的解释关系所指出的含义

(sense) 之中。

总而言之，作为占有的解释观念不是被根除了，它只是被推延到过程的终点。它位于我们在上面叫作“诠释学之弧”的端点。它是在以往经验的基地上建立的这座桥梁的最终的支撑物，这个弧形的固定物。但是，全部诠释学理论就在于借助于文本对它自己发生作用的那种意解的系列，来中介这种解释—占有。占有，就它是发现那个在劳动中，在文本内起作用的东西而言，将失去它的任意性。解释者所说的那些东西，乃是使文本所说的东西复活的重述。

在我们研究的最后，阅读似乎是文本的命运在其中得以实现的具体行动。正是在阅读的核心处，说明和解释不确定地对立着与和解着。

注释

[1] W. Dilthey, “Origine et Dévelopment de l'Herméneutique” (1900), in *Le Monde de l'Esprit* I (Paris: Aubier, 1947), p. 320 [英译本: “The Development of Hermeneutics”, in *Selected Writings*, edited and translated by H. P. Rickman (Cambridge: Cambridge University Press, 1976), p. 248]。†

[2] Ibid., p. 333 [pp. 259-60]. †

[3] Claude Lévi-Strauss, *Anthropologie Structurale* (Paris: Plon, 1958), p. 233 [英译本: *Structural Anthropology*, translated by Claire Jacobson and Brooke Grundfest Schoepf (Harmondsworth: Penguin Books, 1968), pp. 210-11]。†

[4] Ibid., p. 234 [p. 211]. †

[5] Ibid., p. 239 [p. 216]. †

[6] Ibid., p. 241 [p. 217]. †

[7] Ibid., p. 248 [p. 224]. †

[8] Ibid., p. 243 [p. 220]. †

[9] See Paul Ricoeur, “Sur l'exégèse de Genèse 1, 1-2, 4a”,

in Roland Barthes et al., *Exégèse et Hermeneutique* (Paris: Seuil, 1971), pp. 67–84.

[10] G.-G. Granger, *Essai d'une Philosophie du Style* (Paris: A. Colin, 1968) p. 115.

6 隐喻与诠释学的核心问题

这里我们将假定，诠释学的核心问题是解释问题。但这里解释 165
(interpretation) 不是指这个词的任何意义上说的，而是指由下面两种方式所规定的解释：第一种方式关涉到解释的应用范围，第二种方式关涉到解释的认识论特征。关于第一点，我将说，我们之所以有解释问题，是因为存在着文本，书写下来的文本，而这种文本的自主性产生特殊的难题。关于"自主性"，我理解为文本相对于作者的意图、作品的境遇和原始读者的独立性。在口头话语中，相关的问题是被我们称为对话或会话的那种交换或交流所解决了的。但就书写下来的文本而言，话语则必须自身讲话。因此让我们说，我们之所以有解释问题，是因为书写—阅读关系不是我们在对话境遇中所经验到的说—听关系的特殊情况。这就是解释在其应用范围内的最一般的特征。

关于第二点，解释概念在认识论层次似乎与说明 (explanation) 概念相对立。这两个概念放在一起，就构成了自施莱尔马赫和狄尔泰时期以来就引起许多争论的一对对立概念。按照狄尔泰所属的传统，解释具有某种主观性的内涵 (connotation)，如在理解过程中读者的意蕴 (implication)，以及文本解释与自我解释之间的相关性。这种相关性是以诠释学循环这个名称被认识的；它包含了与那种被认为是事物科学说明特征的客观性和无意蕴性的尖锐对立。下面我将阐明在什么范围内我们可以对解释与说明之间的对立加以修正，并在一种新的基础上进行重构。不管今后讨论的结果如何，这种对解释概念的概
166 要描述足以为诠释学的核心问题做一暂时规定：书面文本对口头话语的地位，解释对说明的地位。

现在来看隐喻！本文的目的就是想把在诠释学中由文本解释提出的问题与在修辞学、语义学、风格学或无论哪种有关的学科中由隐喻提出的问题联系起来。

I. 作为话语的文本与隐喻

我们首要的任务将是为文本理论和隐喻理论寻找一个共同的基础。这个共同的基础已经得到一个名称——话语；然而还应给它一定的地位。

有一点值得注意：我们正在考察的这两种理论具有不同的长度范围。在这方面，它们可以和作为话语的基本单位的语句相比较。毫无疑义，文本可以简化为单一的语句，如在谚语或格言中那样；但是文本可以具有一个极大的长度，它能从一节扩张到一章、一本书、作者的一套“选集”乃至一套“全集”。让我们用“作品”这个词来描述能被看作一个文本的一套紧密联系的话语。当文本可以根据它们的最大长度来识别时，隐喻却能根据它们的最小长度即语词长度来识别。即使我们这个讨论的其他方面力图表明在缺乏某种语境时不存在隐喻（就隐喻角度看语词的意义而言），因此即使我们被迫以隐喻陈述概念（它至少包含语句的长度）来代替隐喻概念，然而“隐喻线”（metaphorical twist，有如门罗·比尔兹利所说的）仍是某种与语词相关联的东西。意义的改变（这需要借助语境的全面介入）影响了语词。我们可以把语词描述为有一种“隐喻的用法”（metaphorical use）或一

种“无文字的意义”(non-literal meaning);语词总是特殊语境赋予它“突发意义”(emergent meaning)的载体。在这意义上,亚里士多德关于隐喻是一种特殊名称(或语词)的转换的定义,从一种强调那种产生语词中意义转换的语境行为的理论来看,就不是无效的。语词仍然是意义转换的“中心”,即使这个中心需要语句的“框架”,用马克斯·布莱克的术语说。

首先,以长度对文本与隐喻,或更确切地说,**作品**与**语词**之间差别做一正式评论,将有助于我们以更准确的方式详尽说明我们一开始的问题:在什么范围内,我们能把隐喻处理为**小型的作品**?对此问题 *167*
的回答将有助于我们提出第二个问题:在什么范围内,我们能把文本解释所提出的诠释学问题认为是所与文本里个别隐喻解释中所浓缩的问题的大规模扩展呢?

隐喻是一部小型的作品吗?一部作品,如一首诗,能被认为是一种强化或扩大的隐喻吗?如果说文本与隐喻,即作品与语词确实是属于同一的话语范畴,那么对这第一个问题的回答就需要先阐明话语的一般性质。我不打算详尽阐明话语概念,我的分析只限于为文本与隐喻之间比较所必需的特征上。值得注意的是,所有这些特征都是以悖论的形式,即明显矛盾的形式表现出来的。

第一,全部话语是作为一个事件产生的;这样,它是作为被理解为代码或系统的语言的配对物。**作为**事件的话语具有一种转瞬即逝的存在:它出现又消失。但同时——这里有着悖论——话语可以作为同一的东西被识别和再识别。这种“同一的东西”就是我们在广义上说的它的意义(meaning)的东西。我们应当说,所有话语都是作为事件被实现,但又被理解为意义。不久我们将会看到,隐喻在什么意义上集中了事件和意义这双重特征。

第二对对立关系的特征是起源于这样一个事实,即意义(meaning)是由一个特殊结构,即命题结构来支持的,这结构包含单个识别(这人,这桌子,杜邦先生,巴黎)与一般谓词(作为阶级的人性,作为性质的明亮,作为关系的等同,作为行为的奔跑)这两极之间的内在对立。我们也将看到，隐喻是依赖于把特征“归属”于语句的“首要主语”这一特征。

第三对对立关系特征是话语首先在语句形式里包含的在含义（sense）与指称（reference）之间存在的两极性。这就是说，话语包含整个语句和作为其成分的语词所说的**什么**这一方面与**关于什么**事被说这另一方面之间区别的可能性。讲话就是关于某物说某事。这种两极性在本文第二、第三部分将起决定性作用，在这两部分里我将试图把说明问题与话语的含义（sense）度向或内在模式联系起来，而把解释问题与“指称”度向联系起来，指称度向被理解为话语把自身应
168 用于语言之外的实在（话语是关于这个实在而说它说什么）的力量。

第四，话语作为一种行为，我们可以从命题行为（它把某种特征述说给某个主体）的“内容”的观点来看，或者可以从奥斯汀称作话语的履行“力”（他的术语 *speech-act*，言语行为）的观点来看。主体所说的是一回事，而我**在**说时所“做”的又是另一回事：我能做一种单纯的描述，或下一道命令，或表达一种愿望，或给出一种警告，等等。这就是在以言表意行为（说的行为）与以言行事行为（**在**说时我所做的行为）之间的两极性。这一种两极性似乎没有前一种两极性那么有用，至少在隐喻陈述的结构层次上可以这样说。然而，当我们把隐喻置回到具体的背景中，如在一首诗、一篇论文、一部小说里，这种两极性将起一种决定性作用。

在深入探讨作为说明与解释之间对立的基础的含义和指称的二分法之前，让我们引入在诠释学理论里起了决定性作用的最后一种两极性。话语不仅有一种指称，而是有两种：它与一种语言之外的实在相关，与这个世界或某个世界相关；它又同样借助于只是在语句中因而在话语中起作用的特殊程序——人称代词、动词时态、指示代词等来指涉它自己的讲话者。这样，语言既指称实在，又自我指称。正是同一实体——语句——支撑这两个指称：意向的和反思的，它指向事物，又指向自我。事实上，我们说了三重指称，因为话语除指称它自己的讲话者外，还同样指称它对之讲话的人。正如班文尼斯特所说

的，人称代词的结构同样指涉了三重指称："它"指涉了事物的指称，"你"指涉了话语对之讲话的人，以及"我"指涉了讲话的人。正如我们以后将看到的，指称的这二种乃至三种指向之间的联系，将为我们提供了研究诠释学循环的关键，并为我们重新解释这种循环提供了基础。

我将把话语的基本两极性用下面这种浓缩的形式列举出来：事件与意义（meaning），单个识别与一般谓项，命题行为与以言行事行为，含义与指称，指称实在与指称谈话者。现在，我们可以在什么意义上说，文本和隐喻都依据于我们刚才称作话语的这种实体呢？ *169*

要证明所有文本都是话语，这是容易的，因为文本起源于话语的最小单位，即语句。一个文本至少是一语句系列。我们将看到，要成为一个作品，还必须有更多的东西；它至少是一套语句，从而是一个话语。隐喻与话语之间的联系需要有一种特殊的证明，这正是因为隐喻是作用于名称或语词的转换这一定义，似乎把隐喻放在一种比语句更小的实体范畴之中。但是语词的语义学非常清楚地证明，语词只有在语句中才获得一个实际的意义，而词汇实体——词典的语词——根据它们在典型的语境中的潜在用法才有一种潜在的意义。在这方面，一词多义的理论为隐喻理论提供了有益的准备。在词汇层次上，语词（如果确实它们已能被称作语词）具有不止一种意义；只有通过特殊的语境转换行为，语词才在一个给定的语句中实现其潜在语义学的一部分并获得我们称之为确定意义的东西。能使单义话语和多义语词一起产生的语境行为乃是其他那些语境行为的模式，通过这些其他语境行为，我们从其意义已经编纂在词典中的语词那里真实地引申出新奇的隐喻效果。这样我们就得承认，即使我们称为隐喻的有意义的效果被体现在语词中，但这种效果的根源却在于语境行为，这种语境行为占据着一些相互作用的语词的语义学领域。

关于隐喻本身，语义学以同样的力量指明，一个语词的隐喻意义在词典中是找不到的。在这个意义上，我们可以继续使隐喻的意义（metaphorical meaning）与字面的意义（literal meaning）相对立，如果后者我们理解为在词典中已经编纂好的部分意义中能找到的**任何**意义。因此，所谓字面意义，我们不理解为语词在词汇层次上被认为是原始的、基本的、本来的或专门的意义；我们宁可说，字面意义是语义学整个领域，构成一词多义的可能语境用法的集合。所以，即使隐喻意义是某种更多东西，不同于一个多义语词（以及在自然语言里是多义的所有语词）的一种可能意义的实现，但这种隐喻用法则必须是单一语境的，也就是说，必须是一种作为某种语境行为的唯一的、流逝的结果而出现的意义。这样就导致我们把意义的语境改变与那种
170 涉及作为规则或系统的语言的历时性方面的词汇改变对立起来。隐喻就是这样一种意义的语境改变。

在这方面，我部分地同意英国的 I. A. 理查兹、马克斯·布莱克、门罗·比尔兹利、道格拉斯·伯格伦（Douglas Berggren）等人[1]详尽阐述的现代隐喻理论。更确切地说，我同意这些作家的这样一个基本观点：一个语词在某些特殊语境中获得一种隐喻意义，在这些语境中，隐喻与其他具有字面意义的语词相对立。意义的转换最初产生于字面意义之间的冲突，这种冲突排斥了我们正在讨论的语词的字面意义，并提供一些线索来发现一种能和语句的语境相一致，并使语句在其中有意义的新意义。因而，我从隐喻问题的这种近代历史中保留了如下观点：在语义领域之间相互作用的真正语义学理论取代了修辞学的置换理论；语义冲突的决定作用导致了逻辑的荒谬性；部分意义的给出使整个语句有意义。现在我们将可看到，这个真正的语义学理论——或者说互动理论——是如何满足了我们在话语里已经认识到的那些基本特征。

首先，让我们返回到事件与意义之间的对立。在隐喻陈述中（我们将说隐喻是一个语句，而不再是一个语词），语境行为之所以产生一种确实是事件的新意义，是因为这种意义只存在于这种特殊的语境中；但同时，隐喻能被重复，因此能被识别为同一东西。所以，“突现意义”（比尔兹利）的革新可以被认为是一种语言学的创造；但是，如果突现的意义被一种有影响的语言共同体所采用，那么它就会成为

一种日常的意义，并加入词汇实体的多义性中，从而对作为代码或系统的语言历史做出贡献。在这最后的阶段，当我们称作隐喻的这一富有意义的效果增加了多义性的意义的改变时，隐喻就不再是活的而是死的东西。唯一可信的、活着的隐喻，同时既是“事件”，又是“意义”。

语境行为同样也需要我们上面说的单个识别与一般谓项之间的第二种两极性。隐喻是说给“首要主语”的；作为这个主语的“修辞语”，它起一种类似“属性”的作用。我上面提到的所有理论都依赖于这一谓语结构，而不管他们是否把“媒介物”（vehicle）与“性质”（tenor）（理查兹）、“框架”（frame）与“焦点”（focus）（马克斯·布莱克）或“修辞语”与“首要主语”（比尔兹利）对立起来。

要说明隐喻需要含义（sense）与指称（reference）之间的两极性，我们必须要这整篇论文；同样的情况也适合于实在指称与自我指 *171*
称之间的两极性。以后我们将会清楚，为什么我在这里不打算对这两对两极性做更多的分析。为了辨别出在简单隐喻陈述的狭窄范围内还不那么清楚出现的对立，我们将需要对文本理论进行探讨。

确定了比较的范围之后，我们准备回答第二个问题：在什么范围内，一方面文本的说明和解释，另一方面隐喻的说明和解释，能够被看作那种只应用于话语的两种不同策略层次（即作品层次和语词层次）的相似的过程呢？

II. 从隐喻到文本：说明

我打算探讨一个作业假说，首先我将对它简单地说一下。从一种观点看，对隐喻的理解可以作为对更长的文本，如一部文学作品的理解的指导。这种观点就是说明的观点；它只涉及我们称之为“含义”（sense）的意义（meaning）方面，即话语的内在模式。从另一种观点看，将某个作品作为一个整体来理解又为隐喻提供了一把钥匙。

这另一种观点就是真正解释的观点；它发展了我们称之为“指称”（reference）的意义方面，即对世界的意向性指向和对自我的反思性指向。所以，如果我们把说明应用于“含义”，作为作品的内在模式，那么我们可以把解释保留给那种关于作品筹划它自己的世界并使诠释学循环运动的**能力**的研究，这种循环在其螺旋上升中包含对筹划的诸世界的理解以及在这些新世界出现中自我理解的深化。因此我们的作业假说要求我们在“含义”层次上和“含义”的说明中从隐喻走向文本，然后再在作品指称世界和自我的层次上，即在真正解释的层次上，从文本走向隐喻。

隐喻的说明在哪些方面能充当文本说明的范例呢？这些方面是那样一种说明过程的特征，在隐喻当作日常个案的时候，如人是一匹
172 狼、一只狐狸、一头狮子，这些过程的特征是不会出现的（如果我们阅读最优秀的作者使用的隐喻，就会在提供给他们个案的动物寓言内看到有趣的变化）！这些例子使我们回避了一个主要难题，即**识别一种新的意义**的难题。完成这种识别的唯一方法就是构造一种唯一能使我们阐明整个语句的意义。日常的隐喻是建立在什么基础之上的呢？马克斯·布莱克和门罗·比尔兹利注意到，一个语词的意义不仅依赖于支配语词的字面用法的语义学和语形学规则，而且也依赖于语言共同体成员所“承诺”的，并规定了布莱克称作“有联系的日常话语系统”（system of associated commonplaces）和比尔兹利称作“内涵的潜在范围”（potential range of connotations）的其他规则（这些规则仍然是规则）。在“人是一匹狼”（布莱克很喜欢这例子）这个陈述中，首要主语是由动物生活的一个特征来形容的，这个特征属于“有联系的日常话语似狼的系统”。这个蕴涵系统起了一种类似过滤器或筛子的作用；它不仅选择，而且也强调了首要主语的新的方面。

相对于我们把隐喻描述为在新的语境中出现的新的意义来说，我们要把这种说明思考成什么呢？如上所说，我完全同意这个说明所隐含的“互动观点”；隐喻不只是这样一种简单替代，如一个词替换成

另一个字面词，而详尽的释义就可把这种替换恢复到原来的地方。说话者的替换和作者或读者的恢复，这两种操作的代数和等于零。没有新的意义出现，我们也一无所知。正如布莱克所说，"'互动—隐喻'不是可消耗的……这种有助于洞察'首要主语'的'辅助主语'的作用是一种明显的理智的操作"。因此，互动—隐喻不能被翻译成直接语言，否则"失去认识内容"[2]。

虽然这种说明非常好地描述了隐喻的有意义结果，但是我们必须问，是否通过简单地把"相关的常识系统"和文化规则附加到语词的语义学多义性和语义学规则上，这个说明就正确对待了隐喻这种具有"教导和启发"的力量？"相关的常识系统"难道不是某种僵死的东西或至少不是某种已经确立了的东西吗？当然，这种系统必须以某种或另一种方式进行干预，以便语境行为可以被规则化，新意义的构成可以服从某一规定。布莱克的理论保留了"隐喻能被特殊构成的意蕴系统所支持，同样也能被公认的常识所接受"[3]的可能性。问题恰恰是 173
这些"特殊构成的意蕴系统"的问题。因此，如果我们要说明新的语境中新隐喻个案，我们就必须探究互动过程本身。

比尔兹利的隐喻理论引导我们朝这方向进了一步。如果我们跟随他强调逻辑谬误作用和在同一语境中字面意义之间的冲突，那么我们就得准备承认隐喻意义的真正创造性特征："在诗中，获得这种结果的基本策略就是逻辑谬误。"[4]逻辑谬误引出了我们要进行如下选择的境遇：或者保留主语和限制语的字面意义因而得出整个语句是荒谬的，或者把新的意义赋予限制语以使作为整体的语句讲得通。现在，我们不仅是面对"自我矛盾"的属性，而且是面对一种"有意义的自我矛盾"的属性。如果我说"人是一只狐狸"（狐狸赶走了狼），如果我想保留这句话，那么我就必须从字面意义进入隐喻的属性。可是我们从哪里推出这种新的意义呢？

只要我们提出这种类型的问题——"我们从哪里推出……？"——我们就回到同样类型的无益的答案。"内涵（connotation）的潜在范围"所说的无非只是"相关的常识系统"。当然，我们通过把"附属意义”（secondary meanings）如内涵包括在完全意义（full meaning）领域内来扩展意义概念；但是我们却继续把隐喻的创造过程和语言的非创造性方面联系在一起。

正如比尔兹利在“被修正的语词—对立理论”[5]中所说的，用那些并不属于我的语言的内涵范围的性质，就足以补充这种“内涵的潜在范围”吗？乍看起来，这种补充改进了理论；正如比尔兹利强有力地指出的那样，“隐喻把一种**性质**（实际的或附属的）转换成一种**含义**（sense）”[6]。这种改变是重要的，因为现在我们必须说，隐喻不只是使潜在的内涵现实化，而且也把它“作为一个要项”建立起来；并且进一步，能够给予“某些（对象的）相关性质以一种新的地位，成为语词意义的要素”[7]。

但是，说到**事物**（或**对象**）的性质（假设这些性质尚未被指称），就是承认新的突现的意义不是从任何地方，至少不是从语言任何地方
174 推出的（性质是事物的意蕴，而不是语词的意蕴）。说隐喻不是从任何地方推出，就是承认隐喻是它所是的东西：它是这样一种语言的瞬间创造，语义学的创新，即在作为已经确立物的语言中，不管它是一个名称，还是一个内涵，它是没有地位的。

人们可能会问，我们怎能说一种语义学的创造，一种语义学事件是一种可被识别和再识别的意义（这是上面所说的话语的第一标准）呢？这里只有一种回答可能性：我们必然采取听者或读者的观点并且把突现意义的新奇性视为读者这一边构造的对立面（作者一边）。所以说明过程就是向创造过程的唯一接近之路。

如果我们不采取这种路径，那么我们就不能真正使自己从替代理论中摆脱出来；反而用一种由释义而恢复的字面意义来替代隐喻表达，我们替换内涵系统和常识。这一任务必须仍是一种准备性工作，它能使文学批评与心理学和社会学联系起来。说明的决定性要素是建构一个构成了实际和唯一语境的相互作用网。在这样做时，我们把我们的注意力指向那种在几种语义学领域之间的交叉点上产生的语义学事件。这种建构是一种手段，通过它，所有语词结合在一起而具有意

义。那时，也只有那时，“隐喻的缠绕”（metaphorical twist）才既是一个事件，又是一种意义，既是一个有意义的事件，又是一种在语言中凸显的意义。

这就是说明的基本特征，这一特征使隐喻成为文学作品说明的范例。我们以一种类似于我们了解隐喻陈述的全部术语的方式建构了文本的意义。

我们为什么必须“建构”文本的意义呢？首先，因为它是被书写下来的：在文本与读者之间不对称的关系中，谈话者中的一方为两方讲话。把文本带到语言总是某种不同于听某人和听某人讲话的事情。阅读类似于演奏由书面乐谱记号所支配的音乐作品。因为文本是一种不再由其作者的意图赋予活力的意义的自主空间；而文本的自主性，由于丧失了这种基本的支持，却把书写转交给读者的唯一解释。

第二个理由是，文本不仅是某种书写的东西，而且也是一部作 175
品，即一个单一的整体。作为一个整体，文学作品不能简化为一种可个别理解的语句序列；相反，它是一种能以几种方式解析的主题和目的的构造物。部分对于整体的关系不可避免地是循环的。某一整体的前提先于对部分的决定性排列的辨认；正是通过对细节的建构，我们才确立了整体。而且，正如单一整体概念所表明的，文本是一种个体，正如一个动物或艺术品。所以，只要通过逐渐地调整与文本类、文学类型及其贯穿在这个单一文本中的各种结构相关的类型概念，它的单一性就可以重新恢复。简言之，理解一部作品就包含康德在第三批判中所说明的那种判断力。

那么，我们能对这种结构和判断力说些什么呢？这里理解一个文本，在其含义（sense）的明确表述的层次上，和理解一个隐喻陈述是严格一致（同质）的。在这两种情况中，理解就是一个“搞懂含义”（making sense）问题，一个从表面上不一致的多样性中产生最全面可理解性的问题。在这两种情况中，建构采取了一种打赌或猜测的形式。正如赫希在《解释的有效性》一书中所说的，不存在做出好的猜测的规则，但是存在确认我们猜测有效的方法[8]。猜测（guessing）和确认（validating）之间的辩证法是在解决文本局部难题中起作用的微观辩证法在文本层次上的实现。在这两种情况中，确认程序与概率逻辑——用我们的话说，不确实性或质的或然性逻辑——比与经验证实逻辑有更亲密的关系。在此意义上，确认就是类似于法律解释的审判程序的论辩原则（argumentative discipline）的那种东西。

现在我们可以概括那些决定隐喻陈述说明和作为整体文学作品说明之间类似性的相应特征。首先，在这两种情况中，建构依赖于包含在文本本身中的“线索”（clues）。线索作为一种把握特殊建构的指导，在于它同时包含许诺和禁止；它排除不适合的建构并赋予同样的语词以更多的意义。其次，在这两种情况中，一种建构可以说比另一种建构有更多的概然性，但并不有更多的真实性。更多的概然性在于：一方面，它考虑由文本提供的最大数目的事实，包含文本潜在的
176 内涵；另一方面，在文本考虑的诸特征之间，它提供一种在质上更好的收聚点。一种普普通通的说明可以被称为是狭窄的或不自然的。

这里我同意比尔兹利的观点，当他说一个好的说明应满足两个原则：和谐的原则（the principle of congruence）和充分的原则（the principle of plenitude）。直到现在，我们事实上已经讲到了和谐原则。充分原则将为我们转向本文第三部分做准备。这个原则可以表述如下：“全部合适的内涵必须有所归属；诗意味它所能意味的东西。”这一原则进而引导我们比仅仅关注“含义”（sense）更进一层；它已经讲到某种关于指称的东西，因为它把那种起源于经验的需要作为衡量充分的尺度，这种经验需要要求用文本的语义密度来表达并与其相等同。我将说，充分原则在意义层次上乃是我们的研究在完全不同的方向上推出的充分表达原则的必然结果。

洪堡的论断将把我们引导到这一新的研究领域的门口：“作为话语（*Rede*）的语言处在可表达的和不可表达之间的边缘。它的目的和目标是要把这一边缘线向后移。”解释在其本义上类似于处在这个前沿阵地。

III. 从文本到隐喻：解释

在解释本身层次上，理解文本为我们提供了理解隐喻的钥匙。为什么这样说呢？因为只有当话语采取文学**作品**的形式，话语的某些特征才开始起某种明显的作用。这些特征正是我们放在指称和自我指称标题下讨论的东西。我们可以回想一下，我把指称（reference）与含义（sense）对立起来，说含义是指话语的“什么”，指称是话语的“关于什么”。当然，这两个特征在作为话语的语言的最小单元中，即在语句中，可能被认识到。语句是关于它要表达的那个境遇，它通过我们列举出来的特殊程序反过来指称它的讲话者。但是，只要话语还未成为文本，还未采取作品形式，指称和自我指称则不会提出使人困惑的问题。那么这些问题是什么呢？

让我们再一次从书面语言与口头语言之间的区别开始分析。在口头语言中，对话最终指称的东西是对话者共同的处境，也就是那些能 177
被表明或指出的实在方面；所以我们说指称是“直指的”（ostensive）。在书面语言中，指称不再是直指的；诗、论文、虚构作品讲述事物、事件、事态和人物，这些都是被唤出但并不存在于那儿。然而，文学文本是与某物相关的。与什么事物相关呢？我可以毫不犹豫地说，是与世界相关，世界是作品的世界。并不是说文本没有世界，我将说只有在现在，人才有一个世界，而不只是一个处境，是一个**世界**（Welt），而不只是一个**环境**（Umwelt）。同样，文本使它的意义不受心理意图的影响，所以它同样也使它的指称不受直指指称的限制。对于我们来说，世界是诸文本所开启的种种指称的总体。所以我们所说的古希腊的“世界”，并非指那些经历过古希腊的人所处的处境，而是指出了非处境的指称，这种指称延长了最初的处境，并作为可能存在方式，作为我们在世存在的可能符号度向而提供给他们。

在文学作品的语境中，指称的性质对于解释概念具有一种重要的结论。它意味着文本的意义不存在文本之后，而存在文本之前。意义不是某种被隐藏的东西，而是某种被揭示出来的东西。引起理解的东西是那种通过文本的非直指指称而指向某个可能世界的东西。文本讲述可能的世界，讲述在这些世界中使自身进行指向的可能方式。这样，揭示对书面文本的作用，正如直指指称对口头语言起的作用一样。所以解释变成了对那个由文本的非直指指称所开启的筹划世界的把握。

这一解释概念对于浪漫主义诠释学传统表现了一种强调重点的决定性转变。在浪漫主义传统里，强调的是听者或读者把他自己置换成讲话者或作者的精神生活的那种能力。从现在开始，我们要强调的与其说是作为精神实体的他人，毋宁说是作品展示的世界。理解就是遵循作品的潜能（dynamic），从它所说的到它说是关于什么的运动。超出我作为读者的境遇，超出作者的境遇，我为自己提供了文本对我所开启和揭示的在世存在的可能方式。这就是伽达默尔在历史知识里称为“视域融合”（*Horizontverschmelzung*）的东西。

从理解他人到理解他的作品的世界的强调重点的转换，在“诠释
178 学循环”概念里产生一个相应的转换。对于浪漫主义思想家来说，“诠释学循环”一词意味着文本的理解不能是一种客观的过程，即客观科学的意义，而是意味着它必然包含一种前理解，表现一种读者得以已经理解他和他的作品的方式。因此在理解文本和自我理解之间产生一种循环结构。用一种浓缩的词来说，这就是诠释学循环的原则。我们很容易看到，对逻辑经验主义传统深有训练的思想家何以只能令人极其反感地拒绝诠释学循环的观念，并把它看作对一切可证实性原则的一种蛮横的亵渎。

就我自己来说，我不想隐瞒这一事实，即诠释学循环仍然是一种不可避免的解释结构。解释除非终结于某种**占有**（Aneignung）形式中，否则就不是真实的，如果占有这个词，我理解为人们使某种原是他人的或陌生的东西**成为自己**（eigen）的过程。不过我认为，如果诠释学循环首先表现为两种主观性，即读者的主观性和作者的主观性

之间的循环；其次，表现为读者的主观性投射到阅读本身中去，那么它就不被正确地理解。

让我们依次修改这些假设中的每一个设定。我们使之成为我们自己的东西，我们占有为我们自己的东西，并不是一种陌生的经验或辽远的意向，而是作品自身指向的世界的视域。指称的占有不再是对意识融合、移情或同情的模仿。语言中文本的含义和指称的出现乃是来到一个世界的语言，而不是对另一他人的认识。对浪漫主义解释概念的第二个修正产生于第一个修正。如果占有是揭示的对立面，那么主观性的作用就不应该用投射（projection，筹划）来描述。我宁愿说，读者是在文本之前，在作品的世界之前理解他自己的。在文本之前理解自己，与投射自身、自己信念和前见正好相反；它是让作品和作品的世界扩大我自己已具有的理解视域。［……］所以，诠释学循环没有被否认，而是从主观主义层次转入本体论层次。循环存在于我的存在方式——超出我可能对之具有的知识——和作为作品世界的文本所开启和揭示的方式之间。

这就是解释的模型，我现在想把它从文本（作为长序列的话语） *179*
转移到隐喻［理解为“小型的诗”（比尔兹利语）］。当然，隐喻是这样短的话语，以至于不能展开在揭示世界和揭示我们自己在世界之前的这种辩证法。然而，这种辩证法指出了某些隐喻特征，不过这些特征到目前为止已经被引证的现代理论似乎还未加以考虑，但是这些特征并没有脱离隐喻的古典理论。

让我们再回到亚里士多德《诗学》中的隐喻理论。隐喻只是亚里士多德称为词素（*lexis*）的“部分”（*mere*）之一的东西。因此，隐喻属于一组推理程序（discursive procedures）——使用非寻常词、创造的新词、缩写词或扩充词——所有这些词都脱离词的普通用法。现在什么构成词素的统一？只有词素在诗中的作用。词素反过来又是悲剧的“部分”之一，成为诗作的范型。在《诗学》的语境中，悲剧代表了作为整体的文学作品层次。悲剧以诗歌的形式，拥有含义和指称。用亚里士多德的语言，悲剧的“含义”是由他称为“线索”

(fable，*mythos*，神话素）的东西来确定的。我们可以把这种神话素理解为悲剧的含义，因为亚里士多德经常强调悲剧的结构特征。神话素必须具有统一和融贯；神话素必须使所代表的行为成为某种“整体的和完全的”东西。所以神话素是悲剧的基本“部分”，悲剧的“本质”。悲剧的所有其他部分——“人物”、“思想”、“表现”（delivery）、“产品”——都是作为手段或条件，作为神话悲剧的表演而与神话相联系。我们必须得出这样的结论，只有相对于悲剧的神话素，悲剧的词素，因而隐喻才有意义。在悲剧的神话素所确定的区域意义之外，不存在隐喻的局部意义。

如果隐喻借助悲剧的神话素而与悲剧的“含义”相联系，那么它与悲剧的“指称”相联系就是由于它的总的目的，这目的亚里士多德称之为**模仿**（mimesis）。

诗人为什么要写悲剧，精心制作线索，使用诸如隐喻的“非寻常”语词？因为悲剧本身是与一种更基本的人类筹划，即以一种诗的方式**模仿**人类行为的筹划相联系。由于这两个关键词——**模仿**（mimesis）与**创造**（poiesis），我们达到了我曾称为作品的指称世界的层
180 次。确实，我们可以说，亚里士多德的模仿概念已经包含了所有的指称悖论。一方面，它表达了一个已经存在于那里的人类行为的世界；悲剧注定要表达人类的现实，要表达生活的悲剧。但另一方面，模仿并不意味着对实在的复写；模仿不是一种摹本：**模仿**（mimesis）乃是**创造**（poiesis），也就是说，一种建构，一种创造。亚里士多德对模仿这种创造性度向至少指出了两点：首先，神话线索（*fable*）是一种原始的、融贯的建构，这种建构证明艺术家的创造天才。其次，悲剧是对人类行为的模仿，这种模仿使人类行为显得比在现实中更好、更高、更崇高。我们难道不能说，**模仿**（mimesis）是我们称作文学作品非直指指称的东西的希腊词汇，换言之，是世界揭示的希腊词汇吗？

如果这是正确的，我们现在就可以对隐喻的**力量**说些什么了。我们现在讲的是力量，而不再是结构或过程。隐喻的力量来自它在诗歌

作品的内部与三个特征的联系：第一，是与词素（*lexis*）的其他程序相联系；第二，是与线索（*fable*）相联系，线索是作品的本质、作品的内在意义；第三，与作为整体的作品的意向性相联系，即与它表现人类行为比在现实中更高——这就是在于模仿——的意向相联系。在这个意义上，隐喻的力量来自作为整体的诗歌的力量。

让我们把从亚里士多德《诗学》中借来的这些观点应用于我们自己对隐喻的描述。我们能否说我们上面提到的隐喻的特征——隐喻的初期或开始时的特征——同作为对实在的创造性模仿的诗的作用相联系？如果在模仿中隐喻的作用并不是创造，那么我们为什么要创造（invent）仅仅存在于话语个案中的新意义呢？如果诗创造一个世界这一点是真的话，那么它就需要一种语言在特殊语境中保存和表现其创造性力量。由于把诗的创造与隐喻相结合视为最初的意义，所以我们也就可以同时赋予诗与隐喻以含义。

这样，解释理论就为最终接近隐喻力量铺平了道路。在分析的这个最后阶段给予文本解释的优先权，并不意味在诗和隐喻之间的关系不是交互的。隐喻的说明，作为文本中的局部事件，对于作为整体的作品的解释有一定作用。我们甚至可以说，如果局部隐喻的解释是通过作为整体的文本的解释来阐明的，并通过作品筹划的那种世界的澄 181
清来阐明的，那么反过来也可以说，对作为整体的诗的解释也是由对于作为文本的局部现象的隐喻的说明所支配的。

作为文本的区域性方面与局部性方面之间的这种交互关系的例子，我将冒昧地提出在亚里士多德《诗学》中所蕴涵的一种可能联系，即在他关于模仿所说的与他关于隐喻所说的这两方面之间的可能联系。正如我们已经看到的，模仿使人类行为显得比它们在现实中更好；隐喻的作用则通过非寻常的用法转换日常语言的意义。在使人类行为显得比在现实中更好的筹划与把语言提高到超过其自身的隐喻的特殊程序之间，是不是有一种相互的和深刻的亲缘关系呢？

让我们以更一般的词汇来表现这种关系。如果我们没有什么新的东西要说，没有什么新的世界要筹划，那么为什么我们应当从我们的语言中推出新的意义呢？除非语言的创造物借助诗服务于让新世界出现的一般筹划，否则语言的创造物就会缺乏任何意义……

请允许我以一种与那种强调“开启世界”的解释理论相一致的方式来得出结论。我们的结论也应当“开启”某些新的视角，但是关于什么呢？或许是我已经小心放在一边的想象力的老问题。难道我们不准备借助这样一种想象力去认识吗？它不再是从我们感觉经验获得“影像”的能力，而是能够让一个新世界塑造我们自我理解的能力。这种能力不是通过影像来传达的，而是通过我们语言中出现的意义来传达的。所以想象必须被当作语言的一个度向。这样，在想象与隐喻之间就会出现一种新的联系。不过，现在我们还不要进入这个半开的门。

注释

［1］有关这一主题，见 I. A. Richards，*The Philosophy of Rhetoric*（New York：Oxford University Press，1936）；Max Black，*Models and Metaphors*（Ithaca：Cornell University Press，1962）；Monroe Beardsley，*Aesthetics*（New York：Harcourt，Brace and World，1958），and “The Metaphorical Twist”，*Philosophy and Phenomenological Research*，20（1962），pp. 293－307；Douglas Berggren，“The Use and Abuse of Metaphor，Ⅰ and Ⅱ”，*Review of Metaphysics*，16（1962），pp. 237-58，and 16（1963），pp. 450-72。

［2］*Models and Metaphors*，p. 46.

［3］Ibid.，p. 43；见作者概述的条件 4，第 44 页。

［4］*Aesthetics*，p. 138.

［5］Cf. “The Metaphorical Twist”.

［6］Ibid.，p. 302.

［7］Ibid.

［8］Cf. Eric D. Hirsch，Jr，*Validity in Interpretation*（New Haven：Yale University Press，1967），chapter 5.

7　占有

这篇论文将试图说明一个支配解释方法论的关键观念。它涉及文本得以对某人**谈话**的方式（the way in which a text is *addressed* to someone）。在别处[1]，我们已经注意到，书写—阅读关系不仅在对讲话人的关系方面，而且在对听众的关系方面都与说—听关系有明显的不同。我们曾经问过：作者是为谁而写作？我们也曾经回答过：是为任何一个能阅读的人。我们已经谈到过听众的“潜在化”，这些听众不再是对话中的伙伴，而是文本获得的未知的读者。阅读在占有了意义的具体读者中达到了顶点，这将构成本论文的主题。 182

显然，我们将重新发现主体性在理解中的作用这一古老问题，因而也就是诠释学循环的问题。但是，这个问题是作为一个被搁置了很长时间的事实的结果而被用新的词汇提出来的。我们将把它推到我们研究的终点而不是作为最先的问题来考虑。在另一些论文中我们关于解释概念所说的东西，在这方面是决定性的。如果解释主要涉及作品那种展现世界的力，那么读者与文本的关系基本上就是他与文本所呈现的那种世界的关系。现在，占有理论将可以从解释的全部疑难问题所经历的变迁中概略地推断出：占有与其说是主体间性的相互理解关系，毋宁说是被应用于作品所传达的世界的一种领会关系（relation of apprehension)。一种新的主体性理论就是根据这种关系产生的。一般我们可以说，占有不再是在主体哲学的传统中被理解为主体能把握其关键的建构。理解并不是把自己筹划进（投射于）文本中，它乃是从对作为解释的真实对象的筹划世界的领会中接收一个扩大的自我。这就是这篇论文的总的线索，这篇论文将从下面几个方面来
183 叙述。

（1）首先，需要说明占有概念的必要性。它将作为间距化概念的补充物而被引进，而间距化是与文本的任何客观的和客观化的研究相联系。因此第一节："间距化和占有"。①

（2）然后我们将着手分析占有概念与世界揭示概念之间的关系。按照伽达默尔在《真理与方法》中的分析，我们将引进"游戏"这个主题。这个主题将用来描述在艺术作品中不仅由实在，而且由作者（作家与艺术家)，特别是（因为这是我们分析的重点）由读者或占有的主体所经历的那种转化。所以占有将作为文本的"游戏的"置换而出现，而游戏本身将作为适合于**潜在的**读者，即任何能够阅读的人的形态而出现。

（3）我们将辨认那些占有概念必须克服的幻觉和错误。在这里对主体幻觉的批判，将是通往对占有概念的可靠评价的必由之路。占有不仅是文本的间距化的补充，而且也是自我的放弃的补充。

结论将从两方面来概述诠释学哲学的地位：一方面，从它与康德的反思传统的关系来看；另一方面，从它与黑格尔的思辨传统来看。我们将表明，诠释学哲学为何必须使自己和这两种哲学保持同样的距离。

I. 间距化和占有

间距化和占有的辩证法，是说明和理解的辩证法必须采取的最终

① 这里我们对 distanciation 和 appropriation 这两概念除了译为"间距化"和"占有"外，还有另一种翻译，即"采取距离"和"吸纳会通"。——译者注

形式，它涉及文本得以对某人讲话的方式。

听众的潜在性包含着两种重新连接读者的话语和作者的话语的方式。这两种可能性在整个解释的过程中属于**历史**的形态。从 19 世纪中叶以来，文学和圣经批评的一般趋势一直把文学作品，一般是文化文献的内容，和产生这些作品或这些作品所指向的共同体的社会条件相联系。说明文本本质上就是把文本看作某种社会文化需求的表现和 184
对在时空中具体存在的某种复杂难题的反应。与这种以后被称作“历史决定论”（historicism）的趋势相反，还出现了另一种趋势，这种趋势起源于弗雷格和胡塞尔的《逻辑研究》。按照这两位思想家的观点，意义（他们感兴趣的是命题的意义，而不是文本的意义）不是某人心灵中的观念，意义不是精神的内容，而是观念的客体（an ideal object），这种观念的客体可以被不同时期的不同的个体识别为和重新识别为同一个客体。对于“观念性”（ideality），他们的理解是，命题的意义既不是物理的实在，也不是精神的实在。在弗雷格的术语中，如果*Vorstellung*（观念或表象）是一种在特定境遇中由特定的讲话者而实现的与意义联结在一起的心理事件，那么*Sinn*（含义）就不是*Vorstellung*（观念或表象）。“含义”在其精神现实化的无限系列中的同一性，构成了命题的理想度向。胡塞尔用同样的方式描述了作为“意向的”（noematic）对象的全部意向性行为的内容，这些对象不能归结为行为本身的心理方面。从弗雷格那里借来的理想的“含义”概念，被胡塞尔推广到全部精神活动中去——不仅包括逻辑的行为，也包括知觉的行为、意志的行为、情感的行为，等等。对于现象学“转向对象”（即面向事物本身）来说，所有意向行为都必须毫无例外地根据它们的意向对象方面来加以描述，必须把它们理解为相应的意向行为的“相关项”。

就诠释学这一学科被设想为以书写对生命表现进行固定化的理论而言，命题行为理论的倒转对于诠释学具有重要意义。1900 年以后，狄尔泰本人做了最大的努力，把他在胡塞尔的《逻辑研究》中发现的那种观念性（理想）融入他的意义理论中。在狄尔泰后期著作中，那种给予文本、艺术作品或文献以其能被他人理解并由书写而固定的可能性的**关联**（Zusammenhang），乃是某种和弗雷格、胡塞尔在一切命题基础上辨别的观念性相类似的东西。如果这种比较成立，那么“理解”的行为和1900年发表的著名文章相比，就显得历史性的东西少些，而逻辑性的东西更多一些[2]。“人文科学”的全部理论受到了这种重要转变的影响。

在美国和欧洲大陆，文学批评领域所发生的类似改变可以与文化
185 表达式的说明里从历史到逻辑的转变相关。随着早期心理学主义和唯社会学论的过度行为之后，出现了一种“反历史决定论”浪潮。对于这种新的态度来说，文本首先不再是对特殊范围内的读者所表达的信息；在这一意义上，文本不是历史链条中的一部分。就它是一个文本而言，它是一种非时间的对象，它好像是用全部历史的发展破坏了它的停泊之所。书写的产生意味着历史发展过程的“中断”，意味着话语转移到观念性范围，而这种观念性允许交往领域无限扩展。

我必须说，我考虑了这种“反历史决定论的”倾向，并且我接受了它关于一般意义的客观性的基本前提。正是因为我赞成这种文学批评的设想和方法，所以我准备用新的名词来规定说明和理解的辩证法，这种辩证法起源于对文学对象的特殊性的重新认识。

让我们发展这种新的辩证法：意义的客观化是作者和读者之间的一种必然中介。但是，作为中介，它需要有一种更具有生存论性质的补充行为，这种行为我称为意义的占有。“占有”（appropriation）是我对德文 *Aneignung* 一词的翻译。*Aneignung* 意指使某种原本是“陌生的”东西（what was initially “alien”）“成为自己的东西”（“to make one’s own”）。按照这个词的内涵，全部诠释学的目标就是与文化距离和历史异化做斗争。解释将一切归在一起，并使之均衡化，从而成为当代性的和类似的。这个目标被达到仅在于解释为当代的读者实现文本的意义。占有是适合于把意义实现为对某人表述的概念。它取代了对话语境中回答者的位置，正如“启示”或“揭蔽”取代了对话语境中直指指称的位置。当阅读摆脱了某种如事件、话语事件、当

下事件时，解释才是完全的。作为占有，解释变成了事件。因此占有是一个辩证的概念：一个无时间性的间距化的补充物，而这种间距化是为任何一个具有反历史决定论特征的文学或文本批评所包含的。

II. “游戏”作为占有的存在方式

下面题目是在阅读伽达默尔著作时提出的[3]，但也是“启发式构想”理论（the theory of the *heuristic fiction*）所要求的。但我想表明的是，不仅实在是被启发式构想所转化了的，而且作者和读者也是被启发式构想所转化了的。所以阅读主体的转化（metamorphosis）最初起源于世界的转化，然后才起源于作者的转化。 186

1. 作为游戏的启发式构想

在对艺术作品的思考过程中，伽达默尔发展了他的游戏概念。这种思考完全是旨在反对来自康德“趣味判断”理论的审美意识的主观主义，康德这种趣味判断理论是与“反思判断”理论相联系的。游戏不是由进行游戏的意识所规定的，游戏有它自己的存在方式。游戏是一种转变参与游戏的人的经验。审美经验的主体似乎不是游戏者自身，而是在游戏中“发生”的东西。同样，我们可以讲到冲浪游戏、光的游戏、机器零件的游戏，甚至语词的游戏。我们玩（游戏）一个计划，玩（游戏）一个观念；我们也同样能“被玩（游戏）”。本质的东西是“来回游戏”（*Hin und Her*）。因此游戏接近于舞蹈，舞蹈是一种促动舞蹈者的运动。所以我们说，某部分“被游戏”，某物“在……之间游戏”。所有这些表达式都与游戏是某种不同于主体的活动的东西相违背。游戏往返的产生仿佛是靠自身，这就是说，没有任何努力，没有应用的目的。游戏的这种“在自身中”是这样的，甚至在孤单的游戏中，也必须有某个我为之或对之游戏的东西（幸运地就像成功时期的伙伴）。游戏的“魅力”就存在一个不认识的伙伴的这种冒险之中。游戏者也是被游戏者：游戏把规则强加于游戏者身上，规定来回动作和限制任何事物“被游戏”的范围。因此游戏击碎了一种功利性先入之见的严肃性，在这里，主体的自我在场是非常安全的。在游戏中，主体性忘记了自身；而在严肃性中，主体性又重新获得。

我们简单地回顾了的这些分析在哪些方面阐明了我们的诠释学的理解问题呢？首先，世界在艺术作品中和一般在话语的作品中的呈现，乃是某种游戏的呈现。世界是以游戏的方式被提出的。因此，对游戏的分析使我们能以一种新的方式发现启发性指称的悬置与另一种指称（超出这一悬置的悬置）的呈现之间的辩证法。游戏展示了相同的辩证法，发展了它拥有的严肃的一面，即伽达默尔称为“呈现”（*Darstellung*）的东西。在游戏中，没有什么东西是严肃的，但在再
187 现中却有某种东西被呈现、被产生、被给予。因此，在游戏和世界的呈现之间有一种重要的关系。但是，这种关系绝对是交互的：一方面，世界在诗歌里的呈现是启发式构想，并在此意义上是“游戏的”；但另一方面，所有游戏之所以能揭示某种真实的事物，恰好因为它们是游戏。伽达默尔说，游戏是对某物的游戏。在进入游戏后，我们交出了自己，放弃自己去到支配读者的意义空间中去。

在游戏中，会产生出伽达默尔称作“转化”（*Verwandlung*）的东西，就是说，由“构成物”（*Gebilde*）的统治所标志的想象性的转变，**以及**所有进入真实存在的事物的转变。日常的实在被消灭了，然而每个人却成为他自身。所以，把自己伪装成另一个人的小孩表现了他的最深奥的真理。游戏者被转化到“真实的东西”；在游戏的再现中，游戏者成了“所出现的东西”。但是“存在的东西”不再是我们称为日常实在的东西，或者宁可说，实在真正地成为实在，这就是包括了某种不确定可能性的未来视域的东西，某种恐惧和希望的东西，某种未决的东西。艺术只是取消没有转化的实在。因此产生真实的模仿（*mimesis*）：一种基于真实的转化。在这种意义上，我们宁愿说是再识别（recognition）而不说识别（cognition）。在戏剧性的再现里，我们再识别了人物和角色。这里的悖论是：最富想象性的创造才引起

再识别。“作为被再识别，被表现的东西就是在其本质中被保留的东西，是摒弃了其偶然性方面的东西”[4]，被剥去了所有偶然的和意外的东西。这就是亚里士多德敢于说诗歌（他考虑的是悲剧）比历史更有哲学意味的意义。因为诗歌进入本质中去，而历史仍然满足于偶然的轶事。这就是存在于小说、人物和本质的再识别之间的重要联系。

2. 作为游戏人物的作者

出现的第二种意蕴与第一种同样有趣。它不仅说世界的呈现是“游戏的”，而且也说那位“把自己放在舞台上”并因而让自己得到再现的作者的身份。这不就是我们称为读者的潜在性的关键吗？读者不是也被对艺术作品里展现的世界的游戏而转化了吗？作者和他的作品之间的游戏关系的假设，是由来自非常不同的观点，特别是来自德国和盎格鲁-撒克逊文学批评的形形色色的分析所支持的[5]。在这种批评文学中的讨论，由于小说家和他的人物之间的关系的问题而被两极 188
化了。“观点”（point of view）这词习惯于用来描述由过去的小说家对这些难题所做出的各种可能的解决：根据一个才智出众的作者所塑造的角色的全部观点，作者通过角色的眼睛对各种已呈现事物所进行的辨别，作者在只单独对自己讲的故事里的消失，等等。

根据我们前面对游戏的反思，这一争论如何能被解释？按照我的看法，对这一技术问题一直有无数解释这一事实，起因于关系本身的游戏特征。作者被认为是虚构的；并且作者和叙事的关系的不同方式是与这种游戏关系中如此多规则一样的。诺曼·弗里德曼（Norman Friedman）和斯坦泽尔（F. K. Stanzel）提出的解答，可以从这种观点重新加以考虑[6]。这些解答构成了作者的如此多虚构故事，在我看来，似乎由一位批评家的话来证实：“在某种范围，作者能做出伪装自己的选择，但他绝不可能做出消失自己的选择。”[7]伪装自己，装出不同的“声音”，这难道不就是游戏吗？

对于一部分法国人来说，他们深受结构主义者关于割去文本与作者之间的关联的影响，强调“心理学的”作者和“叙事者”的不一致关系，叙事者在文本中是由叙事者的符号所“标志”的。但是这种不一致不能表示作者的消失，正如班文尼斯特关于诗的语言所讲的缺失的指称，我们也必须引进“缺失的讲话者”这一观念。这种缺失标志游戏关系未进入作者的主观性。我们不再离开狄尔泰太远，因为他讲到“诗人在经验世界之前的想象的能力”[8]。在同样意义上，沃尔夫冈·凯塞尔（Wolfgang Kayser）也讲到“神话的创造者”以便指出叙事者的境遇。叙事者是一个摆脱其个人性的人，以至于听到的不是他的声音。因此主体的消失本身仍然是作者自我的想象变形。想象变形乃是在于叙事的部分，在于按照叙事伪装自身。在任何情况下，它仍是叙事者所假定的角色的问题。对于无所不知的叙事者，不管是与角色等同的叙事者，还是在那些似乎只讲话和行动的角色之间而消失
189 的叙事者，同样都是主体的虚构。无所不知的叙事者“正如角色一样，也是作者以同一方式所创造的自主性人物”[9]；而且如果叙事者与角色等同，或隐藏在后面，情况更会是这样。客观的和奥林匹亚的叙事者可能消失：游戏被替代而走向片面的和有限的角色观点；或者，正如在《少年维特之烦恼》里，它被隐藏在角色与我们之间插入的想象角色中，以至于这第三人称好像与可怜维特的话一起，在前言中对我们说话，并参与一种伪装的对话。

因此文本是否被以第三人称或第一人称写，这之间是没什么差别的。在任何情况下，间距化是一样的，不同的答案证明我们不再超越有规则支配的游戏。所以小说家在读他的角色的思想时，可以改变他的观点，并突然变成一个无所不知的人。所以，虽然说叙事者永不会是作者，这是对的，但叙事者却总是在那是作者的虚构人物里发生变形的人。甚至作者之死乃是作者玩的游戏。按照凯塞尔的说法，在任何情况里，作者永远是“宇宙的创造者”[10]。

3. 作为游戏人物的读者

现在我们可能从对作者的评论转到对读者的评论，并且也把读者作为一个虚构的或游戏的人物来看待。由于作者的主体性服从于想象

力的变化，这种主体性就成为一个由叙事者提供给读者的主体性的模式。读者也被邀请来经历一个他的自我的想象力的变化。当《少年维特之烦恼》前言中虚构的作者对我们说："你，完美的灵魂……"时，这个"你"不是一个知道维特不存在的平凡的人，而是一个相信虚构的"我"。正如凯塞尔所说的："读者是一个虚构的人物，一个我们为了看我们自己而设想出来的角色。"[11] 在这个意义上，我们可以说转化，有如伽达默尔讲实在在游戏里的转化。读者是这个想象的"我"，是由诗歌所创造并参与到诗人的宇宙中去的。

我们仍然可以讲到一种同构型（congeniality）关系，但它是在从游戏的作者到游戏的读者中出现的。因为作品本身已建构了进入角色的读者，因此同构型并不意味着任何与作者和读者的双重变形有什 100
么不同的东西："假定读者的作用是与当剧场里灯光灭了，幕布降下来时观众所经历的那种神秘的变化相当的。"[12]

因此，我们很容易超出小说或故事来做一概括：即使在读一部哲学作品时，我们也总有一个进入一种陌生的作品中去的问题，一个为了接受作品本身（像在游戏中）赐予的自我而放弃早先的"我"的问题。

III. 主体的幻觉

占有概念，当它在现代哲学中变成了与主体的首要性——这种主体的首要性最初产生于笛卡尔、康德和胡塞尔的著作中——相联系的那些错误的牺牲品时，就几乎再也没有被人引进过。主体的作用似乎意味着，占有是在主体中并通过主体进行的一种客观性的构成形式。这推断导致了一系列关于占有的意义的错误。这些错误中的第一个错误就是，偷偷地回到浪漫主义那种借助同质一致性（congenial coincidence）重新发现作者的天才的主张：从天才到天才！另一个错误就是，根据我们力图与其一致的原始听众的首要性来设想占有：要发现文本对之讲话的谁和使自己与最初听众同一，这将成为诠释学的任务。或者更直截了当地说，占有就在于将解释纳入当下读者理解的有限能力之中。

这种设想占有的方式（由于上述这些错误的诱惑），对于科学精神对诠释学表示出的怀疑，把诠释学理解为主观主义或主观主义的存在主义的一种形式，是负有责任的。甚至已经有人这样来读海德格尔：他的“前理解”（*Vorverständnis*）被认为与下面这点没有分别，即只是筹划读者在阅读他的著作时的偏见。对布尔特曼的诠释学循环也可以说同样的话：“为了理解先要相信”，这不就是把阅读自我筹划到被阅读的文本中去吗？

这里我将说，主体概念一定要受到一种类似于隐喻理论在客体概念上所受到的批判。事实上，这是同一个哲学的错误，只是从它的两
191 个极端来看：作为与主体相对立的客观性，作为支配客观性的主体。

在这阶段，从对主体幻觉的批判中得到的任何东西都必须整合到诠释学中。我看到，这种批判，不管是在弗洛伊德的传统还是在马克思主义的传统指导下，都构成了对“前见”批判的现代形式。

按照马克思主义的传统，对主体的批判乃是一般意识形态理论的一个方面。我们的理解是基于那种与我们在社会力量关系中所处的地位相关联的前见，我们所处的这种地位对我们来说部分也是未知的。而且，我们被隐藏的利益所推动而被迫地行动，由此出现了对现实的曲解。所以，对“错误意识”的批判就成了诠释学的一个不可缺少的组成部分。在这里，我看到诠释学和（例如）哈贝马斯所发展的意识形态理论之间对话的必然性[13]。

根据弗洛伊德的传统，对主体的批判乃是对“幻觉”的批判的一部分。这里我对精神分析感兴趣，不是作为阅读文本的束缚，而是作为读者的自我批评，作为占有行为的净化。在《弗洛伊德和哲学》里，我讲了自我分析的结果，我曾把它叫作主体的消失。正如弗洛伊德所说，主体不是他自己家中的主人。这个批判是针对那种可叫作“读者的自恋”的东西而说的：只在文本中寻找自己、强迫自己和重

新发现自己。

放弃（relinquishment）是占有的一个基本要素，它把占有与其他任何形式的“拥有”区别开来了。占有也是而且首先是一种“放开”（letting go）。阅读是一种占有—剥夺。这种放开、这种放弃怎样和占有合并在一起呢？主要是通过把占有和文本的揭示力量（the revelatory power of the text）联系起来，我们已经把文本的揭示力量描述为文本的指称度向。正是让占有被带向文本的指称的时候，自我剥夺了它自身……

我认为，占有和揭示（revelation）之间的联系，是诠释学力图克服历史决定论错误，并忠实保留施莱尔马赫诠释学的最初目标的奠基石。比作者理解他自己还更好地理解作者，就是展示暗含在作者的话语中的揭示力量，超出了作者自己存在境遇的有限视域。

在这个基础上，我们才可能驳斥有关解释概念的荒谬观点。首先，占有并不表示一个心灵和另一个心灵有任何直接的同构型。与文本照面就是互主体性或对话；伽达默尔所说的“视域融合”，表现了 192
作者和读者的**世界**视域的趋同。文本的观念性仍然是这个视域融合过程中的中介。

按照另外一个荒谬观点，诠释学的任务将由原始听众对文本的理解所支配。正如伽达默尔肯定地证明过的那样，这是一个完全的错误：圣保罗的信件，对我并不比对罗马人、迦太基人、科林斯人等说得少。只有对话才有一个“你”，这个“你”的身份是由对话本身来决定的。如果文本的意义对任何能阅读的人开放，那么它就是那种对未知读者开放的意义的“全时性”（omni-temporality）；阅读的历史性乃是这种特殊的全时性的对立物。从文本逃离了它的作者和它的境遇的时刻起，它也逃离了它的原初的听众。因此，文本能为自己获得新的读者。

按照第三种荒谬观点，对文本意义的占有将把解释包括在当下读者的有限理解能力之中。英语和法语用“appropriaton”（占有）来翻译 *Aneignung*，更强化了这一怀疑。我们难道不是把文本的意义置于那个进行解释的主体的支配下吗？这个反对意见可以通过下面的观察来消除："成为我们自己"的东西，不是某种心理（精神）的东西，不是另一个主体的意图，也不是假设隐藏在文本背后的设计；相反，它是一种世界的筹划，一种在世存在方式的建议，文本借助其非直指指称将筹划和建议揭示在自身面前。我们决不说已经掌握了自己在世存在的主体，筹划了他自己理解的先天性并在文本里增添这种先天性，我们只是说占有是一个过程，通过这一过程，新的存在方式的揭示——如果你宁愿选择维特根斯坦而不用海德格尔的术语的话，即新的"生活形式"的揭示——**给**主体以新的认识他自己的能力。如果文本的指称就是世界的筹划，那么首先就不是读者来筹划他自己。读者通过接受一种来自文本的新的存在方式而大大扩展了他自己筹划自身的能力。

所以占有不再表现为一种拥有（possession），一种对……的掌握方式；相反，它表现了一种对自恋的自我进行剥夺的因素。这种剥夺
193 过程就是说明程序所包含的那种普遍性和无时间性的工作。只有那种满足了文本命令的解释才追随意义之"箭"并努力去"一致地思考"它，从而产生一种新的**自己**理解（self-understanding）。所谓"**自己**理解"这一表述，我喜欢把在对文本的理解中出现的"自己"（*self*）和那种要求先于这种理解的"自我"（*ego*）加以对照。正是文本用它的普遍的揭示力量把一个"我自己"（*self*）给予了"自我"（*ego*）。

在这个补论的结尾处，本需要详尽的说明来确立诠释学哲学一方面与康德的反思哲学传统，另一方面与黑格尔的思辨哲学传统的关系。但在这里，我们只能限定我们自己提出一些看法来支持下述论点，即诠释学哲学必须使自己和这两种传统保持同样的距离，从这两种传统中吸取同样多的东西，同时又以同样的力量来反对它们两者。

由于诠释学想确保理解意义和自我理解之间的联系，所以诠释学哲学乃是反思哲学的一种继续。但是对主体幻觉的批判，恒久地求助于符号的巨大迂回，又决定地使它和 *cogito*（我思）的优先性区别开来，特别是，占有的主题附属于展现（manifestation）的主题，这就

更多地转向 *I am*（我在）的诠释学，而不是 *I think*（我思）的诠释学[14]。

人们可能认为，诠释学与反思哲学的分离将使它更接近思辨哲学。这很大部分是真的。所以伽达默尔能说，他的诠释学就其与施莱尔马赫断绝关系而言乃复兴了黑格尔。从根本上说，世界展现（manifestation of a world）这一概念——全部其他的诠释学概念都是围绕这一概念而组织起来的——更接近的——跟随《精神现象学》的前言——是真实东西的"自我表现"（*Selbstdarstellung*）的观念，而不是胡塞尔的构成性（constitution）观念。但是，这种自我表现永恒地回复到讲话事件——在讲话中解释**最终地**完成——表明了哲学对于失去绝对知识的哀悼。正是因为绝对知识是不可能的，所以解释的冲突才是不能克服的和不可避免的。

在绝对知识和诠释学之间，我们必须进行选择。

注释

［1］见本书《间距化的诠释学功能》。

［2］W. Dilthey，"Origine et Développement de l'Herméneutique"（1900），in *LeMonde de l'Esprit* Ⅰ（Paris：Aubier，1947）［英译本："The Development of Hermeneutics"，in *Selected Writings*，edited and translated by H. P. Rickman（Cambridge：Cambridge University Press，1976）］。

［3］Hans-Georg Gadamer，*Wahrheit und Methode*（Tübingen：J. C. B. Mohr，1960）［英译本：*Truth and Method*（London：Sheed and Ward，1975）］。

［4］Ibid.，p. 109［p. 102］. †

［5］See F. van Rossum-Guyon，"Point de Vue ou Perspective Narrative"；Wolfgang Kayser，"Qui Raconte le Roman?"；and Wayne C. Booth，"Distance et Point de Vue"；all in *Poétique*，Ⅳ（1970）. 在法国，相关问题见 J. Pouillon，*Temps et roman*（Paris：

Gallimard，1946）。

［6］Cf. F. van Rossum-Guyon，“Point de Vue ou Perspective Narrative”，pp. 481－2 and 485－90.

［7］W. C. Booth，quoted in F. van Rossum-Guyon，ibid.，p. 482.

［8］W. Dilthey，quoted in F. van Rossum-Guyon，ibid.，p. 486.

［9］F. K. Stanzel，quoted in F. van Rossum-Guyon，ibid.，p. 490.

［10］Wolfgang Kayser，“Qui Raconte le Roman?”，p. 510.

［11］Ibid.，p. 502.

［12］Ibid.，p. 510.

［13］见本书《诠释学与意识形态批判》。

［14］See Paul Ricoeur，“The Question of the Subject：the Challenge of Semiology”，translated by Kathleen McLaughlin，in *The Conflict of Interpretations*：*Essays in Hermeneutics*，edited by Don Ihde（Evanston：Northwestern University Press，1974），pp. 236－66.

第三部分

社会科学哲学的研究

8 文本模式：被视为文本的有意义行为

我这篇文章的目的是要验证一个我将简要说明的假设。 197

我认为“诠释学”一词的原本含义关涉到对我们文化的文字材料的解释所需要的规则。在假定了这一出发点之后，我仍然忠实于狄尔泰所陈述的 *Auslegung*（阐释）这一概念；*Verstehen*（理解，understanding，comprehension）是根据心理生命用以表现自身（*Lebenäusserungen*）的一切种类的记号对某陌生主体所意指或意向的东西的重新认识，而 *Auslegung*（阐释，interpretation，exegesis）则包含某种更特殊的东西：它只包含有限种类的符号，这些符号是由书写所固定的，包含所有各种的文献以及类似于书写那样被固定了的文物。

现在我的假设是这样：如果人文科学因为它们是文本而不是口头语言从而真有由文本解释提出的特殊问题，并且如果这些问题是构成诠释学本身的问题，那么人文科学可以说是诠释学的，（1）因为它们的**对象**显示某些作为文本的文本的基本特征，以及（2）因为它们的**方法论**展示出与**阐释**（Auslegung）或文本解释相同类型的程序。

后面，我的论文将要专门讨论的两个问题是：（1）在什么程度上我们可以把文本概念看作所谓社会科学对象的一个好的范式？（2）在什么程度上我们可以把文本解释方法论用作人文科学领域中一般解释的范式？

I. 文本范式

为了说明口头语言和书面语言之间的区别，我要引进一个预备性的概念，即**话语**（discourse）概念。正是作为话语，语言才或者是口头语言，或者是书面语言。

198 现在什么是话语呢？我们将不到逻辑学家那里，甚至也不到语言分析辩护者那里去寻找答案，而是从语言学家本人那里去寻找答案。话语是语言学家称为语言系统或语言代码的配对物。话语是语言事件或语言使用（language-event or linguistic usage）。[……]

如果符号（语音学的或词汇学的）是语言的基本单元，则句子就是话语的基本单元。因此，支持作为事件的言语理论的乃是句子语言学。我将从这种句子语言学里保留四个有助于我详尽阐述事件诠释学（the hermeneutics of the event）和话语诠释学（the hermeneutics of discourse）的特性。

第一个特性：话语总是有时间地和在当下地被实现，而语言系统则是抽象的和在时间之外的。埃米尔·班文尼斯特把这称为“话语实例”(instance of discourse)。

第二个特性：就语言缺乏主体——其意思就是“谁在讲话”这一问题不能用于它的层次——而言，话语则利用一个复杂的指示系统如人称代词来回指它的讲话者。我们将说，“话语实例”是自我指称的(self-referential)。

第三个特性：当语言中的符号只指称同一系统里的其他符号，并且语言因此缺乏一个世界，正如它缺乏时间性和主体性时，话语则总是关于某事的。它指称一个它要求描述、表达或再现的世界。正是在话语中，语言的象征功能才被实现。

第四个特性：语言只是它为交流提供代码的条件，而在话语中，所有的信息得到了交换。在此意义上，唯独话语不只要有一个世界，而且还要有他人，另一个人，一个它对之交谈的谈话者。

这四个特性合在一起就构成作为事件的讲话。[……] 让我们看看这四个特性在口头语言和书面语言中怎样不同地被实现。

(1) 话语，正如我们所说，只能作为有时间的和当下的话语实例而存在。这第一个特性在活生生的讲话和书写里是不同地被实现的。在活生生的讲话里，话语实例具有转瞬即逝的事件的特征，事件出现又消逝。这就是为什么有一个固定化、铭记的问题。我们要固定的东西就是那消逝的东西。广而言之，如果我们可以说，我们固定语言——字母的铭记、词汇的铭记、句法的铭记——是为了单独要被固定的东西，即话语。唯话语必须被固定，因为话语会消逝。与时间无关的系统既不出现也不消逝；它不发生。这里使人想起柏拉图的《斐 199
多篇》里的神话。书写给予人类使"话语的弱点"，即话语作为事件的弱点"得以救治"。语法（*grammata*）的礼物——那个"外来的"东西，那些"外在的记号"，那种物质性陌生物——正是带给我们记忆的一剂"救药"。古埃及底伯斯（Thebes）国王能够很好地答复塔斯（Theuth）神：书写是一剂假药，因为它用物质的保存取代真实的记忆，用表面的知识取代真正的智能。这种铭记，尽管存在其危险，但它仍然是话语的目的。书写实际上固定什么呢？不是讲话事件，而是讲话的"所说"，这里所谓讲话的"所说"，我们理解为构成话语目的的意向性外化（intentional exteriorisation），由于这个外化，*sagen*（说，the saying）要成为 *Aus-sage*（说出的话）——宣布（the enunciation）要成为所宣布的东西（the enunciated）。简言之，我们书写的东西，我们铭记的东西，是讲话的 *noema*（意向对象）。它是讲话事件的意义，而不是作为事件的事件。

实际上，书写固定什么？如果它不是讲话**事件**，那么它就是讲话本身，就它是**被说**而言。但是什么被说呢？

这里我想建议，诠释学不仅要像上面所说的那样，必须求助于语言学（话语的语言学和语言的语言学），而且也要求助于言语—行为理论，诸如我们在奥斯汀和塞尔那里所找到的。按照这些作者的观点，讲话行为是由分布在如下三个层次上的附属行为等级构成的：（1）以言表意行为（locutionary act）或命题行为，**说的**行为层次；（2）以言行事行为（illocutionary act）或以言行事力层次，即我们**在**说时所做的东西；以及（3）以言取效行为（perlocutionary act）层次，即我们**通过**说所做的东西。

这些区别对于我们的意向性外化问题有什么意义呢？我们知道，由于意向性外化，事件得以在意义上超越自身并使自身得以物质固定化。以言表意行为在句子里外化自身，句子实际上能被识别和再识别为同一句子。一个句子变成说出的话（*Aus-sage*）并且被转换成带有如此这般意义的如此这般的另外句子。但是，以言行事行为也能够通过允许其识别和再识别的语法范式（直陈的、命令的、虚拟的语气，
200 以及其他表现以言行事力的程序）而被外化。当然，在口头话语里，以言行事力依赖于模拟与手势元素和话语的非表达的方面，即我们称为韵律学的东西。在这个意义上，以言行事力相对于命题的意义更少完全在语法上被铭记。无论如何，它在综合表述里的铭记本身就被收集在那些原则上使书写固定可能的特殊范型里。毋庸置疑，我们必须承认，以言取效行为是话语里最少铭记的方面，并且偏向地说，它标志了口说语言的特征。但是，以言取效行为恰恰是话语里最少话语的东西。它是作为刺激的话语。它行动，不是依靠我的对话者对我的意向的承认，而是更为直接地依靠对情感和情绪倾向的影响。所以命题行为、以言行事力和以言取效行为都以递减的比例适合于使书写铭记可能的意向性外化。

因此，我们不仅必须借助说话行为的意义或言说的 noema（意向对象）去理解句子，即狭义上的命题行为，而且还要按照言语行为这三方面被编纂、被纳入范例的程度去理解以言行事力，甚至以言取效行为。在这里，它们必然能够被识别和被再识别为具有同一意义。因

此我这里赋予“意义”（meaning）一词一个非常宽广的词义，它包括了意向性外化的全部方面和层次，从而使话语的铭记得以可能。

话语的其他三个特性的命运，在从话语到书写的过程中，将允许我们更精确地把握从说提升到所说内容的意义。

（2）在话语中，我们说过——并且这是话语相对于语言的第二个不同特性——句子通过各种不同的主体性和个体性的指示系统来指称它的讲话者。在口说的话语中，话语对讲话主体的指称表现了我们能以下述方式说明的直接性特征。讲话主体的主观意图和话语的意义彼此是这样重合，以致去理解讲话者意指什么和理解他的话语意指什么乃是同一回事。法文词 *vouloir-dire*、德文词 *meinen* 以及英文词“to mean”的歧义性就证明了这种重合。去问“你意指什么”和问“这意味什么”，这几乎是同一回事。反之，在书写的话语里，作者的意图和文本的意义则不再吻合。文本的语词意义和心理的意图的这种分离，乃是话语铭记中真正核心。并不是我们能离开作者来设想文本； 201
讲话者和话语之间的联系不是被消除，而是被扩大和复杂化。意义（meaning）和意图（intention）的分离，对讲话主体来说，仍是一种话语指称的冒险。但是文本的经历逃脱了它的作者所生活的有限视域，文本现在说的内容远比作者意欲说的更多。每一种注释都在那种挣脱了作者心理之束缚的意义周围内展示它的程序。我们再用柏拉图的说法，书写的话语绝不能通过口说话语为了便于理解所使用的一切手段——声调、演技、模仿、手势——而得到“救治”。在此意义上，那种首先对陌生话语出现的“外在标记”的铭记，标志了话语的实际的精神性。今后，只有意义去“救治”意义，而无须作者的物理的和心理的呈现。但是说意义救治意义，就等于说只有解释才是话语弱点的“救药”，而对此作者不再能有“救治”。

（3）意义第三次超越事件。我们说过，话语是指称世界，**某个**世界的东西。在口说话语里，这意味着对话最终所指的是谈话者共同的**境遇**。这种境遇以此方式围绕对话，并且它的边界完全可以由手势或由手指来指明，或者由话语本身通过其他那些指示物——指示代词、时空副词和动词时态——的实物指称而以一种直指方式所指明的。我们说，在口头话语中，指称是**直指的**（ostensive）。在书写话语里，指称发生了什么改变呢？我们是否说文本不再有指称？这将把指称（reference）与实证（monstration）、世界与境遇混淆起来。话语不能不是关于某事情的。在这样说时，我是与任何绝对文本的意识形态分开的。只有少许复杂的文本才会满足这种没有指称的文本理想。它们是能指（signifier）脱离所指（signified）的文本。但这种新形式只作为一种例外才有价值，它不能给予钥匙开启其他一切这样或那样谈论世界的文本。但当没有任何东西能被显示时，文本的主题又是什么呢？绝不是说文本那时没有世界，我现在将无背理地说，只有人才**拥有世界**，而非仅仅有境遇。正如文本把它的意义从心理意图的束缚下
202 摆脱出来，它也把它的指称从直指指称的界限中摆脱出来。对我们来说，世界就是文本所开启的全部指称。所以我们谈到古希腊的“世界”，而无须更多地指明那些生活在那里的人的境遇是什么，我们只指明非境遇的指称，这些指称使最初的黯然失色而以后又作为可能存在方式，作为我们的在世存在的象征度向被提供。我认为，这就是全部文学的**所指**（referent），不再是对话**直指指称**的 *Umwelt*（环境），而是我们所读、所理解和所爱的每一文本的**非直指指称**所筹划的 *Welt*（世界）。理解一个文本同时就开启我们的境遇，或者如果你愿意的话，在我们境遇的谓项中加入所有构成我们 *Umwelt*（环境）的 *Welt*（世界）的意蕴（significations）。正是由 *Umwelt* 扩展到 *Welt*，才允许我们讲到文本**所开启**的指称——更确切地说，指称**开启**世界。这里，话语的精神性通过书写再次表现出来，由于为我们开启了一个世界，一个我们在世存在的新度向，书写使我们摆脱了境遇的可见性和有限性。

在这个意义上，海德格尔正确地说——在他于《存在与时间》中对 *verstehen*（理解）的分析中——我们在话语中首先理解的不是他人，而是一种筹划，即一个新的在世存在的轮廓。只有书写，由于不仅从它的作者那里逃离出来，而且也从狭小的对话境遇里逃离出来，

启示了这种作为筹划世界的话语的目的。

在这种试图把指称与世界的筹划相关联中，不仅有我们重新发现的海德格尔，而且也有威廉·冯·洪堡，洪堡试图通过对语言的伟大辩护去建立人与世界的关系。如果你拔除这种指称功能，那么留下的就是荒谬的错误能指游戏。

（4）也许由于第四个特性，话语在书写里的完成是最具典型的。只有话语，而不是语言，是讲给某人听的。这是交往的基础。但是，话语被说给一个同样地出现在话语境遇的谈话者，这是一回事，而话语被说给任何知道如何去阅读的人，有如任何一页作品所实际上书写的那样，则是另一回事。对话关系的狭窄性扩展了。代替说给你，即第二人称，被书写的东西被说给它自己创造的听众。这再次标志书写的精神性，它的物质性的对应物，以及它施加话语的陌生化的对应物。书写的对面正是任何知道如何阅读的人。对话中主体的共同在场 203
不再是任何“理解”的模式。书写—阅读关系不再是说—听关系的特殊情况。但同时话语被揭示为在它的说的普遍性中的话语。由于解脱了事件的瞬时特征、作者所生活的范围以及直指指称的狭窄性，话语也解脱了面对面存在的界限。它不再有可见的听者。一个未知的、不可见的读者已经成为话语的没有特权的接受者。

在什么程度上我们可以说人文科学的对象符合文本的范例？马克斯·韦伯把这对象定义为**意义导向行为**（sinnhaft orientiertes Verhalten），即有意义指向的行为（meaningfully oriented behaviour）。在什么范围内我们可以用我喜欢叫作 *readability-characters*（可读性）的东西（这是从上述文本理论推导出的）来代替“有意义指向”这词？

让我们把文本是什么的四个标准应用于有意义的行为概念。

1. 行为的固定化

只有在与书写固定话语相等同的客观化的条件下，有意义的行为才成为科学的对象。这一特性在我们这个分析的阶段上预先假设了一个帮助我们的简单方法。与在书写中谈话被消除的情况相同，在我们处理行为为固定文本的大多数情况中，相互作用或互动（interaction）也被消除。这些情况在那些行为理论中是被忽略的，对于那些行为理论来说，行为话语本身乃是从一个行为者到另一个行为者的转换行为情况的一部分，正如口头语言是在谈话过程中被捕捉到的，或者，如果我们可以说的话，是在转换谈话过程中被捕捉到的。这就是为什么行为的理解在前科学层次上只是“没有观察的知识”，或像安斯康姆（G. E. M. Anscombe）所说，只是在“知道如何”（与“知道什么”相对）意义上的“实践知识”。但是，这种理解仍不是那种可以称为科学解释的强意义上的**解释**（interpretation）。

我的主张是，就行为是有意义的行为而言，行为本身可以通过一
种类似于书写中发生的固定化的客观化成为科学的对象，而无须解除
204 它的有意义特征。由于这种客观化，行为不再是行为话语仍会属于的
转换行为。它构成一个被描写的模式（delineated pattern），而这个
模式必须按照其内在联系来加以解释。

这种客观化之所以**可能**是由于行为的某些内在特征，这些特征类似于讲话行为的结构，并且产生了一种做言说（doing a kind of utterance，即说某种话语）。正如书写固定化之所以可能是由于讲话行为本身所固有的意向性外化的辩证法，同样转换行为过程中的类似辩证法也为行为的**意义**从行为的**事件**中分离出来做了准备。

首先，行为具有一种以言表意行为的结构。它具有一种能够被识别和重新被识别的**命题的**内容。这种行为的“命题的”结构曾被安东尼·肯尼（Anthony Kenny）在《行为、情感和意志》[1]一书中清楚地和有论证地加以说明。行为的动词构成一种特殊类型的谓项，这些谓项类似于关系，并且正如关系一样，都是不可还原为所有那些可跟随系词“是”的谓词。行为谓项类不可还原为关系，并且构成一种特殊的谓词集合。除其他特征外，行为动词允许一种能补充动词的“主目”（arguments）的复数，从无主目（柏拉图教导）到不定数目的主目（在……的帮助下，布鲁图 3 月 15 日在元老院会堂与……杀

了恺撒）。行为语句谓项结构的这种可变的多义（polydicity）是行为命题结构的典型性质。对于固定概念从话语领域到行为领域的转换是重要的另一个特征，关涉到行为动词的“补语”（complements）的本体论状态。当关系在同等存在（或不存在）的词项之间成立时，某些行为动词就具有一个被识别为存在的和语句所指称的论题主体，以及具有不存在的补语。这就是“心理行为”（相信、思考、意欲、想象等）的情况。

安东尼·肯尼描述了某些其他产生于行为动词的功能描述的行为命题结构的特征。例如，状态、主动性和履行性之间的差别可以按照行为动词（这些行为动词固定行为本身某些特殊时态特征）的时态行为进行陈述。行为的形式对象与物质对象之间的差别（让我们说所有 005
易燃之物的概念与我现在正燃烧的这封信之间的差别）属于行为逻辑（这反映在行为动词的语法里）。大致地说，这就是给予**事件**与**意义**辩证法（类似于讲话行为辩证法）以基础的行为的命题内容。这里我喜欢讲到行为的意向对象结构（noematic structure）。正是这种意向对象结构才可以被固定并从相互作用过程分离出来，并成为要解释的对象。

另外，这种意向对象不仅具有命题内容，而且也表现了“以言行事”的特征，非常类似于那些完全的言语行为的特征。奥斯汀在《如何以言行事》一书最后所描述的话语的各种不同类型的履行性行为，可以视为范例，不仅适用于言语行为本身，而且也适用于实现相应言语行为的行为[2]。因此跟随以言行事行为模式，行为类型学是可能的。不仅类型学，而且标准学（criteriology），因为每一类型都包含规则，更精确地说，“构成规则”，按照塞尔在《言语行为》中的说法[3]，这些构成规则允许“理想模式”（类似于马克斯·韦伯的“理想类型”）的构成。例如，要理解一个许诺是什么，我们必须理解这样一种“本质条件”是什么，按照这种本质条件，一个所与的行为才“算为”一个许诺。塞尔的“本质条件”与胡塞尔所称为的**意义内容**（Sinngehalt）相近，意义内容既包括“物”（命题内容），又包括

“质”（以言行事力）。

我们现在可以说，正如言语行为一样，行为不仅可以按照其命题内容，而且也可按照其以言行事力加以识别。这两者构成行为的“意义内容”（sense-content）。正如言语行为一样，行为事件（如果我们可以取这种类似的表达的话）发展了一种在其作为出现事件和消失事件的时态状态，与其作为具有如此这般可识别意义或“意义内容”的逻辑状态之间的类似辩证法。但是，如果“意义内容”是使行为事件“铭记”得以可能的东西，那么什么使它为真呢？换句话说，什么相应于行为领域内的书写呢？

让我们回到言语行为的范例。我们说，书写所固定的东西是讲话的 noema（意向对象），作为**所说**的内容（the saying as *said*）。在什么程度上我们可以说，所**做**的东西被铭记？在这方面某些隐喻可以帮助我们。我们说如此这般事件在时间上留下其**印记**（mark）。我们讲到印记的事件（marking events）。在时间上真没有“印记”，那类要
206 求阅读而不要求倾听的事物吗？但是这种所留的印记的隐喻是什么意思呢？

文本的其他三个标准将帮助我们更精确地理解这种固定的性质。

2. 行为的独立性

正如文本与它的作者分离，行为也与其行为者分离，并产生出它自己的结果。人类行为的这种独立性构成行为**社会**维度。行为之所以是社会现象，不仅是因为它是由一些行为者以这样一种方式所成就，以至于他们中每一个人的作用不能与其他人的作用区分开来，而且也因为我们的行为回避了我们并具有我们并不意想的效果。这里出现了“铭记”概念的一种意义。我们在讲话者的意图与文本的语词意义之间所发现的那种间距也出现在行为者与他的行为之间。正是这种间距才使有责任性的归属成为一个特殊问题。我们并不问，谁在笑？谁举起他的手？行为者被表现在他的行为中，正如讲话人被表现在他的讲话中一样。对于那些为了被做不需要前面行为的行为如此这般的单纯

行为，意义（noema，意向对象）和意图（noesis，意向活动）相合一或重叠。对于那些复杂的行为，某些部分是这样与原来单纯的部分（这部分能说成表现行动者的意图）相脱离，以至于这些行为或行为部分的铭记构成了一个类似于文学批评情况中作者意图那样难以解决的问题。作者的指定成为一个中介的推论，那些试图在事件过程中孤立历史人物的作用的历史学家对此推论是非常熟悉的。

我们现在用“事件过程”这一表达。我们是否能说，我们称为事件过程的东西起了那种当话语被书写就可“拯救”消失话语的实质的作用吗？正如我们以某种隐喻方式所说的，某些行为乃是在时间上打下了其烙印的事件。但在什么东西上它们打下了它们的印记呢？难道话语不是在某种空间事物上被铭记吗？一个事件如何能被铭记在某种时间性的事物上？无论如何，社会时间不只是某种逃离的东西，它也是具有绵延效果的场所，是继续存在模式的场所。一个行为留下“踪迹”，当它有助于那样一些成为人类行为**纪念物**的模式的出现时，它就打上了其“印记”。

另一个隐喻可以帮助我们阐明这种社会“印记”现象：“记录”或“注册”的隐喻。芬伯格（Joel Feinberg）在《理性与责任》中引 207
进这一隐喻，不过是在另一语境，即责任性语境，以便表明一个行为如何可以被谴责。他说[4]，只有那些能为以后注意加以“注册”的并位于作为某人“记录”上进入的行为才能被谴责。如果没有正式的记录（诸如那些服务公司、学校、银行和警察局的机构所保存的记录），但仍有关于这些我们称之为反驳并构成谴责根据的正式记录的非正式的模拟物。我喜欢把这种有兴趣的记录和反驳的隐喻应用于某种不同于准判别的谴责、指控、称赞或惩罚情况。我们难道不能说历史本身是人类行为的记录吗？历史就是这种人类行为在其上留有“踪迹”，打上其印记的准“事物”。所以就有了“档案”（archives）的可能性。在由记忆专家有意图地写下的这些档案之前，就存在这种“记录”人类行为的连续过程，这过程就是作为印记总和的历史本身，其命运摆脱个别行为者的控制。因此历史可以作为一种自动的实体出现，作为一种与那些不知道情节的游戏者的游戏出现。这种历史实体化可以被说成是谬论，但这种谬论在人类行为成为（当这些行为被写入历史档案里时）社会行为的过程中却是很好确立的。由于这种在社会时间内的沉淀，人类行为变成“制度”（institutions），意思是它们的意义不再与行为者的逻辑意向相一致。意义可以是“去心理化”（depsychologised），其关键是**意义**居于作品本身中。用温奇（P. Winch）在《社会科学的观念》一书中的话来说，社会科学的对象乃是“受规则统治的行为”[5]。但是这种规则不是强加上去的，它是作为在这些片段的或构成的作品内表述的意义。

这就是从有意义行为的社会固定化所产生的那种“客观性”。

3. 关联与重要性

按照我们关于文本是什么的第三个标准，我们可以说，有意义的行为就是这样一种行为，其**重要性**（importance）超越与其原来境遇的**关联**（relevance）。这种新的特征非常类似文本破坏话语与所有直指指称联系的方式。作为这种从境遇语境解放的结果，话语能发展我
208 们称之为“世界”的非直指指称，其意思是，当我们讲到古希腊“世界”，不是这个词的宇宙论意义，而是一种存在论的度向。在行为领域，什么相应于文本的非直指指称呢？

在引入当前的分析中，我们把行为的**重要性**（importance）与作为其要相应的境遇的**关联**（relevance）加以对照。我们可以说，一个重要的行为发展那种可以在其他情况（不是该行为所发生的情况）里被现实化或实现的意义。换句话说，重要事件的意义超过、压倒、超越其产生的社会条件，并可以在新的社会语境下重演或再规定（reenacted）。它的重要性就是它的绵延的关联，在某种情况下，就是它的全—时间的关联。

这第三个特征具有作为文化现象与其社会条件之间关系的重要意蕴。克服它们的社会生产条件难道不是伟大文化作品的基本特征吗，有如文本发展新的指称并构成新的“世界”？正是在这个意义上，黑

格尔在《法哲学原理》里讲到“实现”自由的制度（就此词的最宽广意义）是与自由相符的**第二本性**。这种“实现自由的王国”乃是由那些能在新的历史境遇里接受关联的行为和作品所构成的。如果这是对的，那么这种征服我们自己生产条件的方式就是解决马克思主义关于“上层建筑”状态所提出的困难问题的关键。作为它们与其自己的基层建筑的关系的上层建筑的二律背反在文本的非直指指称中具有其范例。作品不仅反映它的时代，而且也开启了它自身内的世界。

4. 作为“开放作品”的人类行为

最后，按照我们关于文本作为文本的第四个标准，人类行为的意义也是某种对不确定的可能“读者”系列**讲话**（addressed）的东西。法官不是当代，而是如黑格尔所说，是历史本身。**世界历史**（Weltgeschichte）**就是世界法庭**（Weltgericht）。这意指人类行为正如文本一样，是一种开放作品，该作品的意义在“悬置”中。正是因为它“开启”新的指称并从新的指称中接受新的关联，所以人类行为也期待新的解释来决定它们的意义。这样，所有有意义的事件和行为都对这种通过现在**实践**而进行的实践解释开放。人类行为也对任何**能阅读**的人开放。同样，事件的意义（meaning）乃是其以后出现的诸解释 209
的含义（sense），在此过程中，当代的解释并不具有任何特殊的特权。

这种作品与其解释之间的辩证法将是我们现在要考虑的解释**方法论**的主题。

II. 文本解释的范式

我现在要在方法论层次上揭示这种文本模拟的丰富结果。

当涉及社会科学方法时，我们的范例的主要意蕴是，它对于人文科学中**说明**（erklären）和**理解**（verstehen）之间的关系问题提供了一个新的观点。众所周知，狄尔泰给这种关系以二分法的意义。对于狄尔泰来说，任何说明模式都是从一种不同的知识领域，即带有归纳逻辑的自然科学领域借来的。此后，所谓**精神科学**的自主性只能靠承认一种根据某陌生心理生命得以直接外化的符号来理解该陌生心理生命的不可还原的因素来保持。但是，如果**理解**（verstehen）是通过这种逻辑鸿沟从**说明**（erklären）中分离出来的，那么人文科学如何能成为科学的呢？狄尔泰不断和这种悖论斗争着。大概在读过胡塞尔的《逻辑研究》之后，他愈来愈清楚地发现精神科学之所以是科学，是因为尽管在自然和精神、事实的知识和符号的知识之间存在逻辑鸿沟，生命表达却经历了一种客观化过程（Objectification），这种客观化过程使得某种与自然科学的科学观点相类似的科学观点成为可能。对于科学的目的来说，这些客观化过程所提供的这种中介相对于生命表达对日常事务的直接意义来说更为重要。

我自己的疑问就是从狄尔泰思想的这最后窘境开始的。而我的假设是：这种被包含在作为文本的话语状态中的客观化对狄尔泰提出的问题却提供一种更好的回答。这种回答依赖于**说明**和**理解**之间关系的辩证性质，有如在阅读中所展现的。因此我们的任务将是表明，作为书写范例的相对物的阅读范例，在何种程度上为人文科学的方法论谬论提供一种解答。

包含在阅读中的辩证法表现了书写和阅读之间关系的原始性以及
210 它对建立在说和听之间直接相互作用之上的对话境遇的不可还原性。说明（explaining）和领悟之间之所以存在辩证法，是**因为**书写—阅读境遇展示了它自己的问题，而不仅仅是一种作为对话结构的说—听境遇的扩大。

因此，正是在这里，我们的诠释学大多是对诠释学中浪漫主义传统批判的，因为该传统把对话境遇作为应用于文本的诠释学操作的标准。我的观点是，正相反，正是这种文本诠释操作，才揭示了在对话理解中已经是诠释了的东西的意义。所以，如果对话关系并不提供我们以阅读范例，那么我们就必须把它建构为一个原始的范例，一个它自己的范例。

这种范例从文本本身状态中推出它的主要特征：（1）意义的固定化；（2）它和作者主观意图的分离；（3）非直指指称的展现；以及（4）它的听众普遍范围。这四个特征加在一起构成文本的“客观性”。从这种“客观性”推导出**说明**的可能性，这种说明的可能性不能在任何意义上从其他领域，即自然事件领域推导出来，但它是和这种客观性同质的。因此，不存在从一个实在领域到另一个实在领域——例如，从事实领域到符号领域——的转换。正是在同样的符号领域内出现了客观化过程并导致了说明程序。而且也正是在同样的符号领域内，说明和领悟直面相对。

我认为，我们应以两种不同方式考虑这种辩证法：（1）作为从领悟到说明的程序，以及（2）作为从说明到领悟的过程。这两个程序之间的交换和相互作用将给我们提供很好接近这种关系的辩证法的范例。在这个论证的几近结尾处，我将尽力简要指出阅读范例在整个人文科学领域内可能的扩展。

1. 从理解到说明

这第一个辩证法——或更精确地说，这独特辩证法的第一个形态——可以方便地通过我们关于理解文本不是重返作者的论点来引进。意义和意图的分离创造了一种产生**说明**和**理解**辩证法的绝对原始的境遇。如果客观意义是某种不同于作者主观意图的东西，那么该客观意义就可以不同方式加以解释。正确理解的问题不再被简单返回所谓作者的意图而解决。 211

这种建构必然采取过程形式。正如赫希在其《解释的有效性》一书中说的，虽然没有做出好的猜测的规则，但有确认猜测有效性的方法[6]。猜测（guessing）和确认（validating）之间的辩证法构成我们关于领悟和说明辩证法的一种形态。

在这个辩证法中，这两个术语是决定性的。**猜测**相应于施莱尔马赫称为“预期的”（divinatory）东西，而**确认**则相应于施莱尔马赫称为“语法的”东西。我对这个辩证法理论的贡献将是把它和文本理论与文本阅读更紧密地联系在一起。

我们为什么需要一种猜测艺术呢？我们为什么必须解析意义呢？不仅——像我前几年想说的——因为语言是隐喻性的，因为隐喻语言的双重意义需要一种有助于展示几层意义的破解艺术（an art of deciphering）。隐喻的情况对于一般诠释学理论只是一种特殊情况。更一般地说，文本必须要被破解，是因为它不只是一种具有同一立足点并分别地可被理解的句子序列。一个文本就是一整体、一总体。整体与部分之间的关系——如在艺术作品或动物里——需要一种特殊的“判断力”，康德在其《判断力批判》里对此给出了理论。正确地说，整体表现为主题系统，或主要的和从属的主题的系统。重构作为整体的文本必然具有一种循环的性质，意思是说，某种整体的前提被包含在对部分的认识中。反之亦然，正是在解析细节中，我们解析了整体。关于什么是重要的，什么是不重要的，什么是本质的，什么是非本质的，这没有必然性和自明性。重要的判断乃是一种猜测。

另外还有困难，如果文本是一整体，那么它更是一个个体，有如一个动物或一部艺术作品。作为一个个体，文本只有通过缩小关于文学类型，这个文本所属的文本类别，这个文本所贯穿的不同种类的结构的类型概念范围的过程才能达到。这个独特文本的局部性和个体性仍旧是一种猜测。

还有另一种表现同一种谜的方式，即文本作为个体可以从不同方面来达到其目的。正像一个立方体，或一个宇宙空间，文本表现一种
212 “空间浮雕”。它的不同主题不在同一高度上。因此全体的重构具有一个类似于知觉视角那样的视角问题。我们常常可能把同一句子以不同的方式和这一或那一被认为是文本基石的句子相关联。一种特殊的片面性被包含在阅读行为中。这种片面性肯定了解释的猜测特性。

由于所有这些理由，存在着解释问题，与其说是因为作者的心理经验不能交流，毋宁说是由于文本的语词意图的性质本身。这种意图

是某种不同于诸个别句子的个别意义的总和的东西。文本比句子的线性系列更多。它是积累的、整体的过程。文本的这种特殊结构不能从句子的结构推导。因此，属于作为文本的文本的多重含义是某种不同于日常语言里个别语词的多义性和个别句子的歧义性的东西。这种多重含义对作为整体来考虑的文本是典型的，它开启多种阅读和多种建构。

关于我们用以检验我们猜测的确认程序，我同意赫希的看法，即它们是与概率逻辑相联系，而不是与经验证实逻辑相联系的。根据已知东西去表明某解释是更有问题的，乃是某种不同于表明结论是真的。在此意义上，确认不是证实。确认是一种可与法学解释的法律程序相比较的论辩学科。它是一种非确定性的逻辑和质概然性的逻辑。在此意义上，我们可以对精神科学与自然科学之间的对立给予一个可接受的看法，而不向任何个体的无法表达的所谓独断让步。检索的转换法，主观概然性的逻辑类型给予专门冠以科学之名的个别科学以坚固的基础。文本是一个准个体，应用于文本解释的确认，可以完全合法地说，给出一种文本的科学知识。

这就是猜测的天才和确认的科学特性之间的平衡，这种平衡构成**理解**和**说明**之间辩证法的现代补充。

同时，我们准备对著名的**诠释学循环**给出一个可接受的意义。猜
测和确认在某种意义上好像是作为对文本的主观的和客观的观点彼此 213
是循环地相关联的。但是这种循环不是恶性的循环。如果我们不能逃脱那种赫希认为威胁猜测和确认之间关系的“自我证实”[7]，那么这种循环将是一个牢笼。非确认过程也属于确认过程，这类似于卡尔·波普尔在其《科学发现的逻辑》[8]一书中所强调的可证伪性标准。证伪作用在这里是通过竞争的解释之间的冲突来进行的。一种解释不仅必须是概然的，而且比另一种解释还更为概然。存在着可以容易从主观概率逻辑中引申出来的相对优越性标准。

最后，如果真的经常有更多的解释文本的方法，那么下述这一点就不是真的，即所有的解释都是等同的，并且可以被等同于所谓的

“拇指规则”（rules of thumb）①。文本是可能建构的有限领域。确认逻辑允许我们在独断论和怀疑论这两个界限之间运动。我们常常可能赞成或反对一种解释，使几种解释对质，在它们之间进行仲裁，以及寻求一致，尽管这种一致我们难以达到。

猜测和确认之间的这种辩证法在什么程度上对人文科学的全部领域是范例性的呢？

人类行为的意义、历史事件的意义和社会现象的意义都可以多种不同方式加以**解析**（construed），这在所有人文科学专家那里是众所周知的。较少知道和不理解的是，这种方法论的窘境是在对象本身的本性中被发现的，而且它并不谴责科学家摇摆于独断论和怀疑论之间。正如文本解释的逻辑所暗示的，存在一种特殊的多重含义属于人类行为的意义。人类行为也是一个可能建构的有限领域。

前面分析一直未强调的一个人类行为的特性，可以在文本的特殊的多重含义和人类行为的类似的多重含义之间提供一种重要的联系。这个特性涉及行为的目的度向和行为的动机度向之间的关系。正如许多哲学家在新的行为理论领域中所表明的，当对问题“什么”的回答是用对问题“为什么”的回答来解释时，行为的目的性特征就完全得以认识。如果你能对我**解释**你为什么做如此这般行为，那么我**理解**了
214 你想做什么。现在，哪一种对问题“为什么”的回答是有意义呢？只有那些提供了作为“为……的理由”而不是作为一个原因的动机的回答才是有意义的。什么是那种不是原因的为……的理由呢？用 G. E. M. 安斯康姆和梅尔登（A. I. Melden）的话来说，它是这样一种表达式或术语，它允许我们考虑作为这或作为那的行为[9]。如果你告诉我，你做这或做那，或者是因为妒忌，或者是出于报复精神，那么你是在要求我按照这种情感和性情范畴来看待你的行为。用同样的话，你要求你的行为要有意义。你要求它无论对你自己还是对别人都是可以理解的。当应用于安斯康姆所说的需要的“欲望特征”时，这

① 拇指规则，也称为经验法则，是一种可用于许多情况的简单的经验的原则，人们把它也称为试探法。

个尝试是特别有帮助的。需要和相信不仅具有使人们按照如此这般方法行动的生存力量的性质，而且还有作为一个明显善（这是它们欲望特征的相关物）的有意义性质。我可能必须回答这问题，因为什么你要这个？在这些欲望特征和符合它们的明显的善的基础上，我们才可能**论辩**行为的意义，赞成或反对这一解释或那一解释。在这方面，动机的考虑已经预示了论辩程序的逻辑。我们难道不能说人类行为里可以（并且必须）被**解释**的东西就是这种行为的动机基础，即一组可以说明它的欲望特征？我们难道不能说，与通过行为动机的行为解释相联系的**论辩**过程展现了一种使行为类似于文本的多重含义？

使这种从猜测文本的意义到猜测行为的意义的扩展得以合法的似乎是，在论辩行为的意义时，我把我的需要和我的信念隔开，并使它们服从面对对立观点的具体辩证法。这种为了阐明我自己动机而把我的行为置之度外的方法，为这种随着我们称为人类行为社会**铭记**的东西和我们对之应用“记录”隐喻的东西而产生的间距化做好了准备。可以放进“记录”并因而是“记录了的”同一行为，可以按照应用于它们动机背景的论据多重性以不同的方式加以**说明**。

如果我们在把我们视为与**理解**（verstehen）同义词的“猜测”概念扩大到行为上的做法是正确的话，那么我们也可以把我们视为**说明**（erklären）等值物的“确认”概念扩大到行为领域。这里现代的行为理论为我们在文学批评程序与社会科学程序之间提供了中介的联 215
系。有些思想家试图按照法官或法庭用以确认某个关于合约或犯罪的判决的法律程序来说明我们把行为归于行为者的方式。哈特（H. L. A. Hart）在其著名的《责任性与权利的归因》一文中以非常确认的方式指明，司法推理并不在于把普遍法律应用于特殊个案，相反，每一次它都解释独特指涉的判决[10]。这些判决终止了那些能“挫败”要求或控告的辩解和防卫的反驳。在说人类行为基本上是“可取消的”，司法推理是一种能支配各种不同的“挫败”要求或控告的方式的论辩过程时，哈特为这样一种一般确认理论铺平道路，其中司法推理将是文学批评中的确认与社会科学中的确认之间的基本联系。司法推理的中介作用清楚地表明，确认程序具有一种争论的秉性。在法庭面前，文本和行为共同具有的多重含义（plurivocity）被揭示在一种解释冲突的形式中，最后的解释作为这样一种判决出现，即该判决可以上诉。正如法律的语言一样，在文学批评和社会科学领域里的所有解释都可以被挑战，“什么能打败某主张”这一问题对所有论辩境遇都是共同的。只有在法庭上，才有一个瞬间上诉程序被终止。但这是因为法官的判决是由于公权力所补充的。在文学批评或社会科学里，绝没有这种最终话语。或者说，如果有，我们称之为暴力。

2. 从说明到理解

如果取相反的方向，即从说明到理解，那么领悟和说明之间的同样辩证法可以获得一种新的意义。这个辩证法的新形态是从文本的指称功能的本性产生的。正如我们说过的，这个指称功能超出了对话境遇中讲话者和听话者共同的境遇的直指指称。这种从周遭世界的脱离产生了两种对立态度。作为读者，我们或者可以保持在对任何指称世界的质疑状态中，或者可以以一种新的境遇实现文本可能的非直指指称，即读者的指称。在第一种情况，我们把文本处理为一个无世界的实体，而在第二种情况，我们通过阅读艺术所包含的那种“实施”
216 （execution）创造一个新直指指称。这两种可能性同样都是由阅读行为所引起，被认为是它们辩证的相互作用。

第一种阅读方式今天体现在各种不同的文学批评结构学派中。它们的观点不仅是可能的，而且是合法的。它从对直指指称的质疑、悬置（*epoché*）出发。这样，阅读就意味着把这个对直指指称的质疑延伸到世界，并转移自身到文本所在的“地方”，到这个无世界的地方的“栅栏”内。按照这种选择，文本不再具有外面，而只有一个内部。而且，作为文本的文本，作为文学的文本系统的制定，证明了这种文学东西转变为符号严密系统的正确性，这种符号严密系统类似于语音学在一切话语根基上所发现的严密系统，即索绪尔称为 *la langue*（语言）的东西。按照这种作业假说，文学就变成了语言的类似物（*analogon* of *la langue*）。

根据这种抽象，一种新的说明态度可以被扩大到文学对象，这个对象，与狄尔泰的期望相反，不再是从自然科学，即相异于语言本身的知识领域借来的。自然和精神的对立在这里不再有操作性。如果某种模式是被借用的，那么它来自相同的领域，即符号学的领域。因此我们可以按照这样一种基本规则来处理文本，语言学把这种规则成功地应用于那种支持语言用法的基本符号系统。我们从日内瓦学派、布拉格学派和丹麦学派那里知道，我们可以从**过程**中抽象出**系统**，并把这些系统——无论是语音学的、词汇学的或句法学的——与那些只是由其与同一系统的其他单元的相对立来规定的单元相关联。在这些单元的有限集合里的有区别的实体的这种相互作用规定了语言学的结构概念。

这就是现在应用于**文本**的结构模式，文本是一种比句子更长的符号系列，而句子是语言学考虑的最后单元。克劳德·列维-斯特劳斯在其《结构人类学》中表述了这样一个关于某文本范畴，即神话范畴的操作假说[11]。

由于这个操作假说，至少与句子有相同范围的并一起从神话特有的叙事性产生的大单元，将能够按照语言学已知的小单元情况同样的规则来处理。[……在这方面] 我们确实能说，我们已经说明了（explained）神话，但不能说我们已经解释了（interpreted）神话。我们 *217*
能够借助结构分析阐明它的逻辑，即关于它们自己之间“关系界限”的操作。这种逻辑构成“所考虑的神话的结构法则”[12]。这个法则非常卓越的是阅读的对象，而完全不是讲话的对象，这是就一种复述的意义而说的，在这里神话的力量将在特殊境遇里重新出现。这里，由于对文本对于我们的意义的质疑，由于对现在讲话的一切现实性的搁置，文本才只是文本。

我现在要表明在什么方式下“说明”（*erklären*）需要“理解”（*verstehen*），并以一种新方式产生构成整个“解释”的内在辩证法。

事实上，没有人停止在神话概念上，停止在像这种构成单元的代数形式的叙事概念上。这一点可以用不同的方式来证明。首先，甚至在列维-斯特劳斯所说的神话大多数形式化的表述里，他称为“神话素”的单元，也仍被一直作为带有意义和指称的句子来表现。有谁能说，当这些单元进入只有神话“逻辑”才单独考虑的“一组关系”时，它们的意义本身乃是中性的？反之，甚至这组关系也必须用句子形式来书写下来。最后，体现整个对立和结合系统的语言游戏将缺乏任何重要性（significance），如果对立本身（按照列维-斯特劳斯的看法，对立是神话势必要中介的）并不是关于生与死、黑暗与光明、性与真的有意义的对立。在这些生存性冲突旁边，不存在任何要克服的矛盾，不存在任何神话的逻辑功能（作为要解决这些矛盾的意图）。结构分析并不排除，而只是预先假设关于神话的对立假说，如它作为起源的叙事才有意义。结构分析只是抑制这种功能，但是它不能强迫禁止它。神话将不作为逻辑算子起作用，如果它组合的命题并不指向边界境遇的话。结构分析并不是要消除这种彻底的质问，而是在更高彻底性层次上恢复这种彻底的质问。

如果这是真的，那么我们难道不能说结构分析的功能是要从表面语义学，即叙事神话语义学导向深层语义学，构成神话最终“指称”的边界境遇的语义学吗？

我的确相信，如果这不是结构分析的功能，那么它将或许会被还原为一种乏味的游戏、一种有分歧的代数，并且神话将会被剥夺掉列
218 维-斯特劳斯本人所赋予它的功能，即使人们意识到某种对立并倾向它们进步的中介的功能。消除这种对神话思想所迷恋的生存困境（*aporias*）的指称，将把神话理论还原为人类无意义话语的讣闻。如果正相反，我们把结构分析考虑为在朴素解释与批判解释、表层解释与深层解释之间的一种策略——一种必要的策略的话，那么我们将可能把说明和理解放在唯一**诠释学之弧**的两个不同阶段。正是这种深层语义学才构成理解的真正对象，并要求在读者和文本所关于的事物之间有一种特殊的亲缘性。

但是，我们必须不被这种个人亲缘性概念所误导。文本的深层语

义学并不是作者意图要说的东西，而是文本所关于的东西，即文本的非直指指称。文本的非直指指称是文本深层语义学所开启的世界。因此，我们要理解的东西不是某种隐藏在文本后面的东西，而是某种被揭示在文本前面的东西。应当被理解的东西不是话语原来的境遇，而是指向一个可能世界的东西。理解并不是与作者和他的境遇打交道。它要求把握由文本指称所开启的被筹划世界。理解文本就是跟随文本从含义（sense）到指称（reference），从它所说的东西到它所谈及的东西的运动。在此过程中，结构分析所起的**中介**作用既为这种客观观点做了证明，又为主观观点做了修正。我们坚决地不把理解等同于某种对文本潜在的意图的直观把握。我们关于结构分析所产生的深层语义学所说的东西促使我们宁可把文本的含义思考为一种从文本出发的指令，一种新的观看事物的方式，一种以某种方式思考的命令。[……]

说明与领悟之间辩证法的这第二种形式或**形态**具有适合整个人文科学领域的强的范例性质。下面我要强调三点。

首先，作为说明范例的结构模式，可以被扩大超出文本实体到所有社会现象，因为它并不被限制于它对语言符号的应用，而是可应用于与语言符号相类似的所有种类的符号。文本模式与社会现象之间的 219 中介联系是由符号学（semiology）系统概念所构成。从符号学观点来看，语言学（linguistic）系统只是符号学类的一个特殊种，尽管这个种对这个类的其他种有范例的优点。因此我们可以说，说明的结构模式可以被概括到包括所有具有符号学性质的社会现象，即我们可以在它们的层次上规定典型的符号学系统关系：编码与信息之间的一般关系，编码的特殊单元之间的关系，**能指**（Signifier）与**所指**（Signified）之间的关系，社会信息之内和之间的典型关系，作为信息交换的沟通结构，等等。就符号学模式而言，符号的或象征的作用，即符号代替事物和符号表象事物的作用，似乎比社会生活更有效果。它是它自身的基础。按照这种符号学的概括作用，我们不仅应当说符号作用是社会性的，而且还应当说社会实在基本上也是符号性的。

如果我们跟随这个看法，那么由结构模式所蕴涵的说明类型似乎完全不同于经典的因果模式，尤其是当因果关系用休谟的术语解释为前件与后件之间没有内在逻辑联系的有规则的连续系列。结构系统包含完全不同种类的关系，它是相关的（correlative），而不是连续的（sequential）或连接的（consecutive）。如果这是真的，关于动机与原因的古典争论（最近几十年困扰了行为理论）就失去它的重要性。如果在符号系统内对相关性的研究乃是说明的主要任务，那么我们必须用新的术语重新表述社会群体里的动机问题。但是进一步发展它的蕴涵已超出本文的目的。

其次，我们前面的文本解释概念里第二个范例因素，是从我们赋予结构分析与占有**之间**的深层语义学的作用出发的。深层语义学的这种中介作用一定不能被忽视，因为占有失去其心理学和主观的性质与获得一种真正的认识论作用，乃依赖于这种中介作用。

在社会现象里是否有类似深层语义学这样的东西？我将必须说，在处理为符号学实体的社会现象之内和之间探究相关性，假如它不产
220 生**某种像**深层语义学的东西的话，那么它将失去重要性和兴趣。按照维特根斯坦有名的格言，正如语言游戏是生活形式一样，社会结构也试图应付生存困窘、人类困境和深层冲突。在此意义上，这些结构也具有指称的度向。它们指向社会存在的**困境**（aporias），这同一个困境也曾被神话思想所强调。这种指称的类比功能发展了很类似于我们称为文本的非直指指称东西的特征，即揭示那种不再是 *Umwelt*（环境）的 *Welt*（世界），筹划那比境遇更多的世界。我们难道不可以说，在社会科学中，我们**通过**结构分析是从朴素的解释到批判的解释、从表层的解释到深层的解释吗？但是，正是深层解释才给予整个过程以意义。

这最后的评论引导我们到我们的第三点和最后一点。如果我们跟随说明和理解之间辩证法的范例到其终点，那么我们必须说，离开了某种类似于把握文本的深度语义学，并使文本成为“自己的”读者所有的个人承诺（personal commitment），那么一种深度解释所要求把握的有意义的模式就不能被理解。人人都知道占有概念扩大到社会科

学所遭遇到的反对。难道它不使个人前见的和主观偏见的侵入科学研究领域合法化吗？难道它不把所有诠释学循环的悖论引入人文科学吗？换句话说，揭蔽加上占有的范例难道不摧毁人文科学概念本身吗？我们把这对术语引入文本解释构架中的方法，为我们不仅提供了范例性问题，而且也提供了范例性的解答。这种解答不是否认个人承诺在理解人文现象中的作用，而是使之合理化。

正如文本解释模式所表明的，理解并不与**直接**把握陌生的精神生命相关，或与心理意图的**情感**认同相关。理解完全是由先于它并伴随它的整个说明程序所**中介了的**。这种个体的占有的补充物不是某种可**感觉到的**东西，它是由我们以前与文本指称相等同的说明而释放出的潜能意义（dynamic meaning），即它的揭示世界的力量。

文本解释的范例特性必然被应用于这种最终的意蕴下。这意味着可信的占有的诸条件，当它们在与文本的关系中被展示时，它们本身就是范例性的。因此我们不会被允许从中介个人承诺的全部客观的和说明的程序中把个人承诺的最后行为排除出去。 221

个人承诺概念的规定并不消除“诠释学循环”。当这种循环被应用于人类事物时，它仍然是一个至高无上的知识结构，但是这一合理性却阻止它成为一个恶性的循环。

最后，说明和理解之间、理解和说明之间的相关性，就是“诠释学循环”。

注释

[1] Anthony Kenny, *Action, Emotion and Will* (London: Routledge and Kegan Paul, 1963).

[2] J. L. Austin, *How to do Things with Words* (Oxford: Oxford University Press, 1962).

[3] John R. Searle, *Speech Acts: An Essay in the Philosophy of Language* (Cambridge: Cambridge University Press, 1969), p. 56.

[4] Joel Feinberg, *Reason and Responsibility* (Belmont, Calif.: Dickenson, 1965).

[5] Peter Winch, *The Idea of a Social Science and its Relation to Philosophy* (London: Routledge and Kegan Paul, 1958).

[6] Eric D. Hirsch, Jr, *Validity in Interpretation* (New Haven: Yale University Press, 1967), p. 25: "理解行为首先是某种友好(或错误)的猜测,并不存在猜测的方法,也没有产生洞见的规则;解释的方法论活动产生于我们开始检测和批判我们的猜测的时候";不仅如此,"一个无声的象征可以用多种方法来加以阐释"。

[7] Ibid., pp. 164ff.

[8] Karl Popper, *The Logic of Scientific Discovery* (New York: Basic Books, 1959).

[9] G. E. M. Anscombe, *Intention* (Oxford: Basil Blackwell, 1972); A. I. Melden, *Free Action* (London: Routledge and Kegan Paul, 1961).

[10] H. L. A. Hart, "The Ascription of Responsibility and Rights", *Proceedings of the Aristotelian Society*, 49 (1948), pp. 171–94.

[11] Claude Lévi-Strauss, *Anthropologie Structurale* (Paris: Plon, 1958) [英译本: *Structural Anthropology*, translated by Claire Jacobson and Brooke Grundfest Schoepf (Harmondsworth: Penguin Books, 1968)]。

[12] Ibid., p. 241 [p. 217]. †

9 科学与意识形态

请允许我把现在这篇论文置于圣托马斯·阿奎那称为哲学家的东西的庇护之下，以表示我对这位天使博士的记忆力的尊重。在《尼各马可伦理学》的序言里我们读到这样的话： 222

> 如果我们的讨论有学科主题所容许的那种清晰性，那么我们的讨论就会是恰当的，因为精确性并不是在所有讨论中都同样被寻求的，正如所有人工制品都不能同样要求精致一样。政治研究的东西尽管优秀和正确，但也要承认意见的多变和流动，以至于它们可以被认为只有靠协议，而不是靠本性而存在……所以，在谈到这样的主题和以这样的前提粗略地、轮廓地指明真理时，我们想必是满意的……因此，在同样的精神里，每一类型的陈述都将**被接受**；因为寻求每一类事物就其学科的本性所容许的精确性，乃是一个受过教育的人的标志……所以，受过某一学科教育的人就是那个学科的好的法官，而一个受过全面教育的人则是在全面的意义上的好的法官。(《尼各马可伦理学》，1094b11—1095a2)

我为何引用这段原文？不是因为题铭和序文华丽，而是因为推理本身十分严谨。因为我要指出，如果真正的亚里士多德关于科学性层次多元性的论点被支持，那么意识形态现象就可以得到相对肯定的评价。亚里士多德告诉我们几件事：政治学研讨可变的和不稳定的对象，在这里，推理从一般是真的而不是永远是真的事实开始，判断这些事情的法官不是专家，而是受过教育的人；因此我们必然满足于以一种粗略的和近似的方式（或者按照大致的翻译，“粗略地和轮廓地”）来表现真理；最后，情况之所以如此，是因为问题具有实践的本性。

文本在我们研究的开端具有告诫的价值。因为它能使我们避免掉入意识形态主题为我们设置的许多陷阱（随便可以说，这虽然是一个我不能随意选择的主题，但我已经以挑战的形式接受和接纳了它）。
223 我曾经讲过许多陷阱。它们有两类，并且对它们的识别将引进我的论文最前面的两个真正批判的部分。

首先，所要讨论的问题是现象的最初的界定。这里已经有了几个陷阱。第一个是，认为以社会阶级术语进行的分析是理所当然的。今天这个假定对我们似乎是自然的，这乃是表明马克思主义对意识形态问题的深刻影响，尽管拿破仑是第一个使用这个术语作为战争的武器（正如我们将会看到的，某些事情也许不应当完全被遗忘）。一开始就接受以社会阶级术语进行的分析，同时就是把自己放置在赞成或反对马克思主义的乏味的争论里。今天我们所需要的，是摆脱任何恫吓过程的思想，是大胆的并且能够**超越**马克思的思想，而不是跟随他或反对他。我认为，梅洛-庞蒂在某个地方谈到过某个非马克思主义思想，这也是我试图实践的思想。但是，为了避免这第一个陷阱，我们必须避免第二个陷阱，即一开始就使用不仅对一个阶级有其辩护作用，而且对**统治**阶级也有其辩护作用的术语来界定意识形态的陷阱。在我看来，为了思考更广阔的社会整体化现象，我们必须摆脱统治问题所造成的魔力，统治尽管是这种社会整体化的度向，但不是其唯一的本质的条件。如果理所当然地认为意识形态就是统治功能，那么我们就可不加批判地设想，意识形态是一种本质上否定的现象，错误和荒谬的姐妹，错觉的兄弟。当代文学在主题上甚至不再考察已经变成完全自然的观念，即意识形态是一种由一个人或一个集团所宣传的**错误**表象，并且这种表象的作用是要掩盖个人之间某种共同的成员资格，而对这种成员资格，宣传者虽关心却不认识。因此，如果这种既关心而无意识的曲解的问题既不必避免又不必被设定，那么在我看来，松弛意识形态理论与怀疑策略之间的联系就是必然的，通过描述和分析，使其表明意识形态现象为什么需要怀疑的尖锐反驳。

对包含在现象最初界定中的被接受观念的这第一个问题，与第二个问题是紧密联系在一起的，这第二个问题涉及意识形态理论的认识论地位。我的论题，即意识形态和真理，更适合于这第二条综合线。224
这里也有一连串陷阱等待着我们。首先，有人太快地认为，怀疑的人自己被他所攻击的缺陷所伤害；意识形态是我的对手的思想，**他人**的思想。**他**并不知道它，但我知道它。然而，问题在于，那里是否存在一种能从参与实践的知识的意识形态条件下摆脱出来的观点。与这种主张并立的另一种观点是，有人说，不仅那里存在一个无意识形态的领域，而且这个领域就是**科学**的领域，譬如欧几里得的几何学，伽利略和牛顿的物理学、宇宙学。值得注意的是，这个主张，特别是在大多数马克思主义的埃利亚学派中，恰好是亚里士多德所责备的他的时代的柏拉图派在道德和政治问题上的主张，亚里士多德反对对道德和政治问题在方法、精确度和真理性上实行多元主义。我们有新的理由认为这种多元主义是正确的，这理由是从关于理解历史的真正历史条件的现代反思中产生出来的。这种预期整个发展的简要的说法警告我们，科学和意识形态之间关系的本性既依赖于那种在实践和政治的问题上被给予科学的意义，同样也依赖于被给予意识形态本身的意义。

讨论的这两条线索将会聚到一个好像是信任问题（the question of confidence）的问题上，这将是我的第三节的对象。如果科学不能摆脱实际知识的意识形态条件，那么我们是否就必须纯粹而简单地否认科学和意识形态之间的对立？不管在这方面发生影响的理由如何强有力，我将试图挽救这个对立，但不用一种非此即彼的或析取的术语来表述它。因此，我将试图赋予**意识形态批判**概念以一种更为庄重的意义——这种意义并非先发制人，也非自命不凡——让意识形态批判概念放入这样一种解释框架内，这种解释自知自己具有历史的处境，但力求尽可能地把间距化因素——为了重新解释我们的文化遗产，我们经常假定这种间距化——引入我们的工作中。

这就是本文的视域：在我看来，只有对科学和意识形态之间的内在辩证关系的探究才会与这样一种真理度不相矛盾，这种真理度——正如亚里士多德所告诉我们的——在实践的和政治的问题上，是可以被要求的。

225

I. 对意识形态现象的标准的探究

因此，我将试图描述意识形态现象的层次，将不是用社会阶级进行分析的那个层次。我建议，与其从这一层次开始，还不如得出符合这种分析的意识形态概念。这将是我“超越”马克思主义的方式。我将以三个阶段来说明它。

我的出发点是由韦伯关于社会行为和社会关系概念的分析所提供的。对于马克斯·韦伯来说，当人类行为对个别行为者具有意义时，以及当某个人的行为是指向他人的行为时，就存在社会行为。社会关系概念是把意义系统的稳定性、预测性观念加到有意义的行为和相互指向的双重现象上。正是在行为的这个有意义的、相互指向的和社会综合的特征的层次上，意识形态现象才完全显露出其所有本源性。就此词的戏剧性意义而言，与意识形态相联系的是，社会集团必须给予自己一个关于自身的形象，再现自身和实现自身。这里就有我想从中开始的第一个特征。

它为什么是这样？雅克·艾吕尔在一篇给我强烈印象和鼓舞的文章[1]中，认为历史共同体对于建立它的奠基性行为进行尊重的关系是在这方面原始的关系：美国独立宣言、法国大革命、俄国十月革命等。意识形态起一种使社会记忆与必须被重复的开创事件之间拉开距离的作用。它的作用不仅是超出创建的父辈范围传播信心，使此信心成为整个群体信奉的信条；它的作用也在于使原初的活力超出有效期限而永葆青春。正是在进入这种空隙中，在表现所有重大变故后处境的特征中，想象和解释才进入其中。一个开创性的行为只存在于追溯地模仿它的解释中，通过自身的再现，才能得以重新恢复和重新实现。也许，如果没有对它自己的开创事件的这种间接关系，就不会有社会群体的存在。所以意识形态现象很早就开始了：因为记忆的产品不仅有同意伴随，而且也与习俗和合理性为伴。在这点上，意识形态不再为了获得其合理性而进行变动；或更精确地说，只有当它是有合理性时，它才继续变动。

由此产生了在这一层次上刻画意识形态性质的第二个特征：它的动力机制（dynamism）。意识形态陷入那种可能被称为社会动力理论 226
的东西中；社会实践的动因就是个人筹划的动因。动因既是进行证成的某物，又是进行移动的某物。同样，意识形态也论证说，它被意志所激励以表明群体正是它自己声称所是的东西。但是，从这里不要太快地抽取反对意识形态的论据。因为它的中介作用仍是不可替代的，正如被如下事实所证明的，即意识形态并不只是**反思**，它也总是一种**证成**和**筹划**。意识形态的这种“再生的”特性是用它在事业和制度方面所行使的第二级基本权力来表达的，这些事业和制度从意识形态那里接受了开创行为的正当的、必然特性的信念。

意识形态如何保持它的动力机制呢？这里第三个特征暗示出来了：所有意识形态都是简化的和图式化的。为给出一个总的观点，意识形态不仅是群体的网络或代码，而且也是历史的网络或代码，最后也是世界的网络或代码。意识形态的“代码”特征内在于它的证成作用中；它的转换能力只有在它传输的观念变成意见的条件下，仅仅在思想为了提高其社会功效而丧失严格性的条件下，才能得以保持，好像意识形态单独不仅能促进奠基性行为的记忆，而且也能促进思想体系本身那样。因此，任何事物都能变成意识形态的：伦理学、宗教、哲学。“思想体系变迁为信念系统”[2]，艾吕尔说，**就是**意识形态现象。群体对自身形成的形象的观念化只是这个图式化的必然结果。因为正是通过观念化形象，群体才表象其自身存在，进而，正是这种形象，才增强了解释的代码。礼仪的和定型的现象就这样以首先庆祝奠基性事件的方式表现出来。词汇表已经产生，并且和它一起出现“正确名称”的序列，**主义**的王国。意识形态，卓越地说，就是**主义**的王国：自由主义、社会主义。也许，只是通过对这个层次的话语——唯灵主义、唯物主义——的同化，才为思辨思想存在拥有**主义**。

这第三个特征涉及我将称之为意识形态的教义（doxic）特征。意识形态的认识论层次是意见层次，希腊文 *doxa* 的层次；或者说，如果你喜欢用弗洛伊德的术语，它就是理性化（rationalisation）环节。因此意识形态已经表现在格言中、口号中、精确的公式中。所以，没有什么东西比意识形态更接近于修辞学——概然的和说服的艺术。这种**亲近关系**（rapprochement）暗示说，社会凝聚力可以是毫无疑问地可靠的，只要与有关群体的一般文化水准相符合的意见观点
227 的界限不被超过。但是，再说一次，我们不必太快地宣布弊端：图式论、观念化和修辞学都要为观念的社会功效付出代价的。

由于第四个特征，一般与意识形态相联系的否定的特性开始取得形式。但是，这个特征本身并不是自身无知的。它存在于这样一个事实，即意识形态的解释代码乃是人们生活和思想于**其中**的某物，而不是他们设定的概念。换言之，意识形态是操作性的，而不是论题性的。它在我们背后运作，而不是作为一个论题出现在我们眼前。我们从它思考，而不是对它思考。这样就产生掩饰和扭曲的可能性，自马克思以来，这种掩饰和扭曲就一直与我们自己在社会中的地位的颠倒形象的观念相联系。对于个人来说，也许对于集团更是如此，把每一事物主题化，把每一事物作为思想的对象，是不可能的。这种不可能性——在批判**总体**反思观念时我将详细返回这种不可能性——使意识形态自然而然地成为无批判的例子。我们的文化代码的非透明性似乎是社会信息生产的条件。

第五个特征使意识形态的非反思的和非透明性的状态复杂化和恶化。我是在想惰性、落后是表现意识形态现象的特征。这个特征似乎是意识形态的特别的、短暂的方面。它意指现在新的东西可能仅由于典型的东西、本身出自社会经验沉淀物而被调和。这就是掩饰作用能进入的地方。它特别出现在由群体实际经验的实在，但不通过基本图式所吸收。每一个群体都显示正统的特征、偏颇的特性。也许，彻底多元主义的、彻底随意性的社会是不可能的。有些地方存在着偏狭性；而从后者又产生偏颇性。当新颖事物严重威胁群体重新认识和重新发现自身的可能性时，偏颇就开始了。这个特征似乎与意识形态的第一个作用相矛盾，意识形态的第一个作用是延长奠基性行为的冲击波。但原初的能量只有有限的能力，它服从磨损法则。

意识形态既是磨损的结果又是磨损的抵御。这种悖论在意识形态的最初作用中得到铭记，意识形态这种最初作用使奠基性行为在“再现”模式中永久存在。因此，意识形态既是现实的解释，又是对可能 228
事物的填充（obturation）。一切解释都是在一个有限领域内发生；但是意识形态却使刻画事件原始要素的解释可能性的领域狭窄化。在这种意义上，我们可以讲到意识形态的封闭性、意识形态的盲目性。但即使当现象转向病态时，它也仍保存某种最初的作用。意识不通过意识形态代码来发展自己是不可能的。所以，意识形态是受不可避免伴随它的图式的影响；并在以这种方式改变自身过程中，它经历沉淀，甚至通过事实和境况而改变。正是这种悖论把我们引导至极端强调**掩饰**作用之门。

这里我们的分析来到意识形态的第二个概念。在我看来，当我们迄今已考察的**综合**的一般作用和那种与社会机体的阶层方面相联系的**统治**的特殊作用之间存在结合时，掩饰的作用就充分盛行起来。

我对把意识形态第二个概念的分析放在前一个概念的后面，不是从第二个概念开始而是达到第二个概念这一做法是担心的。因为我们必须已经理解意识形态的其他作用，才能理解现象面对权威问题的具体性。意识形态所要解释和证明的东西，首先是与权威系统的关系。

要解释这一现象，我将再一次提到马克斯·韦伯关于权威和统治的著名分析。韦伯观察到，一切权威都力求合法化自身，政治体制可以根据它们的合法化类型而加以区别。现在看来，如果每一个合法性主张都与单个人对这种合法性的信念相关联的，那么权威所发出的主张与符合权威的信念之间的关系，本质上就是不对称的。我将说，来自权威的主张中比返回到权威的信念中有更多的东西。如果通过我们理解在提供信念方面合法性过多要求，那么我们在此就可看到不可还原的剩余价值现象。也许，这就是真正的剩余价值：所有权威比我们信念能承受的要求更多，在供给和支持的双重意义上。意识形态肯定自身是剩余价值的传递者，同时也是有证成的统治体系。

就权威现象本身是与群体建构共存的而言，意识形态这第二个概念是和第一个概念紧紧地交织在一起的。意识形态上所表象的群体的
229 奠基性行为，本质上是政治行为。正如 E. 维尔常教导的，历史共同体只有当它能决定时才成为政治实在；那时就产生统治现象。所以，意识形态—掩饰与意识形态—综合的所有其他特征，特别与那种被意识形态的中介作用所束缚的非透明性的特征，是相互作用的。我们从韦伯那里得知，不存在完全透明性的合法性。甚至不把一切权威都同化为超凡魅力形式，我们也能看到，权威现象具有一种本质的非透明性；我们并不欲望权威，而只是在其**内**欲望。最后，没有任何现象有如权威和统治现象那样如此完全地肯定意识形态的惰性。我常为我情愿称之为政治停滞的东西所打动和干扰。每一权力都模仿和重复先前的权力：每一个王子都想成为恺撒，每一个恺撒都想成为亚历山大，每一个亚历山大都想到古希腊做高贵的专制君主。

所以，正是在意识形态的中介作用碰上统治现象时，意识形态的扭曲和掩饰特性才开始生效。但是就群体的综合从不只是等同于权威和统治现象而言，我们涉及其中介作用的意识形态的特征，并不完全起掩饰作用，尽管意识形态常被还原到这种掩饰作用。

我们现在正处于意识形态第三个概念即真正马克思主义概念的门口。我宁愿指出，通过把这个概念与前面两个概念加以综合，就能显

示出它的轮廓和深度。它提供的新东西是什么呢？本质上说，是扭曲的观念，由于**颠倒**而变形的观念。马克思写道："如果在全部意识形态中，人们和他们的关系就像在照相机中一样是倒立成像的，那么这种现象也是从人们生活的历史过程中产生的，正如物体在视网膜上的倒影是直接从人们生活的生理过程中产生的一样。"[3]这里我将暂时忽略这一表述的隐喻特征，在本文的第二部分我将再来说明这一特征。这里我感兴趣的是新的描述内容。关键点在于，意识形态是由它的作用和它的内容这两者来定义的。按照这种说法，如果有颠倒，那是因为某种人类产品是颠倒的。对于在这里跟随费尔巴哈的马克思来说，这种内容就是宗教，宗教不是意识形态的一个例证，而本身就是典型的意识形态。因为宗教造成天国和尘世之间的颠倒，并使人头脚倒置。用这种模式，马克思试图把握这样的一般过程，即现实生命的活 230
动不再是基础，而是被人们所说的、所想象的和所表象的东西来替代。意识形态是一种错觉，它使我们误把意象认为是实在的，误把反映认为是原始的东西。

正如我们所看到的，这一描述是由从现实到想象的过程中产生的产品的**系谱学**（genealogy）批判所支持的，这一批判本身也导致了对颠倒的颠倒。所以这一描述不是失真的：这表明费尔巴哈把所有德国唯心论和所有哲学都还原为宗教、把所有宗教都还原为颠倒的反映的观点是理所当然的。马克思并非简单地重复费尔巴哈，因为他以实践的还原来补充观念上的还原，这注定要对意识形态的基础进行革命。

在这个层次上，我的问题是把握由此系谱学带来光亮的描述潜力，对此描述潜力我将立即从它对科学性的要求这一观点来加以质问。首先，在我看来，马克思提供的是意识形态的**特殊化**（specification），这特殊化预先假定了上述分析过的两个别的概念。因为，如果意识形态并没有在最基本的社会契约［有如莫斯（Mauss）和列维-斯特劳斯意义上的象征构成］中所体现的中介作用，幻觉和想象如何能具有任何历史功效呢？因此我们不能讲到前意识形态或无意识形态的活动。而且我们也不能理解，一种对现实的颠倒表象如何能服务于统治阶级的利益，除非统治与意识形态的关系比用社会阶级进行的分析更原始，比社会阶级关系能更有生命力。马克思提供的新的东西显然反对这个一般社会纽带和特殊权威关系的象征构成的先天背景；他增加的东西是这样一个观念，即意识形态的合法化功能首先被应用于那种由于社会阶级和阶级斗争的划分而产生的统治关系。对于这种关于意识形态作用是与阶级的统治立场相联系的特殊主题，我们非常感谢马克思。但是，我将试图表明，马克思的这种特殊贡献是不会被完全接受的，除非他的分析从基本的狭窄性中摆脱出来，而这种狭窄性只有当马克思主义概念是与更宽广的意识形态概念相关联时才能被克服。马克思主义概念的基本局限性不是来自它与统治阶级观念的联系，即不是来自它的作用，而是来自那种用特殊内容即宗教来进行的定义。这种局限性是费尔巴哈的遗产，正如论费尔巴哈的第四条
231 提纲所证明的。马克思主义的论点在能量上比它对早期资本主义时期的宗教的应用走得更远，这种应用在我看来——顺便说一下——完全有根据，即使宗教构成它在另一种经验和谈话领域内的真正意义。马克思主义的论点原则上应用于任何具有同样作用的思想体系：这就是霍克海默、阿多诺、马尔库塞、哈贝马斯以及其他法兰克福学派成员所看到的东西。在某个历史时期，科学和技术同样能起意识形态的作用。因此意识形态的功能必须与意识形态内容相分离。宗教赋予自身以此功能，它颠倒天国与尘世的关系，这标志着宗教不再是宗教，即福音嵌入世界，毋宁说是尘世**生活的颠倒反映**（inverted image of life）。这无非就是马克思所谴责的意识形态。但是对于科学和技术，一旦它们的科学性要求掩盖了它们对于发达资本主义军事—工业体系的辩护作用，同样的事情也可能发生，而且毫无疑问地发生。

这样，马克思主义标准和其他意识形态标准的结合就能释放出这个标准的批判潜力，并且它将最终转而反对我即将考察的马克思主义的意识形态的应用。但是，这些次要的结论一定不会遮掩支配这第一部分的基本论点，即意识形态是社会存在的一个不可超越的现象，只

要社会现实总是具有象征结构，并组合成社会纽带本身的解释，不管是在形象上还是再现上。

因此，我的第二个问题被尖锐地提出来了：关于意识形态的话语的认识论状态是什么？是否存在着无意识形态的场所，从这儿我们可能科学地讲到意识形态吗？

II. 社会科学和意识形态

所有目前围绕意识形态的争论都起源于对亚里士多德如下这一观点的或明或暗的否定，即亚里士多德把科学中粗略的和图式化的论辩特征都置入政治学名目之下，政治学这一名目现在则相继地被称为：道德科学、精神科学、人文科学、社会科学、批判社会科学，以及最后法兰克福学派所发展的意识形态批判。在当代讨论中对我最有触动 232
的不只是——与其说——人们关于意识形态所说的东西，而且是那种从所谓科学的无意识形态场所来谈意识形态的主张。结果是，关于意识形态所说的任何事情都由被认为是科学的东西所支配，而这种所谓科学的东西则是意识形态所反对的。按照我的意见，科学—意识形态对立中的这两个词必须一起加以怀疑。如果意识形态丧失其中介作用并仅保留它作为有错误意识的神秘者的作用，那是因为它已经与它的无意识形态状况下所定义的科学本身相结合。现在的问题是：这样的科学存在吗？我将在讨论中区分两个阶段，按照“科学”这一语词是取实证主义含义还是取非实证主义含义。

让我们开始于实证主义含义。我这里的论点是，实证主义含义就是允许科学—意识形态的对立被给予清楚而明晰的意义，但不幸的是，社会科学，至少在开始讨论的一般理论层次上，并不满足这一实证的科学性标准。只是通过成为实证的，伽利略的数学物理学才能不可避免地清除前伽利略物理学的冲动，开普勒、哥白尼和牛顿的天文学才能使托勒密的天文学寿终正寝。如果一般的社会理论能满足实证科学的同样标准，那么它将和意识形态处于同一关系中。但事实上，一般社会理论的认识论弱点是与它拒斥意识形态的力量成正比的。因为在任何地方，社会理论都难以上升到科学性状态，科学性会授予它以一种优先方式使用“认识论决裂”这术语来标志它与意识形态的距离。正如一位来自魁北克的青年哲学家拉格斯（Lagueux）在最近一篇引人注意的论文中所写的，我们认为科学的是那些理智的结果，这些结果“一方面对那些至今仍是不可理解（在那种总是徒劳探究的浅薄层次上）的现象提供满意的说明，另一方面又成功地抵制了它们系统而严格承受的证伪试图（在波普尔非证伪含义上的证实）”[4]。重要的不是这两个标准的分别表述，而是它们结合的作用。一个理论既可能被严格证伪试图有力地说明，也可能被严格证伪试图无力地支持。正是这种两个标准的结合才使社会科学中的一般理论不合法，也许总是不合法。这些理论或者是统一而无证实的，或者是部分而有证实的，正如那些具有数学或统计学基础但（因这种完全理由）否认任何被综合的雄心的人口统计学和其他理论领域一样。一般来说，正是这
233 种统一而无证实理论的拥护者才以最傲慢态度谴责它们敌手的意识形态。这里，我将喜欢去铲除一些非常容易陷入的陷阱。

一个通常的论据是说，意识形态是一种仍未意识到其自身真实的动机的表面话语。当这些真实的动机的无意识特征与官方的或公众的动机的明显有意识的特征相对立时，这个论据甚至更为令人印象深刻。现在，重要的是要看到，即使无意识地认为某物是真实的，本身也不是科学性的保证。从虚幻到真实，从有意识到无意识层次的转变，确实具有值得考虑的说明力量。但是，正是这种说明力量本身才构成认识论陷阱。因为层次的转变直接给予一种极大的理智满足，导致我们相信，无意识领域的开启以及说明话语向此领域的转换自行并且本身就构成科学性的操作。

由于相信在说明从自觉的合理性转向非自觉的实在的过程中，我们减少了说明中的主观性因素，从而我们在这种认识论天真性中增强了。的确，如果我们把阿尔都塞的马克思主义与马克斯·韦伯的社会

学加以比较，我们就会看到，用社会行为者的主观动机进行的说明要被主观性已被排除的结构整体的考虑所替代。但是，这种在历史行为者方面对主观性的排除，绝不保证实践社会学者自身已经上升到非主体的话语。认识论陷阱正设置在这里面。由于语义学的混淆，这是名副其实的诡辩法，被解析为没有特殊主体进行的话语的，不是主观性，而是用结构所做的说明。与此同时，警惕性在证实和证伪的层次中被削弱。陷阱最可怕地表现在，合理化领域中所获得的满足起一种障碍物的作用，并在证实要求方面起掩饰作用。然而理论斥之为意识形态的东西正是：遮蔽现实的合理化。

各种不同的策略已经被用来隐匿这种立场的认识论弱点。我将只提到两点：一方面，形式装置的增强是作为经验证实缺乏的补偿来探求的。但是，这又只是以证实主义标准为代价的一种对说明标准的增 234
强。而且我倾向于认为，如果退回到形式主义的水平上，使诸如马克思的思想非神秘化，那么将丧失其王牌。马克思对当代经济思想的主要指责难道不就是后者被降低到构成“缺乏所有现实强度的模式”[5]吗？

另一方面，几个批判学科的相互间增强是作为对每一学科的认识论不正确的补偿来探求的；这样我们见证了一种在意识形态社会理论和心理分析之间的跨越。这种跨越表现为一种交错法（chiasmus），它主张在一个学科中被认为只是贫乏证实的东西在另一学科中得到更好的证实。我认为这种跨越在我以后将要讨论的非实证主义观点上是有趣的和决定性的，尽管它的结果就至今讨论的说明和证伪标准而言是否定的。的确，我将总是想说，在一方得到的东西在另一方就会失去。因为要相互增强两种理论说明能力所付出的代价，乃是在描述那些能解决对立假说之间冲突的事实的过程中对“精确和决定的特性”[6]的按比例的削弱。

我们讨论的这第一阶段的结果是，社会理论远离权力占有，便能使天文学从占星术中划分出来或使化学从炼金术中划分出来，以及授权给社会理论去谴责那种它对意识形态进行判断的立场。

但是，讨论不是就此封闭的。人们可能反对说，上述论证已经强加于并不适合它的社会理论，并且论证本身仍然囿于实证主义的社会科学概念之内。我完全同意这个反对意见，并且我准备为社会理论探究其他的科学性标准。但是，我必须完全清楚我正在做的工作。因为对实证主义标准的抛弃，事实上就是对科学和意识形态之间关系的纯析取看法的抛弃。我们不能同时在两张桌子上玩牌并取胜；我们不能为了对社会理论观念给出一种可接受的意义而抛弃实证主义科学模式，并同时又为了在科学和意识形态之间建立认识论决裂而利用这种模式。不幸的是，这就是在当代意识形态讨论中总是常发生的事情。

235 所以让我们考察这第二条路线，先将这一问题搁置一下：一旦社会理论的实证主义标准被超越，科学和意识形态之间能发现什么新的关系呢？

在科学和意识形态的关系中能给予“科学”这一词的第二种意义，乃是**批判**的意义。这个称呼符合黑格尔左派的要求，黑格尔左派修正康德的批判概念，要求一种真正批判的批判。马克思本人，甚至在今天说成是继 1847 年认识论突破之后的时期，也毫不犹豫地给《资本论》以“政治经济学批判”这一副标题。这就提出了下面的问题：社会理论按照其自身的意识形态标准能否被设想为在一种完全无意识形态状况下提出的批判？我在这里看到三个困难，其中第三个困难与我有特别关系，因为对科学—意识形态辩证法给出一种可接受意义的可能性正是依赖于对此困难的解决。

我所看到的第一个困难是：在对一个**争论性**科学的状态进行批判时，我们如何能避免向被敌对阵营所谴责的准病态现象缴械投降？当我讲争论性科学时，我特别想到阿尔都塞在其《列宁与哲学》的文章中复活了的对马克思主义的列宁主义解释。阿尔都塞同时主张两个论点：一方面，马克思主义代表了思想史上第三次伟大而彻底的突破，第一次是欧几里得几何学的诞生，第二次是伽利略的数理物理学的诞生；另一方面，马克思开拓了名为历史的新大陆。情况就是这样，即使历史作为知识和自我知识还有其他先驱。造成这种困难的东西是这种同时性的要求，即在这种科学和资产阶级科学之间得出列宁称为党派路线的东西，以及因此在此词强的意义上设想一种“党派的”科学。这里存在这样的危险，即马克思主义科学按照其自身标准转变成意识形态。在这方面，马克思主义的后期命运证实了这一最令人可怕的担忧。因此，仅举出一个例子，当分析进入社会阶级，特别是关于基本上只有两个阶级的论点，在曾经是一个最富有成效的工作假说之后，变成一个阻碍分析发达工业社会的新的社会阶层的新尝试的教条，或者变成一个阻碍分析在社会主义社会中在此词新的意义上的阶级构成的新尝试的教条，更不要提及那种把困难转到社会阶级分析上的民族主义现象。

由党派创造的官方学说引起另一种意识形态现象，它比对现实的 236
盲目无知还更严重。正如宗教被谴责为具有维护统治阶级权力的作用一样，马克思主义也被谴责为具有作为工人阶级先锋的党派权力和党派内统治阶级权力的辩护体系的作用。关于统治阶级权力的这种辩护作用解释了为什么僵化的马克思主义提供了最打动人心的现代意识形态实例。荒谬在于，马克思之后的马克思主义是一个最为典型的范例，它将马克思自己的意识形态概念当作对现实关系的继续表达，并作为对这种关系的掩盖。在这一点上，回忆一下拿破仑曾经把“意识形态”（ideology，ideologue）这高贵的术语转变为政论和辱骂的术语，可能有些意义。

这几段尖锐的话并未暗示马克思主义是错误的。完全相反，它们暗示马克思主义的批判功能可以被解放和被展现：只有当马克思著作的应用完全从权力和权威的运用分离开来，从正统的判断分离开来；只有当他的分析受直接应用于现代经济的检验，好像它们被马克思运用于19世纪中叶的经济那样；只有当马克思主义成为其他工具中的一种操作工具。简言之，只有当马克思的《资本论》与尼采的《查拉图斯特拉如是说》相结合，后一书的作者曾把它描述为“不是为一个人，而是为所有人的书”。

第二个困难涉及面对用非意识形态术语说明意识形态形成的障

碍。我们将会看到，我的说法与雅可·泰敏尼奥（Jacques Taminiaux）的说法有联系，虽然我不至于把马克思放到本体—神学的传统内；“起源”（origin）、“终点”（end）和“主体”（subject）这些语词具有如此多的意义并接受如此不同的语境意义，以至于我很难赋予这些语词以同一意义。按照一个早期的尚在疑惑中的说法，在马克思主义的概念化中，我宁肯坚持黑格尔派和费尔巴哈派概念所履行的中介作用。当然，马克思加上了他对费尔巴哈的批判，但当他讲到意识形态时，他仍在其影响之下。整个德国哲学首先必须作为对宗教的评论来考虑，而宗教则必须作为天国与尘世关系的颠倒来考虑，以便批判能依次作为一种颠倒的颠倒来表现。很明显，马克思发现除了使用隐
237 喻性术语外就很难思考这种关系：视网膜上显像倒置的隐喻，头和脚的隐喻，陆地和天空的隐喻，反映和共鸣的隐喻，化学词汇中的升华的隐喻，换句话说，太空中残余固体的挥发的隐喻，云层中凝固物的隐喻……正如萨拉·考夫曼（Sarah Kofman）在一篇带有德里达影响标记的论文中所注释的[7]，这些隐喻在镜像网络和对立系统中都可找到，如理论/实践、现实/想象、光明/黑暗，这些都证明作为颠倒的颠倒的意识形态概念的形而上学特征。我们能否说在认识论突破之后，意识形态将不再被意识形态思考？《资本论》关于商品拜物教的原文在这方面留下小小的希望；价值关系所采取的变换不定的形式，在劳动产品变成商品时，仍然是一个不能解除宗教幻觉却依赖于这种幻觉的谜，至少是在模拟的程度上。最后，宗教——意识形态的主要形式——比类比提供更多东西：它仍是商品本身的“秘密”。正如萨拉·考夫曼所说，商品拜物教不是“真实关系的反映，而是对已经变形了的、心醉了的世界的反映。它是反映的反映，幻觉的幻觉”[8]。这种对以非隐喻词汇来思考幻觉产品的无能，以一种相反的方式——我们处于颠倒的颠倒之中——表现了亚里士多德在思考柏拉图意义的参与所强调的困难。亚里士多德说后者只是隐喻和空话。就意识形态而言，参与作用正相反，不是从理型到其影子，而是从事物到其反映。但是，这是同样的困难。

无能的理由我们可以用我们前面第一个分析来说明。如果社会集团自行形成的影像确实是直接属于社会韧带构成的解释，换句话说，如果社会纽带本身是象征的，那么试图从某种先有的东西——这可以是现实、实在的活动、真实生命过程，对这些东西可以有第二性的反映和回响——得到影像就是绝对无益的。这里关于意识形态的非意识形态的话语碰到了要达到先于象征系统的社会实在的不可能性。这种困难证实了我如下观点，即颠倒现象不能被视为意识形态说明的出发点，而颠倒现象必须被认为一种更为基本的现象的特例，这种基本的现象属于社会纽带在其象征构成的后期事件中的反映。滑稽模仿是象征化的第二个插曲。在我看来，由此可见，任何给那种最初是透明然后是模糊，并且可以在其原始透明性中把握的社会现实下定义的尝试的失败，都是由于缺乏观念性的反思。在我看来，马克思著作中最为丰富多产的东西乃是这样的观念，即透明性不在我们身后，就其起源来说，而是在我们之前，就历史过程的结束而言，不过这历史过程也许太冗长了。但是，我们必须仍有勇气得出结论说，科学和意识形态的分离本身就是一个有限制的观念，内在的差异化工作的界限，对于意识形态的起源，我们通常并不拥有一个可供我们使用的非意识形态概念。 238

但是，最根本的困难仍未加以讨论。它涉及进行一种绝对彻底的批判的不可能性——之所以不可能，是因为彻底批判的意识需要一种**总体**的反思。请允许我谨慎地来展开这一论证，因为虽然它并不支持这些未要求总体理论的社会科学的著作，它却影响任何带有总体主张的社会理论（马克思主义包含在内）。

为了阐明我的论证，我将考虑让·拉特利尔（Jean Ladrière）[9]区分的两种说明模式，这两种说明模式我们发现在对马克思主义本身的当代解释的两种基本形式中已经有所运作。我想指出，总体反思的前提在这两种模式中也同样是不可避免的。拉特利尔说，“两种说明模式可以被推荐，根据筹划的说明（explanation in terms of projects）或根据系统的说明（explanation in terms of systems）”[10]。第一种模式显然包含马克斯·韦伯的解释性的社会学，但也包括葛兰西

(Gramsci)、卢卡奇、恩斯特·布洛赫和哥尔德曼(Goldmann)的马克思主义。现在这种模式极难使自身符合马克斯·韦伯[11]所宣布的“价值中立”立场。根据筹划的说明必然是理论家暗示其自身的说明，因此需要他澄清他自己的境遇，以及他相对此境遇的自己的筹划。正是在此，非陈述的总体反思的前提介入进来。

第二种说明模式摆脱了这个前提吗？初看起来似乎是这样：因为没有要求用筹划进行说明行为，没有需要完全说明筹划的本性，因此也没有需要产生总体反思。但是当系统说明寻求是总体说明时，认识者在其解释工具里的暗示却是不可避免的。正如拉特利尔指出的，系统理论的批判观点涉及说明一种理论相对于系统革命的必要性。他指
239 出，“这里我们可以受物理学或生物学系统理论的影响(用控制论模式为例)；或者我们可以依赖于哲学的(因而是非科学的)理论——例如辩证法哲学”[12]。不管走此两条路线的哪一条，完备性要求就会在根据筹划进行的说明个案中与总体反思的要求相一致。整个哲学被暗暗地蕴涵着，“按照这种哲学，在任何一段时间内都有效地存在着总体的观点，并按照这种哲学，这种观点能在一个合适的话语中被明显地做出来和被描述。再说一遍，我们被迫寻求另一类型的话语”[13]。

这样，根据系统进行的说明并不比根据筹划进行的说明更好。根据筹划进行的说明只是通过总体反思能履行这一暗含的前提而从每一意识形态条件中抽离出历史。根据系统进行的说明同样预先假定(虽然用不同的方式)，认识者可以提升到那种能表达总体并等同于对其他假说进行总体反思的观点。这就是社会理论为什么不能完全从意识形态条件中解脱出来的基本理由：它既不能实现总体反思，又不能提升到表达总体的观点，因此它就不能使自己从社会集团其他成员所属的意识形态中介中解脱出来。

III. 科学和意识形态的辩证法

我在导论中称为“信任问题”的问题今后会出现在如下这些词句

中：科学和意识形态之间会形成什么样的对立——很难思考或也许不可思考？这种对立是否必须被单纯而简单地否定？我承认，当对此困难问题进行反思时，我常常非常接近这种想法。但是，简单地否定它，将会失去一种张力的好处，这种张力能使它既不沦落于惬意的对立中，又不跌落到一盘迷人的大杂烩中。

也许首先必须接近不加区分（non-distinction）的观点，这是有伟大治疗价值的一步。这是一个我从再度阅读一本书所取得的好处，这是一本已经老旧但不应被忘掉的——至少在我们这块大陆上——卡尔·曼海姆（Karl Mannheim）的著作，它是1929年用德文写的，书名是《意识形态和乌托邦》[14]。这本书的优点是从发现意识形态常被谴责的特征中得出一切重要结论，并且把对任何人试图将意识形态 240
批判应用于别的东西的立场进行意识形态的反攻追究到底。

曼海姆认同马克思主义这一发现，即意识形态不是一种局部的错误，可在心理学上解释的错误，而是一种可归于某群体、某阶级、某民族的思想结构。但是他责备马克思主义停止在半路上，并且不对自身加以怀疑和疑惑。按照曼海姆的看法，不应再由马克思主义担负连锁反应的责任，因为文化和精神统一体的分裂的基本现象都存在于每一话语与其他话语的争吵中。但当我们从有限制的怀疑走向一般性怀疑时，什么会发生呢？曼海姆回答说：我们已经从战斗的科学走向和平科学，即走向特勒尔奇（Troeltsch）、马克斯·韦伯和马克斯·舍勒（Max Scheler）所发现的知识社会学。所谓无产阶级的武器，已经变成旨在阐明一切思想社会制约性的研究方法。

因此曼海姆使意识形态概念一般化。对于他来说，各种意识形态主要是由它们的非一致性，它们关于社会现实的不一致性所规定的。它们不同于乌托邦仅在于次要特征。大体上说，意识形态是由统治阶级所声称而为无特权阶级所谴责；乌托邦一般是受新兴阶级所支持。意识形态向后看，而乌托邦向前看。意识形态使自身适应于它们证明其正当并加以粉饰的现实；而乌托邦则直接攻击和反驳现实。意识形态和乌托邦之间的这些对立确实是相当多的，但它们绝不是确定的和完全的，正如我们在马克思那里所看到的，马克思在各种意识形态幻觉中划分出乌托邦社会主义。而且，只有后来的历史才能决定乌托邦是不是它所主张的东西，即能改变历史进程的新视点。但重要的是，意识形态和乌托邦之间的对立不能是整体的，因为在与那种只能在有效实践中展现的现实概念的关系中，它们两者都致力于反对非一致性的共同背景（在后面的或在前面的）。行为是可能的，仅当这样一种空隙并不妨碍人继续适应经常变动的现实。

让我们接受这个一般化的意识形态概念作为工作假说，这个概念以一种复杂的方式与乌托邦概念相关联，这种乌托邦概念有时是意识形态内的一个种类，有时是与意识形态相对立的类型。我的问题——令人烦恼的难题——是这样：研究者从什么地方用一般化的意识形态概念讲话？我们必须承认，这种地方不存在。它甚至在受限制的意识
241 形态理论中也不存在，在受限制的意识形态理论中，只有他人的思想才是意识形态的。这时，认识者知道他自己也坠入意识形态中。在这方面，曼海姆同自己的斗争就其无限的理智诚实来说是典型的。因为曼海姆知道韦伯要求价值中立的社会学，乃是一种骗人的诱饵。它只是一个阶段，即使是一个必然的阶段。“所需要的东西，”他写道，

> 是继续准备认识到任何一种观点都是为某确定情况所特有的，并且通过分析找出这种特殊性是由什么组成。对一种作为经验知识基础并使经验知识可能的暗含的形而上学前提做清楚而明晰的公开宣布，比口头否定这些附带通过后门秘密接纳的前提的存在更能阐明和推进研究。（《意识形态和乌托邦》，第 80 页）

但是，留下的事情是陷入完全的相对主义、完全的历史主义，而研究本身被扼杀了，因为正如曼海姆所指出的：如果没有前提，就没有问题被问，如果没有问题，就没有假说能被形成，因而就没有任何东西可以被研究。这种情况对于研究者和对于社会本身都是一样的。意识形态相对于真实的事物过程是空隙或不一致，但意识形态的死亡将是清晰的完结，因为没有意识形态和乌托邦的社会群体，将没有计划，没有与自身的距离，没有自我再现。它将是没有全球筹划的社

会，将使历史分解为完全同等的毫无意义的事件。

那么，当我们知道任一事物都是相对的，我们如何做出假定呢？我们如何取得一种不只是掷骰子、不只是权力的逻辑召唤、不只是纯信仰主义运动的决定呢？我已经说过，曼海姆以典范的思想勇气和这种困难做斗争。他不惜一切代价从相对主义中区分出关系论。但代价是什么呢？代价就是不可能要求：把一切偏颇的意识形态放进一个指定给它们相对意义的整个视域内；并因而从无评价的纯观察者的看法走向那种敢于说某种意识形态是和谐一致的，而另一种意识形态则不是和谐一致的有评价的看法。我们再次被导向返回到不可能追求总体知识："给现代人提供一种修正了的**总体**历史过程的观点。"（《意识形态和乌托邦》，第 60 页）因此，关系论和相对论被可耻的黑格尔主义分开了。曼海姆说，"任务就是通过规范和制度的改变，发现一种我们职责就是理解其统一和意义的体系"（《意识形态和乌托邦》，第 81 页）；更进一步，"在历史复杂整体中发现每一元素的作用、价值和意 242
义。正是由于这种类型的关于历史的社会学观点，我们才认同了我们自己"（《意识形态和乌托邦》，第 83 页）。

正是这种必须付出的代价，研究者才能够摆脱怀疑主义和犬儒主义，才能够对当代进行评价，以便说出：这些观念在所与境遇里是有效的，而这些别的观念形成对清晰和改变的障碍。但是，为了调节这种对所与境遇适应的标准，思想家必须完成他的科学研究。因为要估量对现实的扭曲，人们必须在其整体上认识社会现实；而正是在研究的结尾，现实的真正意义才被决定："要想摆脱意识形态和乌托邦的扭曲，归根结底，就是对现实的探究。"（《意识形态和乌托邦》，第 87 页）我们再一次绕了一个圈子，正好用马克思的话来说，意识形态幻觉最初所反对的现实，只有到最后才被认识，因为此时意识形态实际被分解了。这里同样，每一事物都是循环的："只有当我们彻底知道每一观点的受限制范围，我们才走上探索理解全体的道路。"（《意识形态和乌托邦》，第 93 页）但是，反面同样是强制性的："总体观点既同化特殊观点的局限性，又超越特殊观点的局限性。"（《意

识形态和乌托邦》，第 94 页）

所以，曼海姆把自己置于这样的无止境的义务之下，他要通过自己对历史主义的超越来征服历史主义，使它从局部历史主义走向整体历史主义。在这方面，下面这点不是无意义的，即曼海姆同时也对知识界的社会问题有兴趣。因为观点的综合要预先假定一个社会承载者，这位承载者不能是中产阶级，而必须是一个相对地未归入阶级的阶层，是不稳定地处于社会秩序中的阶层。这就是阿尔弗雷德·韦伯（Alfred Weber）所说的相对独立的知识界，是**无拘无束的知识界**（freischwebende Intelligenz）。所以，意识形态理论就退到“头脑完全从社会学观点相分离”的乌托邦的后面（《意识形态和乌托邦》，第 175 页）。

我们必须承认，整体综合的任务是不可能的。这样，我们就毫无思想进展地返回到对总体反思的批判吗？在与一切观点的意识形态条件的无休止的斗争中，难道我们只是失败吗？难道我们必须拒绝对意识形态的真理做任何判断？我确实不这样想。正如我已经说过，我认为曼海姆的立场是一个转折点，从此转折点我们可以瞥见到富有生命力的解决方向。

在我看来，解决的元素似乎被包含在关于所有**历史**理解的条件的
243 **诠释学**特性的话语中。这里通过漫长而迂回地讨论关于意识形态知识可能性条件，我重新回到了我在早期研究中给出的分析[15]。那里我在伽达默尔的指导下，提出一个海德格尔类型的反思，以便对自己讲清前理解的根本现象，前理解的本体论结构先于并支配社会科学在前见、意识形态和诠释学循环的名称下所遇见的一切真正认识论的难题。这些认识论的难题——虽然互相不同，但不能彼此还原——具有同样的根源。它们产生于这样一种存在物的结构，这种存在物从未处于一个使自己从它的条件作用整体中分离出来的主体的统治立场中。但是，在目前的论文中，我不想允许自己有如此话语的便利，这种话语直接使自身处于前理解的本体论中，以便对意识形态理论的困境做出判断。我宁愿关于意识形态知识可能性的条件、一般来说关于社会科学中说明话语的有效性条件，走一条漫长而困难的认识论反思之

路。这样，通过意识形态差异的总体反思或总体知识的计划的失败，我已经从这里重新发现另一种话语的必要性，历史理解的诠释学的必要性。

这里，我并不追求对这另一种话语进行分析。为了结束，我将限制自己去表述一些可能给科学—意识形态两者某种可接受意义的命题。

第一个命题：关于我们在社会、社会阶级、文化传统和历史中的立场的一切客观化的知识是以我们从未能完全反思的**隶属性**（belonging）关系为前提的。在任何批判的距离之前，我们隶属于某种历史，隶属于某个阶级，隶属于某个民族，隶属于某种文化，隶属于某种或几种传统。在承认这种先于和支持我们的隶属性时，我们承认意识形态的最初作用，这种作用我们曾经描述为意象、自我再现的中介作用。通过这种中介作用，我们也参与到意识形态的其他功能，即那些同化和扭曲的功能中。但是我们现在知道，前理解的本体论条件排除这种会把我们放到非意识形态知识的有利立场上去的总体反思。

第二个命题：如果客观化知识相对于隶属性关系总是第二位的，那么它仍能在一种**相对的自主性**中被构成。因为构成它的关键元素由 *244*
于**间距化**因素（这是历史性关系的关键）而基本上是可能的。这个论点海德格尔本人并未明确提出，但他指出它的所在，当他宣布道：

> 在理解的循环中……隐藏着最原始认识的一种积极的可能性。我们真正理解这种可能性，只有当在我们的**阐释**（Auslegung）中，我们理解到我们首要的、最终的和经常的任务始终是不让前有、前见和前把握以**偶发奇想**（Einfälle）和流俗之见的方式对我们出现，而是从事情本身出发处理这些预先有的东西，从而确保论题的科学性。[16]

因此，在转向构成我们并且我们所属的前理解的结构本身的运动中，原则上就有包含批判要求的必然性。因此前理解和前见之间的批判间距化是前理解的诠释学所需要的。正是这个被海德格尔直率简述的而且可能被他的彻底的勇气所窒息的论点，伽达默尔才做了一点推进，也许没有给予应有的强调。但是，他已经注意到间距化的核心问题上，不仅是时间的距离，有如在对过去的文本和文物的解释中的那样，而且也是积极的间距；**受历史效果影响的意识**（a consciousness exposed to the efficacy of history）只能在距离条件下进行理解。我依次试图在同一方向进一步推进。按我的观点，文本的中介具有例证的价值。理解说话（the saying）首先就是把说话作为被说的东西来面对，在它的文本形式中即把它与它的作者分离开来接受它；这种间距是任何阅读的内在组成部分，通过阅读，文本的内容只有在距离中和通过距离才得以接近。我认为，我曾经努力思考的这种文本诠释学包含对意识形态批判合理承认的决定性的暗示。因为，正如普及马克思的曼海姆教导我们的，一切间距化乃是自我间距化，自我与自身的距离。所以，意识形态批判可以而且必须在自我理解的工作中被设定，因为自我理解的工作有机地就包含对主体的错觉的批判。这是我的第二个命题：间距化——与隶属性辩证地对立——是意识形态批判可能性的条件，它不是在诠释学之外的或反对诠释学的，而是处于诠释学之中。

第三个命题：如果意识形态批判能部分地摆脱其在前理解中原始
245 的锚桩，如果它能如此组织自身成知识并进入让·拉特利尔称为理论推移的运动，这种知识仍然不能成为总体的。它仍被谴责为不完全的、片段的、孤立的知识；从诠释学上看，它的**非完全性**是在那种使间距化本身成为隶属性运动的原始的、不可超越的条件中被建立的。忘掉这种绝对不可超越的条件就是同样不可克服的障碍的源泉，因为这些障碍是与意识形态在意识形态知识水平上的再现相关。这里，意识形态理论被归入非完全性和非总体性的认识论强制，这种非完全性和非总体性在理解的条件本身中具有其诠释学的合法性。

在这方面，我接受哈贝马斯的论点，即一切知识都是由某种旨趣支持的，意识形态批判理论本身是由某种解放的旨趣所支持的，解放的旨趣就是指一种无约束和不受强制的交往。但是我们必须看到，这种旨趣是作为意识形态或乌托邦起作用的；我们不知道是这两者中的哪一个，因为只有后来的历史才会在无结果的不一致和创造性的不一致之间做出决定。我们必须记住，不仅是旨趣的不清楚的意识形态的或乌托邦的特性支持意识形态批判，而且更有甚者，这种旨趣还有机地与该理论在别处描述的其他旨趣相联系：在被用于物和人的物质支配与管理上的旨趣，以及通过文化遗产理解而追求的历史交往的旨趣。所以，解放的旨趣绝不会在旨趣系统上产生完全的分裂，这种分裂在知识水平上能导致纯粹的认识论的突破。

所以，这就是我的第三个命题：由特殊旨趣支持的意识形态批判，从不会破坏它与隶属性基础的联系。忘掉这种原始的联系就是进入已经上升到绝对知识行列的批判理论的幻觉中去。

我的第四个也就是最后一个命题将是直截了当地去本体论（de-ontology），它涉及意识形态批判的**正确用法**。由这个整体的中介可推知，意识形态批判乃是一项必须经常开始的任务，但原则上又是永不能完成的任务。知识总是处于将其自身从意识形态中撕裂出来的过程中，但是意识形态总仍然是解释的代码、网络，由于它，我们不是独立的知识分子，而总是受到黑格尔称为“伦理实体”，即**道德性** 246
（Sittlichkeit）的东西所支持。我之所以说我的第四个命题是去本体论，因为今天没有什么事情比放弃傲慢的批判和以坚韧精神继续那无止境的间距化，以及更新我们的历史实体更为必要的了。

注释

［1］Jacques Ellul，“Le Rôle Médiateur de l'Idéologie”，in *Démythisation et Idéologie*，edited by E. Castelli（Paris：Aubier，1973），pp. 335-54.

［2］Ibid.，p. 351.

［3］Karl Marx and Frederick Engels，*The German Ideology*，edited by C. J. Arthur（London：Lawrence and Wishart，1970），p. 47. ［译文参见：马克思恩格斯选集：第1卷. 北京：人民出版社，2012：152。——译者注］

［4］Maurice Lagueux，“L'usage Abusif du Rapport Science/

Idéologie”，*Culture et Langage*（Montreal：Cahiers du Québec，1973），p. 202.

[5] Ibid.，p. 219.

[6] Ibid.，p. 217.

[7] Sarah Kofman，*Camera Obscura. De l'idéologie*（Paris：Galilée，1973）.

[8] Ibid.，p. 25.

[9] Jean Ladrière，“Signes et Concepts en Science”，in *L'Articulation du Sens*（Paris：Cerf，1970），pp. 40－50［英译本：“Signs and Concepts in Science”，in *Language and Belief*，translated by Garrett Barden（Dublin：Gill and Macmillan，1972），pp. 17－43］。

[10] Ibid.，p. 42［p. 34］.

[11] Max Weber，“The Meaning of ‘Ethical neutrality’ in Sociology and Economics”，in *The Methodology of the Social Sciences*，translated and edited by Edward A. Shils and Henry A. Finch（Glencoe：The Free Press，1949），pp. 1－49.

[12] *L'Articulation du Sens*，p. 42［*Language and Belief*，p. 35］.

[13] Ibid.，p. 43［p. 36］. †

[14] Karl Mannheim，*Ideologie und Utopie*（Bonn：F. Cohen，1929）［英译本：*Ideology and Utopia*，translated by Louis Wirth and Edward Shils（London：Routledge and Kegan Paul，1936；此后简写为 *IU*）］。

[15] 见本书第二篇论文《诠释学与意识形态批判》。

[16] Martin Heidegger，*Sein und Zeit*（Tübingen：Max Niemeyer，1927），p. 153［英译本：*Being and Time*，translated by John Macquarrie and Edward Robinson（Oxford：Basil Blackwell，1978），p. 195］。†

10　弗洛伊德精神分析著作中的证明问题

精神分析中的证明问题同精神分析本身一样是个老问题。1895 247
年的《方案》目的在于说明一种科学心理学的计划。《梦的解析》声称是一种科学，而不是一种幻觉的构造，也不是像克拉夫特-埃宾在一次公开演讲之后攻击弗洛伊德所说的“一个非常动人的神话”。弗洛伊德的每部教学作品——《精神分析导论讲演》、《精神分析新导论讲演》和《精神分析纲要》——都代表了一种向普通人传导其如下信念的新努力，即精神分析是真正地与可理解的和声称是真实的东西联系在一起的。但是，精神分析却从未完全成功地阐明它的断言是怎样被证明，它的解释是怎样有根据，以及它的理论是怎样得到证实的。我认为，精神分析相对来说没有被承认为一种科学，这缺陷是因为它没有探究一些前设的问题，而我的这篇论文的第一、二部分就是讨论这些问题，第三部分将尝试直接回答最初的问题。

I. 精神分析中“事实”的标准

第一个问题涉及精神分析中作为一件**事实**有关的东西是什么。我们可以从如下关注开始，即有关分析理论的认识论地位的传统讨论都承认理论是由这样一些命题构成的，而这些命题的作用就是对那些可以和自然科学或人文科学（正如学院心理学一样，人文科学本身采用自然科学的认识论）中证实或证伪理论的现象相比较的现象进行系统化（systematise）、说明和预见。即使我们不是讨论那种不需要由可观察的东西来直接证明理论的狭隘经验论时，我们还会继续追问一些我们可以放到可观察科学中的同样问题。这样一来，我们就问，精神分析靠什么特殊的程序把这种或那种理论观点同确定的、不含糊的事实联系起来呢？无论这个证实过程是如何间接，定义必须是
248 可操作的，即它们必须被表明为产生证实和证伪程序。真正来说，就是这样一个问题：在精神分析中什么值得被认为是一个可证实的事实？

我的论点是，精神分析理论——就某种我们在本文第二部分中将要描述的意义而言——乃是对在分析状态中，更精确地说，在分析关系中所发生的事情进行整理。正是在那里某种值得被称为**分析经验**（analytic experience）的东西才发生。换言之，在分析状态中，在分析关系中首先要找寻的就是被逻辑经验主义认识论称为“可观察”的东西的等值物。

因此，我们的第一个任务就是指明分析关系以什么方式在可能被理论加以说明的事实当中产生一个选择。我提出有利于我们讨论的这种选择过程的四条标准。

第一条标准：首先，进入研究和诊断领域中只是那种可以**被说的**经验部分。这里没有必要坚持精神分析那种谈话疗法（*talk-cure*）的特征。这种语言限制首先是对分析技巧的一种内在限制。正是这种属于分析状态的与实在无联系的特殊语境才迫使欲望讲话，迫使它经过言语的窄路，这种情况既不能被其他方法满意地替代，又不能倒退用行为表现出来。这种在分析状态中通过讲话的选择也是作为一种标准起作用，它判断什么可被认为是这门科学的目标：本能不是一种生理现象，甚至欲望也不是能量，但是欲望可以作为一种能被破译、翻译

和解释的意义。因此，理论必须说明我们可以称之为欲望语义学维度的东西。

我们可能已经知道在通常认识论讨论中流行的误解：精神分析中的事实绝不是可观察行为的事实。它们是“报告”（reports）。我们知道睡梦，仅是醒来后被告知；即使症状，尽管它们部分是可观察的，也只有在与“报告”中说出的其他因素有关时才进入分析领域。正是这种选择的限制才迫使我们把精神分析的事实放在动机和意义的范围之内。

第二条标准：分析状态不仅挑出可说的东西，而且也挑出被说给**他人**的东西。这里认识论标准又被对分析技巧极为重要的某种东西所指导。在这方面，转换状态（transference，移情状态）是非常有意 210
义的，因为我们可能会把转换的讨论限制在精神分析技巧的范围，并因此在寻找有关标准时忽略其认识论的意蕴。为了弄明白这一点，让我们考虑一篇有关分析技巧非常重要的 1914 年论文，这篇论文的题目是《记忆、重复和疏通》[1]。

在这篇论文中，弗洛伊德是从治疗中那个准确的时刻开始，即精神创伤事件的记忆是由那种阻碍记忆的强迫重复所代替的时候。由于弗洛伊德注意到这种强迫重复、抗拒和转换之间的关系，他写道：“抗拒愈大，发泄（重复）代替记忆就会愈强烈。”他接着说：“患者重复以代替记忆，并且是在抗拒的条件下重复。”（《弗洛伊德文集》标准版，第 12 卷，第 151 页）然后他引入转换，他把转换描述为“这样一种重要工具……抑制患者的重复强迫，把它转变为记忆动机”（《弗洛伊德文集》标准版，第 12 卷，第 154 页）。转换为何具有这种效果呢？答案导致直接对似乎是严格技巧问题的认识论考虑。如果抗拒可以被清除，记忆能够自由地发生，那么这是因为转换构成“某种像运动场的东西，在此场内（患者的重复强迫）被允许扩展到几乎完全自由的情况”（《弗洛伊德文集》标准版，第 12 卷，第 154 页）。把运动场这个类比扩展下去，弗洛伊德更加特别地指出：“因此转换在疾病和真实生活之间创造了一个中间区域，通过这个区域，一个状

态转变成为另一个状态。”(《弗洛伊德文集》标准版，第 12 卷，第 154 页)

正是这种作为“运动场”或“中间区域”的转换概念指导了我对什么是作为精神分析相关的事实的这第二条标准的评论。**事实上，在这个“运动场”、这个“中间区域”内我们可以把与他人的关系解读为构成一种说给他人的性爱要求**（erotic demand）。正是在这方面，“转换”不仅在分析技巧的研究中，而且在认识论关于标准的探究中都有其位置。它揭示了人类欲望的这种基本特性：它不但可以被说出来，用语言表示，而且是讲给他人听的；更特别的是，它是讲给另外一个欲望，而这个欲望能够拒绝其要求。因此，从人类经验中选出或筛出的东西乃是直接主体之间的欲望度向。

因此，我们不应忽视这一事实，即如果我们讲到对象，讲到“愿望对象”——我们不能不在这种语境中讲到它们，作为选择的对象、失去的对象和代替的对象（这些我们下面会谈到）——这个对象就是
250 另一个欲望。换言之，与他人的关系不是某种加在欲望上的东西。在这方面，弗洛伊德在其自我分析过程中对俄狄浦斯（恋母）情结的发现，可以被包含在欲望本身的结构之中，这种欲望结构可以看成两个性别和三个人参与的三角结构。由此可以推出，该理论表达为象征性阉割（symbolic castration）的东西不是一种附加的、外来的因素，而是某些证明欲望对于禁令力量和强加标准的原初关系的东西，这些标准是小孩当其父亲的威胁指向他的性欲活动时存在于他的幻想之中的。因此从一开始，所有可能被认为是欲望唯我论的东西都被消除了，尽管只用作为紧张和释放的能量来对欲望下的定义可能引导我们相信这种唯我论。当讲到他人的中介是人类欲望的基本的东西……这个他人可能是某个愿意响应或拒绝响应的人，某个感激或某个威胁的人。首先，他也许是真实的或幻觉的，在场的或失掉的，一个愤怒的源泉，或一个连续悲伤的对象。通过转换，精神分析控制和考察了这些选择的可能性，其方法就是把那种产生精神病状态的有几个演员的戏剧转移到一个小型的人工舞台上。因此，正是分析经验本身才迫使

理论把主体间性（intersubjectivity）包含在力比多（libido）的结构之内，并迫使理论认为主体间性与其说是一种需要，不如说是一种他人指向的愿望。

第三条标准：第三条标准是由关于某些无意识表现的一致性和抗拒的分析状态所引进的，这些无意识表现使弗洛伊德讲到**精神（心理）实在**（psychical reality）与物质实在（material reality）的对立。正是这种精神（心理）实在的明显特征才与精神分析有关。这一标准的荒谬到这种程度，常识认为与实在对立的东西就是这种构成精神实在的东西。

例如，在1917年，弗洛伊德写道，“幻象（phantasies）具有与**物质实在对立的精神（心理）实在……，在精神病的世界里，正是精神实在才是决定性的类**”（《弗洛伊德文集》标准版，第15-16卷，第368页）。症状和幻象“是从对象抽象而来，因此它们弃绝了与外在实在的任何关系”。他接着谈到幼儿时那些本身“并不总是真实的”情况。如果我们记得对于弗洛伊德来说，要抛弃他关于父亲真正诱奸小孩这一最初假说是多么困难的话，那么他这句话是特别重要的承认。15年后，他说，这个发现对于他来说一直是非常烦恼的。这个
发现是什么使得他如此烦恼呢？真正来说，幼儿时的情况是真还是 251
假，在临床上是不相关的。因此从认识论的观点来看也没有关系。这就是用“精神实在”这个术语所表达的意思。

这里重要的问题是，正是分析经验本身才必须使用“精神（心理）实在”去指明那样一些归属于想象界和实在界对立的产物，这种想象界和实在界的对立，不是完全按照常识，而是在某种方式下，处于精神分析中幻象所附的快乐原则和现实原则之间基本对立的明显矛盾之中。这就是为什么这一概念遇到不仅由常识或可观察科学造成的态度所引出的抗拒，而且还受到来自精神分析理论本身及其想象界和实在界之间牢固的两分法抗拒的原因。

因为分析经验而产生的这种荒谬在认识论上的后果是值得考虑的：当学院派心理学由于其理论实体被说成是涉及可观察的事实，最

终是涉及时空里的实在运动，因而不对实在界和想象界之间的区别提出问题时，精神分析却研讨精神实在而不研讨物质实在。所以对这种实在的标准不再是可观察的，而是它表现出一种可与物质实在的标准可比拟的一致性和抗拒性。

满足这一标准的现象的范围是广泛的。由幼儿时的情况（看到父母的性关系、诱奸，更重要的是阉割）所得到幻象构成的范例到这样的程度：尽管在主体的真实历史中它们只有脆弱的基础，但它们表现出一个高度结构的组织，并被记入既典型又数量有限的脚本之中。

但是，精神（心理）实在概念并未被以这种原始的方案所理解的幻想观念阐述清楚。从广义来说，想象包括了欲望发展中所包含的所有种类的中介。

例如，我们可以把被抛弃对象的整个范围接近幼儿时的情况，这些被抛弃对象继续作为幻想表现出来。弗洛伊德是在与症状形成问题相联系中引入这一观念。被力比多抛弃的对象提供了力比多和它在症状中的固着点之间失去的那一联系。

由被抛弃对象的观念过渡到替代对象的观念是容易的，替代对象
252 的观念使我们处于分析经验的核心。《性学三论》是从与力比多的目标或目的的稳定性相对照的对象的可变性出发的，并从这里得出所爱对象的可替代性。在《本能及其变种》一书中，弗洛伊德在此基础之上，用一种系统的方式继续解释起源于相互交叉替代的典型结构——通过颠倒、退化等，自我能够把它自己放入对象的位置，就像在自恋的情况中一样。

可替代性转过来又是对分析经验很重要的另一组现象的关键。从《梦的解析》那本书起，弗洛伊德知觉到梦的这样一个显著特征，即它们可以替代一个神话，一个民间传说的主题，或一种症状，一种梦幻或一种幻觉。其结果是，这些心理形成的整个实在在于那种对它们的替代的相互作用起基础作用的主题一致性。它们的实在就是它们的意义，而它们的意义就是它们相互替代的能力。在这个意义上，失去对象和替代对象的观念——分析经验的基本概念——应当在认识论讨

论中占有一个关键的位置。简言之，它们禁止我们在精神分析中以一种与在可观察的科学中一样的方式谈论一个“事实”。

在离开精神实在这一标准之前，我想在这条引导我们从幻想到失去对象，然后再到替代对象的个案链上再补充最后的一环。这最后的一环将使我们确信这整条个案链是完全处于分析经验之内的。这个个案就是哀悼活动（the work of mourning）。

哀悼本身乃是对失去一个对象反应的典型例子（《弗洛伊德文集》标准版，第 14 卷，第 243 页）。当然，这是施加于哀悼活动的实在，只是这个实在包括失去对象，因而此实在是作为缺席的判断而有意义。因此哀悼在于“一步一步地实现实在所规定的每一次序”。但是这种实现完全在于失去对象的内在化（interiorisation），此内在化，弗洛伊德说是“其存在在心理上的继续”。

如果我得出以哀悼活动来考察精神（心理）实在的标准这一结论，那么我不仅是为了强调抛弃对象所引起的现象的宽广范围，而且也是为了说明在那一点上哀悼现象接近精神分析的核心。精神分析是 253
从承认幻想是（对它来说）表现精神实在的范例开始的，但是它用一种本身可以理解为哀悼活动的工作——一种本能欲望对失去对象的内在化——继续下去的。这种疗法远不是只限于克服幻想而有益于实在，而是把它恢复为幻想以便来处理它，但不是在想象水平上把它与实在的东西混淆起来。如果需要进一步的证实，那么疗法和哀悼活动之间的亲属关系就证明，正是分析经验才要求我们把幻想指称加到前两条标准上；因为已经被说的东西（第一条标准）和要求其他人的东西（第二条标准）具有特别想象形成的印记，所以弗洛伊德把它们归于**幻象化**（phantasieren）名义之下。由此推知，与分析家有关的东西不是可观察到的事实或对环境变化可观察到的反应，而是这种意义，即行为心理学家认为是观察者的同一事件对于一个主体所假定的意义。总而言之，我冒险地说，**精神分析有关的东西就是一个主体形成其幻觉的东西**。

第四条标准：分析状态从一个主体的经验选择出那种可以进入一

个故事或叙述的东西。在这个意义上，作为历史的“病历”（case histories）构成了精神分析的首要文本。至少就我所知，精神分析经验的这种“叙事”特征从未为弗洛伊德直接讨论过。但是他在考虑记忆问题时间接提到它。我们可以回忆《歇斯底里研究》中著名的断言：“歇斯底里患者所遭受的主要来自回忆。”当然，当弗洛伊德探求精神病的真实原因时，记忆似乎只是屏幕记忆（screen-memories）和幻象，而不是真实记忆，但是由于它们同抗拒的关系，以及抗拒和重复之间的联系，幻象总是在它们同遗忘和记忆的关系中得到考虑。记忆是必须替代重复的东西。对抗抗拒的斗争——弗洛伊德称之为“疏通工作”（working through）——的目的无非只是为了重开记忆之路。

但是，要记忆什么呢？它不是仅仅回忆某些孤立的事件，而是要能够形成有意义的连续和有秩序的联系。简言之，它能以故事的形式构成自身的存在，其中记忆本身只是这个故事的一个片段。正是这种生活故事的叙事结构使一个病例成为一个病历。

以故事的形式把一个人生活片段这样加以整理就构成一种工
254 作——而且甚至是一种“疏通工作”——这被一种基本的幻象生活现象即事后现象（*Nachträglichkeit*）的作用所证明，拉康曾对这种现象做了详细解释[2]。事实上，“表现、印象、记忆痕迹以后都会在新经验和对新的发展阶段的接近的机能中又被重新铸造，而且它们可能不仅承担了新的意义，而且还具有新的功效”[3]。在提出理论问题之前，这种现象就包含在精神分析本身的工作之中。正是在刚才提到的疏通工作的过程中，弗洛伊德发现主体的历史并不符合线性决定论，因为线性决定论是以单义的方式把现在置于过去的牢固控制之中。正相反，通过分析工作恢复精神创伤事件揭示，在那时这些事件原是那些不能完全被整合到有意义语境中的经验。只有新事件和新状态的到来，才促使这些早些的事件在后来继续重新活动。因此在“狼人”例子中，正是第二次有性方面意义的场面才在事后使上一次场面也发挥作用。一般来说，大量被压制的记忆事后仅仅成为精神创伤。这是一个不只是推迟或延缓行动的问题。这里我们看到，我们已离开那种记忆观念很远，那种观念认为记忆只是在一种过去的知觉中重新产生真实事件；相反，记忆乃是这样一种工作，它从头至尾经历非常复杂的结构。正是这种记忆工作，正如其他东西一样，被包含在故事或存在叙述结构的概念中。

所以，分析经验的变迁第四次揭示了精神分析中认为是一个“事实”的东西的一个恰当特征。

II. 研究程序、治疗方法和理论术语

有关精神分析中证明的第二个预备性问题是在理论和精神分析中认为是事实之间可以找出的**关系**的性质问题。

从操作分析的观点来看，可观察科学的理论术语必须能够通过解释和翻译规则与可观察东西联系起来，而这些规则确保这些术语的间接证明。这里的问题是要知道，允许理论物理层次过渡到事实层次的操作程序，在精神分析中是否有与在可观察科学中相同的结构和相同的意义。要回答这一问题，我想回到弗洛伊德在讨论精神分析中理论 255
的认识论地位时的一个论断。我们读到：“精神分析是一个总称，它包括（1）研究心理过程的一个程序……（2）（基于上述研究的）治疗精神失常的一种方法，以及（3）根据上述研究所获得的一组心理上的信息，这组信息正在逐步地积累成为一门新的科学学科。”（《弗洛伊德文集》标准版，第 18 卷，第 235 页）正是研究程序、治疗方法和理论术语之间的这种三角关系引起我们注意，因为它占据可观察科学中理论—事实关系的位置。正如刚才所述，精神分析不仅研讨一种具有特殊性质的“事实”，而且取代了自然科学中操作程序位置的也正是研究程序和治疗方法之间那类独特典型的关系。正是这一关系在理论和事实之间进行中介。

现在，在与其他两个术语有关系的第三个术语即理论的作用尚未

能谈到之前，研究程序和治疗方法之间的关系本身是不容易掌握的。广义地说，我们可以说，研究程序往往偏重于精神行为之间的**意义**关系，而治疗方法则侧重于系统之间**力量**的关系。理论的作用就是把精神实在的这两个方面结合起来。

事实上，研究程序与文本解释学科有很紧密的关系。例如我们读到：

> 我给自己确立的目标是表明梦是可以被解释的……我关于梦是可以解释的假设立即使我处于有关梦的流行理论的对立面，事实上除了谢尔纳（Scherner）的理论外，同每一种有关梦的理论处于对立之中，因为“解释”一个梦就表示给它安置一个“意义”——这就是说，用某种东西来代替梦，这种东西像一个同其他一样有效和重要的环节放入我的心理行为链中。（《弗洛伊德文集》标准版，第4-5卷，第96页）

在这方面，解释通常被比作从一种语言到另一种语言的翻译，或是猜字谜（例如，参看《弗洛伊德文集》标准版，第4-5卷，第277-8页；第13卷，第176页；第14卷，第166页；第23卷，第236页）。弗洛伊德从不怀疑，无论无意识是怎样不可接近，但它会像意识一样，参与到同样的心理结构中去。正是这种共同的结构允许我们把无意识行为“插入到”（to interpolate）意识行为的文本中。属于研究方法的这一特征与上面讨论的精神分析中关于“事实”的标
256 准是一致的，特别是与可说性和可替代性的标准是一致的。如果研究程序可以被应用于精神病症状和梦的话，那么它之所以能这样做，乃是因为“梦形成（*Traumbildung*）、症状形成（*Symptombildung*）是同质的和可替换的”（《弗洛伊德文集》标准版，第4-5卷，第605-8页）。这早在1893年就被承认的，那时“预备性沟通”已经把造成的原因和歇斯底里症状之间的关系处理为一种与梦的过程同类的“象征性纽带”。**在所有缓和形成之间的这种深层次的亲密关系允许我们说心理是一种可以破译的文本**。

这种包括广泛的文本概念不仅包含梦和症状的深度统一，而且也

包含这两者与白日梦、神话、民间故事、俗语、谚语、双关语和笑话的深度统一。这种研究方法之所以能够逐步地扩展，是因为下面两方之间存在的特殊的亲密关系，一方是幼儿较早时期的一群幻想（在《梦的解析》中被划分为典型的梦：裸体梦、某个亲爱人死亡之梦等），另一方是人类高度组织的和最永久性的神话结构。在同样的研究程序中最明显地出现了那种“文本性的”结构，这种结构与弗洛伊德在其自我分析中发现的恋母情结和文学中传给我们的古希腊俄狄浦斯悲剧中的情结相同。因此，在研究程序的范围和可以称为一般幻想空间的东西之间存在一种一致关系，在幻想空间里，诸如白日梦、孩子游戏、心理小说和其他的诗歌创作的心理产物都得到说明。同样，米开朗琪罗的摩西在石头上的心理冲突的形象可以通过所有符号系统的能成形的和可替代的性质得到解释，而这些符号系统都包括在同一的研究程序之内。

但是，如果我们仅跟随这种文本和解释概念的含义的话，那么我们关于精神分析就会达到一个完全错误的观点。精神分析就会和语文学、注经学一起完全归属于历史诠释科学的庇护之下，并且我们就会忽视当研究程序与治疗方法结合时才可把握的解释的特征。症状和梦的意义要破译是如此困难，因为在明显意义和隐蔽意义之间介入了扭曲机制——弗洛伊德把这种机制列入梦行为的术语之中。

这种“扭曲”确实是一种奇怪的现象，弗洛伊德使用所有种类的 257
准物理的隐喻来促成这个转换，他说这种转换“绝不以任何形式来思考、计算或判断”（《弗洛伊德文集》标准版，第 4-5 卷，第 507 页）。凝缩（condensation）和错位（displacement）是对梦行为的准物理的隐喻。但是，正是**压抑**（repression）这一主要隐喻才使所有其他隐喻变成一个理论概念，该理论概念的隐喻起源已被忘记（而且它就是扭曲概念本身的起源，扭曲就本义来讲，它指一种猛烈的错位和变形）。退化的半隐喻属于同一类。

有同样重要性的另一个准物理的隐喻是**宣泄**（cathexis）隐喻，关于这种宣泄，弗洛伊德没有隐藏与一个在某事情中投资的资本主义企业家的行为的亲密关系。这个隐喻使退化不仅获得一个区域性的意义，而且还获得一个动力学的意义，意思就是说，退化到一个形象是从“附属于不同系统的能量宣泄之中的变化”而产生的（《弗洛伊德文集》标准版，第4-5卷，第543页）。这种隐喻游戏变得非常复杂，因为弗洛伊德进而把文本隐喻（翻译、替代、多元决定等）和能量隐喻交织在一起，产生出混合的隐喻，例如伪装、审查等。

为什么弗洛伊德还是使用半隐喻概念，特别是一些不连贯的隐喻使自己陷入困境呢？不连贯的隐喻一方面趋向于翻译的**文本性**概念的极端，另一方面又趋向于那种只能在不同力相互作用的结果的意义上才能理解的和解的**机械论**概念。我主张，正是研究程序和治疗方法的结合才使理论以这种方式，即用那些缺乏一致性的半隐喻概念来操作。

我想在这里停一下先讨论“治疗”（treatment）这一词，以前我们把这词同研究方法区别开来。治疗方法概念必须在一个远远超出其医治（cure）的严格医学意义上被理解为指称整个分析程序，就分析本身是一种活动而言。这种活动既是我们刚才描述为梦行为之物的反面，又是我们以前称为哀悼活动之物的相关物。对于分析如何是一种
258 行为的问题，弗洛伊德给出一个坚定的回答：精神分析本质上是**一种反对抗拒的斗争**。正是这种抗拒概念阻止我们把研究程序同单纯的解释、同对症状意义的完全的理智理解等同起来。解释作为翻译或破译，作为以一种可理解的意义去代替荒谬的意义，只是分析程序的理智片段。甚至转换（以前表现为欲望的主体间性的标准）也必须视为处理抗拒的一个方面（像在《记忆、重复和疏通》里所表现的）。因此重复、转换和抗拒这三个强迫主题在分析实践层次上被发现是联系在一起的。

这对我们认识论探究有什么意义呢？主要有下面几点：研究程序和治疗方法所形成的这一对子取得了与可观察科学里的操作程序完全一样的位置，这种操作程序是把理论物理层次同可观察材料层次结合起来。这一对子构成精神分析中理论和事实之间的特殊中介。这种中

介以下述方式操作：通过把解释和对抗拒的处理结合起来，分析实践要求这样一种理论，其中心理被表象为要被解释的文本和要被操纵的力的系统。换言之，正是具体实践的复杂特性才需要理论来克服要被解释的**文本**之隐喻和要被控制的**力**的系统之隐喻之间的明显矛盾；简言之，实践迫使我们以一种全面的理论来一起思考意义和力。正是通过解释和抗拒处理的实践结合，理论才被赋予任务来建立一种能够详细表述在分析经验中认为有关的事实的模式。正是用这种方式，研究程序和治疗方法之间的关系才构成理论和事实之间必要的中介。

这样，精神分析拥有一种满足这些要求的**理论**吗？在我看来，弗洛伊德的元心理学（metapsychology）应该用刚才提出的问题来考察。如果弗洛伊德的元心理学被一些人变成神物，被另一些人嘲笑为魔法，那么这是因为该元心理学被他们处理为一种独立的结构。太多的认识论著作都在经验和实践整个语境之外去考察这个伟大的理论文本。这样孤立地考察的话，这个学说的主体只能导致不成熟的、不全面的评价。因此理论必须被相对化，这样说的意思是，它必须返回到包围它的复杂关系网络中去。

就我而言，我想提出两个似乎彼此对立的论点，但是当这两个论 259
点在其不稳定的平衡上一起考虑时，它们试图认为弗洛伊德的理论工作是任何重建这一理论的一个不完全的但又不可避免的出发点。

一方面，我准备承认，弗洛伊德的理论模式（或诸模式）对分析经验和实践是不适合的，正如这些经验和实践在他的其他著作（如历史、技术著作和精神分析应用著作）中所表述的。更特别地，弗洛伊德的元心理学从未成功地把意义和力、文本解释和抗拒处理加以整理并综合成为一个统一的结构。

首先，弗洛伊德总是颠倒理论一方和经验与实践另一方之间的关系，并且总是想在已经自成体系的理论模式的基础上重建解释工作。因此他未能看到如下事实，即理论的语言比描述技术的语言要狭窄得多。其次，他总是用他那时代科学的实证主义的、自然主义的和唯物主义的精神来构造他的理论模式。许多文章都坚持精神分析与自然科学，甚至与物理学有格外的亲密关系，或者都宣称在将来精神分析将会被更精致的药理学所取代。

在这方面，哈贝马斯说的“精神分析自我误解为一种自然科学”[4]是正确的。按照哈贝马斯的观点，技术和经验都要求一种结构模式，该模式由能量分配的优先模式表现出来。这后一种模式是附加在分析经验之上的，它忽视在四散的片段基础上重建一个个人历史的工作而来的派生物。最严重的是，正如我们在《方案》中看到的，此模式在很多方面是先于分析经验的，它把它的参考系统强加于这个经验之上：可用数量表示的能量、刺激、紧张、松弛、宣泄等。甚至当心理机制包括解剖上不能确定位置的唯一“心理位置”时，系统的空间排列和时间顺序继续支持能量分布模型。《论无意识》这篇重要论文是对此权威的主要证据。

但是，在像这样的模式中未能看到的是精神分析的“事实”的特殊性，该事实有四重性质：能被说出；说给他人；能被想象、形象化
260 或象征化；以及以生活的故事讲出。这组标准要求，基本原理应在理论层次上以适合的方式引入，以便它们能够解释发生在分析关系中的事情。这就是为什么我在某种程度上采用哈贝马斯根据洛伦佐工作所提出的建议的理由[5]。

这些作者一般采用人际交流和相互工作中起作用的象征化过程作为他们的参照系统。因而引起精神分析治疗的失调被认为是我们语言能力的病理，马克思主义和后马克思主义意识形态批判从另一层次把这看作扭曲而不予理睬。其实，精神分析和意识形态批判分享一个共同的义务，就是说明和解释这些扭曲，这些扭曲不是偶然的，而是系统的，意思就是说，它们是在人际交流的文本中有系统地组织起来的。这些扭曲是主体的自我误解的原因。为了说明这一点，我们需要一种理论，这理论不被限制于恢复完整的、不残缺的、未窜改的文本，而是把扭曲文本的机制作为它的目标。这就相应地解释了为什么对症状和梦的解释性破译超出了单纯的语文学诠释学，因为扭曲文本的机制的意义需要说明。这就是为何经济学隐喻（抗拒、压抑、折中

等）不能被语文学隐喻（文本、意义、解释等）所替代的原因。

但是，反过来也行不通：经济学隐喻也不能取代语文学隐喻。它们不能失去它们的隐喻特征，并且它们本身不能作为一种字面意义上的能量理论来接受。正是主要反对这种把它们还原到能量分布模式字面的性质上去，我们的作家们才用沟通和象征相互作用来表述他们自己的理论。按照这些可选择的模式，无意识机制不再被认为是事物，它们是“分裂的象征”、“去语言化的”或“去语法化的动机”。正如流放或政治上排挤一样，压抑把语言的一部分从公共沟通领域中放逐出去，并判处它到一种“私人化的”语言处流放。这就是心理功能如何仿真自然过程的方式。但这种方式也只能是把它客观化和具体化。如果我们忘记这种具体化是去象征化过程的结果，因此也是一种**特殊的自我异化**的结果，那么我们就不再建构这样一个模式，在此模式中，无意识在字面上说就确实是一种事物。但与此同时，我们也不能 261
理解重新象征化是怎样可能的，也就是说，分析经验本身是怎样可能的。只有当我们用**沟通障碍**（communication disturbances）解释了这种经验所揭示的现象，并且把分析经验解释为**颠倒分离象征过程**的一种重新占有，我们才能理解这一点。

就我接受这种对弗洛伊德元心理学能量模式的批判而言，我赞同把精神分析与批判社会科学归为一类。批判社会科学是由解放的旨趣所指导，并且在最终分析下是由恢复**自我反思**的力量的希望所激励。

反过来，我不希望这种同批判社会科学的**重建友好关系**，以及这种最终诉诸自我反思，超出把理论返回到精神分析经验和实践的复杂网状系统的目标。这就是为什么我要以同样的激情来为这个互补的论点辩护的原因，这个论点认为，尽管弗洛伊德系统存在缺点，甚至——我将大胆地说——因为它的错误，我们也必须始终以它为出发点。确实，正如哈贝马斯本人所说，精神分析的自我误解不完全是没有根据的。特别是经济模式，它保留了一些本质的东西，即人对他本身的异化是这样的，以至于心理机能不能实际上类似一个事物的机能。只是对于这种本质的东西，从系统的外部引入的理论往往具有看不到的危险。这种类比使精神分析不把它本身构成适用于文本的注经学科的一个领域，换言之，不把它本身构成为诠释学，并且要求精神分析在自我理解过程中包含原来保留给自然科学的操作。

通过对这些重建原则上直接排除这种对事物的类比的理论的努力的简短批评，我们就可以看出这项要求。在此，我对来自现象学、日常语言分析或语言学中的那些重建进行了思考。所有这些重建都忽视了把说明阶段综合到去象征化（desymbolisation）和重新象征化（resymbolisation）的过程中去的任务。

这里我将限制于讨论那些来自对语言学分析学派中行为语义学的考察所做的努力[6]。在行为哲学的名义下，一种自主的学科构成了，这个学科受奥斯汀、维特根斯坦以及日常语言哲学的影响，并规定自
262 身的任务是，在使用那些指明行为、意图、动机、个人或集体代理等术语时，描述内含在我们有关行为的话语中的逻辑。一些对该学科进行研究的分析学家——虽然今天为数不多，并一直受到其他语义学家的严格批评——仍然主张，关于行为的话语使那种不同于或区别于物理运动或观察行为的标准的可理解性标准发挥作用。行为和运动这两个“语言游戏”之间二分法的含义之一与我们讨论中的观点直接相关：根据这些分析学家的意见，我们行为的动机绝不能同化到我们用来说明自然事件的原因中去，动机是我们行为的理由（reasons），而原因（causes）则是与它们逻辑上有区别的其他事件的恒常前提。

精神分析理论能否在这种区别基础上重建呢？一些作者认为可以，并且把精神分析解释为把行为（意图、动机等）的词汇扩展到我们对自己行为有意识的范围之外。按照这种解释，精神分析除了在标志为“无意识”的新领域使用日常语言的同样概念之外，并没有给日常概念系统加上任何东西。例如，据说按照这种方式，鼠人（the Rat Man）经验了一种对其父的敌意感而自己本人并不知道。要理解这一陈述，取决于我们在主体能认识到这种感觉是他自己的感觉的情况下，给予这种敌意的日常意义。这里唯一的新东西是使用了一些诸如“不知道”“无知地”“无意识地”等语词。

在某种意义上，这是对的。弗洛伊德自己宣称，在无意识中我们确实找到了我们可以给予有意识同样名称的表象和情感，只是它们缺乏有意识的特征。但是在这种重建中完全忽略的东西乃是精神分析理论的矛盾，也就是变成无意识需要一种特殊说明，以至于可以看出有意识的和无意识的内容之间的意义亲密关系。能够说明排斥、放逐、具体化等机制的说明性图式，与动机和原因之间二分法一起向行为和运动领域的分裂进行全面的挑战。在这方面，米歇尔·谢伍德（Michael Sherwood）在《精神分析中的说明逻辑》一书中批判部分的论证是完全令人信服的[7]。有关精神分析的说明值得注意的是，它把作 263
为原因的和需要说明其自主作用的动机带入视野。另外，弗洛伊德不能通过给动机以“为了什么之故”的意义来使动机和原因对立，因为合理化［这是从欧内斯特·琼斯（Ernest Jones）那里借来的术语］本身是需要说明的一个过程，并由于此一事实，合理化也不允许我们把所谓理由认为是真的理由。

结果是，在完全忽视动机和原因之间的区别，并使这种区别的理论表述不可能方面，弗洛伊德是正确的。弗洛伊德的说明以多种方式涉及“因果的相关”因素，不管这是用原始的现象（例如精神病的**起源**），中间阶段（例如症状的**发生**、力比多结构的**发生**），还是它的**功能**（例如折中形成），或最后，它的**“重要性”**（例如替代或象征价值）诸术语。这些就是谢伍德从弗洛伊德和其他学者那里保留下来的四种说明模式。弗洛伊德对原因观念和因果说明观念的使用也许既复杂又灵活。——谢伍德从弗洛伊德那里引了一段原文[8]，该文区分了先前条件，特殊原因和并存原因——但他根本不谈原因和动机之间的对立关系。对于弗洛伊德来说，重要的是通过刚才提到的一个或另一个说明模式，或通过一种对它们几个的“过度”使用，来说明那种在行为中与人主体行为预料过程“不一致的”东西。

正是减少这些“不一致性”的尝试才禁止人们区分动机和原因，因为它要求用原因的**说明**来取得用动机的**理解**。这就是我试图用我自己的术语来表示的东西，我说精神分析的事实既来自文本范畴，因而就是来自意义范畴，又来自能量和抗拒范畴，因而就是来自力的范畴。例如，说情感是无意识的，不只是说它与发生在其他情况中的有意识的动机相像，而且可以说它作为因果相关因素被插进去来说明一个行为动作的不和谐，并且这种说明本身就是在分析工作——疏通——中的一个因果相关的因素。

从这个简短的讨论可以推知，精神分析理论如果是从该理论外部，根据一种陌生的概念系统重新表述的话，那么在精神分析中就会搞错最初的情况，也就是说，在某种自我异化的条件下，人的心理不能通过只是扩大其直接的解释能力来理解自己，而是需要自我理解的
264 诠释学取得因果说明的迂回之路。

因此，如果能够合理地把弗洛伊德的经济模式说成是在理论和分析情况之间关系上产生误解的话，那么我们也可以同样有力地反过来说，无论现象学的、语言学的或象征的理解模式，如果不综合一些说明片段和某个经济阶段的话，它们就会误解由分析经验所揭示的事实。

这就是为什么今天我们既不能满意于弗洛伊德元心理学，又找不到另一出发点来修正和丰富这个理论模式，以使“把精神分析误解为自然科学并不是没有根据的”这句话成为确实对的原因。

III. 真理和证实

在我们讨论了两个预备性问题——一个是关于确定什么算是精神分析中的**事实**的标准，另一个是通过研究程序和治疗方法**这两个中介**在理论和分析经验之间建立的关系——之后，我现在试图直接地研讨弗洛伊德精神分析著作中的证明（proot）这一特殊问题。

探究精神分析中的证明就是要询问两个独立的问题：(1) 精神分析陈述做出了什么样的真理断言？以及 (2) 这些陈述能够进行什么种类的证实（verification）或证伪（falsification）？

精神分析陈述做出了什么样的真理断言？这个问题不仅是个程度问题，而且也是真理的本性的问题；不仅是真理的量的问题，而且也是真理的质的问题。换言之，所能期待的精神分析陈述的精确程序依赖于在这个领域所能期待的真理的类别。因为对于真理类型相对于事实类型的质上的差异缺乏一个准确的看法，所以适合于那种事实是经验地被给予一个或多个外在观察者的科学的证实标准就已经反复地被应用于精神分析。因而结论就一直或者是精神分析无法满足这些标准，或者是精神分析满足这些标准，只是这些标准降低了要求。现在，问题不是怎样宽松地使用这些严格的标准，以至于或高或低地把精神分析置于单一的可证实性的尺度上（当然精神分析在该尺度上是很低的），而是怎样详细说明精神分析领域中适合于事实的真理断言。 265

让我们回到我们所列举的精神分析中的事实的标准，并向我们自己提出什么种类的陈述恰当性适合于这些标准。

首先，如果分析的经验是想成为话语，最好回答它的真理种类就是说—真（a saying-true）的那一类，而不是成—真（a being-true）的那一类。这种说—真的一类是在像伪装、证伪、幻觉或一般作为误解的形式等扭曲机制的特征化中是否定的含义。这里真理更接近于古希腊悲剧的真理而不是现代物理学的真理。*Pathei-mathos*，即从受苦中学习，埃斯库罗斯的《阿伽门农》中的合唱所说。对于俄狄浦斯来说，如果不承认自己已经杀死其父又娶其母，那什么是真理呢？承认是接受而不是贬低和谴责自己，按照索福克勒斯的看法，这就是适合于说—真的真理。

这种由误解到承认的运动也是分析的经验的标准过程，而且它指明什么可称为精神分析中真理的实话门槛（veracity threshold）[9]。附带着某种下面我们将要说的保留，我们可以同哈贝马斯一起认为，这种真理首先包括主体**自我反思**的能力。精神分析的真理断言主要就是靠帮助主体克服造成自我误解的扭曲来增加这种能力。

其次，如果分析状态主要是通过转换（transference）得出说**给其他人**的东西，那么精神分析的真理断言就可以合理地放入主体间沟通的范围之内。弗洛伊德关于自我误解所说的一切事实上都可以用到误解他人上面去。弗洛伊德关于对象选择、失去的对象、替代失去对象、哀悼和忧郁等的分析，都表明误解的位置是其他人。

因此，精神分析陈述的真理断言的第二个特征是以反面的方式来刻画的，也就是，通过在公共的沟通领域内恢复和扩展象征过程来达到自我认识。在这个意义上，精神分析以它自己的方式追求黑格尔在其耶拿哲学中置于伦理生活顶峰的承认计划。如果我们认识到它在操
266 纵危险上的批判观点，这一论点就似乎不那么陈腐，这种操纵在我看来包含在任何从沟通的历史领域到可观察事实的经验领域的还原之中。如果经验上可证实的陈述领域真的与支配我们对控制和统治的旨趣的东西相一致，那么从历史领域到经验领域的还原就包含把象征沟通的次序置于作为我们手段行为的控制结果的同一系统之下的危险中。根据精神分析中把自我承认和承认他人的过程看成对本身已患疾的社会的客观条件的一种“调整”的倾向，这种警告不是空洞的。

关于精神分析事实的第三条标准，我们遇到了精神分析真理断言面对的主要困难。从对第三条标准的研究中我们得出结论说，精神分析上有关的东西就是主体构成其幻想的东西。当精神分析的真理断言被放入比弗洛伊德所允许的更肯定的承认幻想的框架中，它又变成了什么呢？若失去它对实际实在的指称，并让幻想解放、情感发展和享受比弗洛伊德打算有的还更广范围，那么我们不是破坏了实话（veracity）和真理之间的联结吗？毫无疑问，情况就是这样。但是我想，由正确使用幻想的背景而来的真理断言，是仍有某些东西值得我们探究的。我把这种想法建立在弗洛伊德本人身上。在“俄狄浦斯情结的消解”和“可终止的和不可终止的分析”中，出现了这样一个观点，即分析疗法可以理解为一种哀悼活动，该方法不是击溃幻想，而是把它作为幻想加以恢复（recover），以便把它和真的东西一起清楚地摆在按康德和伟大的后康德主义者所用的**想象力**强烈意义上说的想象平台上。按同样的意义，我在《弗洛伊德和哲学》中主张，分析经验目的在于表述几个主要存在的记号（阳物、父亲、母亲、死亡等）以便

使它们的构造机能出现[10]。这里真理断言将涉及从作为异化的幻想向建立个人和集体同一性的象征的过渡[11]。

精神分析事实的第四条标准——叙事标准——也许会使我们解脱一些由前几条标准所造成的困难。事实上，人们可以对前面的分析提出这样的反驳，通过引入某种像“有理由的神话学”之类的东西到承认过程中——自我承认和他人承认——我们也把虚构引入真理的范围 267
内。借用歌德的书名，**诗与真**怎样能一致呢？如果我们记得虚构是做假，而做假是做，那么我们岂不是用“做—真”（doing-true），即“做—相信”（make-believe，使人相信）来替代“说—真”（saying-true）吗？但是在从我们经验的破碎残余中建立或重建一个**融贯的故事或说明**的想法中，“说—真”的与“做—真”的不是一致的吗？让我们跟随这个由精神分析事实的叙事特征打开的道路。这里真理断言与谢伍德称为“精神分析说明的叙事承诺”的东西联系在一起。在我看来，这位作者以一种明显相关的方式指明，精神分析中争论的问题最终就是“对一个个别患者的整个病历给出一个单一的扩展的说明”[12]。因此说明在这里的意思就是把事实重新整理成一个有意义的整体，这个整体构形一个单一的连续的历史（即使它不能覆盖整个一生）。

我认为以这种方式去探讨事情是明智的，因为这里所争论的叙事旨趣或叙事关联在可观察科学里没有类似物，在可观察科学中我们讲“个案”（cases），而不讲“个案历史”（case histories）。精神分析对个案的说明在下述意义上是一种叙事的说明，即由我们研究的第二部分中提到的说明片段所包含的概括或准规律的陈述促成**可理解的叙事**（understandable narrative），而每一个别的个案的研究都导致这种可理解的叙事。如果前面我们说过，在理解过程中，甚至在哈贝马斯意义上的自我反思的过程中，因果联系就是说明片段，那么这是因为理解是叙事的，因为这一或那一行为碎片的部分说明片段被综合到一种叙事结构中。所以分析陈述的有效性从这种最终对**叙事承诺**的指称得到其特殊性质，正是在这种叙述义务名称下，我们试图把孤立的或陌生的现象综合到“一个单一的统一的过程或事件中”[13]。

所以我们必须反思精神分析和历史科学所共同具有的叙事可理解性概念。要确定这一概念的难度如同在同样水平上处理适合性标准的难度一样大。确实，正是在精神分析中，“不协调”的还原提出了这一认知问题，即什么是可理解说明的意思。那种总是不一致的、不融贯的或不完全的历史将清楚地类似于我们在日常经验中关于生命过程所知道的东西，即人的整个生命总是奇特的、间断的、不联系的、不完全的和片段的。

268 因此，我们也许想放弃真理断言与一个对存在的可理解说明的观念联系起来的任何企图。但是我不认为屈服于这种认识论上的失败是正确的，因为在对病人的说明可接受性在治疗方面是有效的借口之下，我们会把精神分析陈述转变成劝说修辞学。这样，除了对分析家的暗示的重新怀疑之外——弗洛伊德从未停止过与这种怀疑的斗争——一种更严重的怀疑产生了，即治疗成功的标准唯一是病人适应一个特定社会环境的能力。这种怀疑反过来又导致另一种怀疑，即对于病患来说，精神分析家最后只代表一种社会观点，并且他通过巧妙地把患者卷入到他本人深知其道的投降策略之中，把这种社会观点强加于病患身上。这就是为什么我们必须不能放弃将真理断言同叙事标准联系起来的努力的原因，即使这种断言不是在叙述性本身的基础之上得到证明。换言之，我们必须坚持叙事性的批判度向，这种度向既是自我承认的度向，又是承认他人的度向，以及承认幻想的度向。因此我们甚至可以说，患者既是一个演员，又是他最初不能详述的历史的批判者。承认自己的问题乃是发现详述自己历史、不断继续对自身反思赋予故事形式的能力的问题。疏通无非只是这种不断的叙事。

现在我们可以转到我们问题的第二部分：精神分析的陈述能够进行什么种类的证实或证伪？问及证实和证伪的程序就是问什么证明方式对精神分析真理断言是适合的。这里我的论点是这样的：**如果最终的真理断言存在于个案历史中，那么证明方式就在于整个网络——理论、诠释学、治疗学和叙事学——的表述。**

前面关于叙事性的讨论是我们研究这最后阶段的一个很好的入门。我们已经假定，精神分析的所有真理断言最终归结在精神事实的叙事结构之中。但是由此不能推出，证明方式包括在叙事结构本身之中；精神分析的非叙事陈述是不是不包括与叙事说明相关的证明方式，这仍然是一个问题。

要证明这一点，只要考虑一下什么促使叙事成为一个在精神分析意义上的说明就足够了。这就是把因果说明的几个阶段插入叙事性的 269
自我理解过程中去。正是这种说明的迂回包括求助于非叙事性的证明方式。这些方式分布在三个层次：(1) 来自与其他医疗说明相比较的概括层次；(2) 应用于行为（例如症状）典型片段上的准规律命题层次，如谢伍德所说的，这些典型片段被分为起源方面（origin）的说明、起因方面（genesis）的说明、功能方面的说明，以及重要性方面的说明；最后 (3) 有关心理器官功能的**最一般假设**层次，这种假设可能被认为是公理性的。这最后层次分为拓扑学、代理理论、本能动力的序列理论（其中包括死亡本能）。因此概括、规律和公理构成了精神分析说明的非叙事性结构。

在第一层次，即概括层次上，非叙事性的说明结构在个体行为的日常说明里已经出现了；所谓人为动机——例如恨或妒忌——不是特殊的事件，而是倾向种类，特殊行为放在这种类之下使它成为可理解。说某人的行为出于妒忌，就是在他的特殊行为的个案中产生一个从外部可以理解的特征，此特征对不确定的个体变项来说是可重复的和共同的。这样的动机从它把一个特殊的行为置于一个有意义的语境——该语境从一开始就具有某种意义普遍性——的能力中获得其说明价值。所以说明就是这样一种对所与行为的刻画，即通过把代表某个类别的动机作为其原因归给某所与行为。当我们涉及的不是动机的种类（作为人类经验的一般特征是同一的），而是幻想（这些幻想表现有组织的、稳定的明显典型的景象）或部位（口、肛门、生殖器等，这些器官本身也是力比多发展的典型组织）时，这就更加适用。下一步我们准备理解，排除沟通（excommunication）——正是在排除沟通基础上一种无意识的整体就自动地产生了——往往产生已成为陈规的不和谐，这种不和谐正是分析说明的对象。

从概括到准规律陈述的过渡不仅与无意识动机的说明相一致，而且也与那种使动机过程无法认识的扭曲机制的说明相一致。在这些准
270 规律的陈述之上，我们还有关于精神分析所提出的理论实体的命题；这些陈述构成元心理学本身，元心理学从这些陈述结构的观点来看可以被认为是精神分析的元语言——所有关于本能、本能的代表和本能的命运等可以说的东西。在这一层次上，每一个叙事的特征——我指的是对某一个案历史的关系——至少在陈述的清晰的层次上被抹掉了。

这种说明风格在弗洛伊德那里具有的结果是，谢伍德称为**叙事承诺**和**说明承诺**的东西继续分离，只在个案历史中才又合并——另外我们必须注意，甚至在包括“鼠人”在内的个案历史中，弗洛伊德也把这种案例研究与理论考虑并列起来。但是，在其他更多的著作中，它们又分道扬镳。我们甚至可以说，在这些著作中，“叙事承诺”和“说明承诺”之间的关系被颠倒。所以个案历史构成很大范围的著作的一个极点，而对于这些著作有关元心理学的论文则构成另一个极点，这个极点基本上是非叙事的。

用这种方式我们可以说，在精神分析中，证明手段存在于由理论、解释程序、治疗技术和分析经验的叙事结构所构成的整个网状系统的表述中。

我不知道这一断言导致对所有反对精神分析的最强烈的异议，即如果理论、方法、处置以及某一特殊案例的解释都同时要被证实的话，那么这些陈述就是不可反驳的，因此也是无法证实的。如果我的这整个研究只是正确地表述这个异议，并总结回答这个异议的种种方法的话，那么我研究的目的也就达到了。

我不考虑这种异议的原始形式，即分析家**暗示**其患者，要他接受证实其理论的解释。我认为弗洛伊德反驳这种暗示指控的答复是有理由的。这些答复是值得在专业规则水平上采取措施，并且反对这种对

暗示的怀疑的分析技术本身是有价值的。我认为这些措施规定了一个好的分析师，而且也存在好的分析师。

更为重要的是抓住弗洛伊德的话，并满足于这样一种更奇妙的对
自我肯定的指控形式，即精神分析中的有效性被谴责为循环论证，因 271
为每一事物都是同时被证实的。考虑这一论证是非常重要的，因为循环观念对一切历史解释学科并不陌生，在这些学科中，一个“案例”不只是放在某一规律下的一个例子，而且是具有其自身戏剧结构的东西，这种戏剧结构使案例成为“个案历史”。海德格尔提到诠释学循环时说，问题不是避免循环，而是正确地进入循环。这意味着：采取措施，以便循环不成为恶性循环。现在如果循环采用未经证明的前提来论证的话，即每一领域的证明是另一领域中的证明条件，那么此循环就是恶性循环。但是，如果有效性是通过标准之间相互增强的积累方式进行的话，那么这种证明的循环就不是恶性的。那些标准如果孤立就不是决定性的，但是它们如果集聚在一起，就使得它们似乎可能，在好的情况下，它们变得可能，甚至是令人信服的。

因此我将说，适合于证明精神分析事实领域中真理断言的有效性乃是一个极其复杂的过程，该过程是建立在部分的和不同类型的标准的协同作用上。如果我们把理论、研究程序、治疗技术和个案历史重构所形成的整体观念作为我们的指导线索，那么我们就能如下说：（1）一个好的精神分析说明必须与理论相融贯，或者说，如果愿意的话，它必须与弗洛伊德的精神分析系统相一致，或与这一或那一以他的名字命名的学派所认同的系统相一致——不过回想起来，我在本篇论文中的考虑只限于弗洛伊德的著作。

这第一条标准不是精神分析所特有的。在所有的研究领域，说明在概念的理论设置和与理论风格有关的事实系列之间建立了这种联系。在这种意义上，所有说明都受到它们自身的概念框架的限制。它们的有效性扩展到理论和事实之间的相互关系。由于同样的原因，任何理论都是可疑的。正如库恩所说[14]，只要新的事实（这些事实不再能被统治范例所包括）被承认，就需要一个新的理论。今天在精神

分析中所发生的也许就是类似这样的事情。能量分布的理论模式似乎越来越不适合，但任何可选择的模式似乎都不能“掩盖”（cover）所有与精神分析有关的已接受的事实或它们的矛盾性质。

（2）一个好的精神分析说明必须满足于解释程序为了破译无意识272 文本所建立起的普遍性规则。这第二条标准相对地独立于前一条标准，因为它依赖于新的文本的**内在**一致性，这新的文本是通过翻译来替代症状和梦的不可读的文本。在这方面，字谜的模式是相当合适的。它表明，替代文本的可理解性特征在于它的尽可能考虑众多分散因素的能力，这些分散因素是在分析过程本身中提供的，特别是作为自由联想技术的结果。

这第二条标准的必然结果是值得注意的。它涉及解释程序超出精神分析原来的范围，即症状和梦，沿着联系到故事、双关语、笑话等的类推线，一直到这一系列的第一个类似物即梦。这里包含一种新的融贯，此融贯不仅涉及翻译文本的内在可理解性，而且也涉及在这系列的心理活动各部分之间所获得的结构类推。因此这第二条有效性标准可以由两种互补的方式表述为文本之内的（intratextual）一致性标准和文本间的（intertextual）一致性标准。这第二个表述甚至可能更有决定意义，因为破译规则的普遍性决定于由症状和梦到其他文化表现形式的模拟推断的稳固性。同时，这种推断的类比特征使我们想到这种证明方式具有问题的价值。但是由于这条有效性标准的类推结构而产生的限制也是由于那些结构理由，即不同于强加第一条标准以限制的结构理由。第二条标准不仅相对独立于第一条标准，而且它可以修正，甚至可以推翻第一条标准，因为在这些研究程序的指导下，新的事实会被释放出来，而这些新的事实会使“掩盖”它们的理论框架的主张土崩瓦解。这就是当能量分布模式面对与治疗方法相结合时解释程序所产生的事实时，能量分布模式所发生的事情。

（3）一个好的精神分析说明必须在经济方面是令人满意的，换言之，它必须能够进入分析对象的行为中，进入分析对象的“疏通”中，并成为病情好转的一个治疗因素。第三条标准也相对独立于第一条标准。因为它包含某种在分析对象自己的“工作”的条件下（“分析对象”一词替代“病患”一词，甚至替代“客户”一词）发生在分析对象身上的事情。在某种程度上，第三条标准也相对独立于第二条标准，因为只要一种新的能量模式尚未从对抗拒的“处置”中出现的话，只是被理解的，也就是理智上被把握的解释就仍然是不起作用的，甚至是有害的。由这种新能量结构产生的治疗成功，以这种方式构成了一个自主的有效性标准。 273

（4）最后，一个好的精神分析说明必须把一个特殊的个案历史提高到我们通常从一个故事中所期待的那种叙事的可理解性。这第四条标准不应当像在精神分析理论的纯粹“叙事”说明中那样过分强调。但是这一标准的相对自主性也必须不能忽视，因为叙事的可理解性所包含的远多于一个人自己的生活故事的主观接受性。叙事可理解性与我们在读无论是历史的或虚构的小说所应用的一般接受性条件是一致的。用加里（W. B. Gallie）的话来说，故事应当是“可继续的”，在这种意义上，故事就是“自我说明的”[15]。当叙事过程被阻挠，为了“进一步继续下去”，我们就插入说明。这些说明是可以接受的，这就是说，它们可以嫁接到讲故事的原型上去，这些原型是在文化上发展起来的，并控制着我们继续新故事的实际能力。这里精神分析不是例外。精神分析报告是各种各样的传记和自传，这些传记和自传的文学史是从古希腊人、克尔特人和德国人的口头史诗传统中出现的悠久传统的一部分。正是这种整个讲故事传统才为关于解释程序的一致性以及在力比多能量平衡中的变化的功效的叙述可理解性的标准提供了一个相对的自主性。

因此，当这些有效性标准不是相互推知的，而是相互加强的，它们就构成精神分析中的证明装置。我们可以断言，这些装置是极其复杂的，难以驾驭，而且非常有疑问。但是至少我们可以假定，有效性标准的这种积累特征不仅适合于精神分析中指明真理断言的精神分析事实的标准，而且也适合于在精神分析中支配证明手段的理论、研究程序和治疗方法之间的关系。

注释

［1］有关弗洛伊德著作的所有引文均出自其 24 卷标准版［*Standard Edition*，24 volumes（London：Hogarth Press，1953—　）］，此后本书所引简写为 *SE*，然后注卷数和页码。

［2］Jacques Lacan，*Ecrits*（Paris：Seuil，1966），pp. 256，839.

［3］Jean Laplanche and J.-B. Pontalis，*Vocabulaire de la Psychanalyse*（Paris：Presses Universitaires de France，1967），p. 33.

［4］Jürgen Habermas，*Knowledge and Human Interests*，translated by Jeremy J. Shapiro（London：Heinemann，1972），p. 247.

［5］Alfred Lorenzer，*Uber den Gegenstand der Psychoanalyse*（Frankfurt：Suhrkamp，1973）.

［6］对现象学解释的详细探讨，见 Paul Ricoeur，*Freud and Philosophy*：*An Essay on Interpretation*，translated by Denis Savage（New Haven：Yale University Press，1970）；对真正语言学表述的讨论，见 Paul Ricoeur，"Language and Image in Psychoanalysis"，in *Psychiatry and the Humanities* Ⅲ，edited by Joseph H. Smith（New Haven：Yale University Press，1978）。

［7］Michael Sherwood，*The Logic of Explanation in Psychoanalysis*（New York：Academic Press，1969）.

［8］Ibid.，p. 172.

［9］See Paul Ricoeur，"Psychiatry and Moral Values"，in *American Handbook of Psychiatry* Ⅰ，edited by S. Arieti et al.（New York：Basic Books，1974）.

［10］*Freud and Philosophy*，pp. 372-3.

［11］See Paul Ricoeur，"Fatherhood：from Phantasm to Symbol"，translated by Robert Sweeney，in *The Conflict of Interpretations*：*Essays in Hermeneutics*，edited by Don Ihde（Evanston：

Northwestern University Press，1974).

［12］ *The Logic of Explanation in Psychoanalysis*， p. 4.

［13］ Ibid.， p. 169.

［14］ Thomas Kuhn， *The Structure of Scientific Revolutions* (Chicago：University of Chicago Press，1962).

［15］ W. B. Gallie， *Philosophy and Historical Understanding* (New York：Schocken Books，1964).

11　叙事的功能

274　本文的目的是要概述叙事话语（narrative discourse）的一般理论，叙事话语既包括历史学家的“真实的”叙事，又包括说书人、剧作家和小说家的“虚构的”叙事。现在的问题在于是否可能界定这两类叙事类型所共有的叙事行为。用维特根斯坦的术语来说，如果叙事是一种独特的“语言游戏”，如果语言游戏又是“一种生命活动或生活形式的一部分”，那么我们一定要问，整个叙事话语是与哪种生活形式相联系？这就是我所谓的“探讨叙事的功能”。

这种探讨可以在两个不同而又相互联系的层次上进行：一个是**含义**（sense）的层次，一个是**指称**（reference）的层次。在第一个层次上，问题是历史与虚构是否具有一种**共同的结构**，也就是说，具有一种按照严格推演平面（properly discursive plane）排列语句的共同方式。这第一个层次上的分析具有而且必须保留一种形式特征。在第二个层次上，问题是，尽管历史与虚构和“现实”（就该语词的任何意义而言）的关联方式有明显的不同，然而它们两者是否以各自不同的方式来涉及我们个人和社会存在的同一基本特征。这一特征在不同的哲学里都是以“历史性”一词来刻画的，此特征指如下根本而彻底的事实：我们创造历史、我们融入历史、我们是历史的存在。因此，探讨的最终问题是要表明，历史与虚构借助它们共同的叙事结构，究竟以什么方式去描述和重新描述我们的历史状况。换言之，我们探究的最终问题，是叙事性（narrativity）与历史性（historicity）之间的相关性，或者更确切地说，是它们两者之间的相互隶属性。

I. 历史叙事与虚构叙事的结构统一性

我们不应当认为，确立历史叙事与虚构叙事的结构统一性，要比确立它们两者共同的指称，或者如我以后将要说的，要比确立它们相交于（crossing upon）我们的历史性之上的指称容易得多。确实，叙事性概念本身就设立了许多困难。在历史方面，人们曾经强有力地否认，历史在性质上归根结底是叙事；同样，在虚构方面，人们也曾经否认，叙事的时间顺序度向是不可还原的。所以，我们遇到的第一个悖论是，我们所认为的历史叙事与虚构叙事共同具有的叙事性一定是在这两种叙事类型的划分线的每一边分别而独自确立的。 275

1. 作为叙事的历史

我将首先论证历史的不可还原的叙事性质这一论点。对这一论点的反对是依据于讲英语国家作者的认识论论证和法国历史学家的论证。

在分析哲学中，对历史的不可还原的叙事性质的错误认识，可追溯到卡尔·亨普尔在其著名的论文《历史中一般规律的作用》[1]中所提出的论点。的确，这篇论文对历史的叙事方面没有加以直接论述，因为这不是当时的主要论题。该论文的中心议题乃是，一般规律在历史中与在自然科学中具有完全类似的作用。但是，对历史的叙事特征的排除却暗含在历史说明与物理说明没有区别这一论点中，物理说明涉及诸如物理状态改变，水库决堤、地震等这类的事件。该文的论证如下：任何一个单独事件都可以从两个前提推断出来。第一个前提描述原初的条件：先行的事件、当时的条件，等等。第二个前提肯定一种规则性，一种普遍的假设，该假设一旦被证实，就称得上规律这名称。如果两个前提真正地被确立，那么所谈及的事件就可以逻辑地被推断出来，并因此可以说是被说明了的。确实，历史似乎并不完全符合这种模式。但是这只是证明了历史至今并未提升到名副其实的科学水平，这或者是因为作为历史说明链条基础的诸规则尚未明确表述，或者是因为这些规则乃是从常识或非科学的心理学借来的伪规律——我们甚至可以说，这是因为这些规则源自明显的偏见，有如对自然过程、历史的不可思议的或神秘的观念那样。亨普尔这篇坚决不妥协的文章做出的唯一的让步，就是承认，即使在最好的情况下，历史也是依赖于“说明性的概述”（explanatory sketches）。这些概述是一些规
276 则，这些规则尽管还不能满足已被证实的规律的标准，但它们还是指明了发现更具体的规则的方向；它们也规定了要采取的手段和需要经过的阶段，以满足科学说明的模式。

因此，在亨普尔模式的建构里，似乎对历史的叙事性质没有什么论述。在其第一阶段，他集中讨论了历史学家的工作与强加在这种工作上的模型之间的差别。在论述这种差别时，历史的不可还原的叙事结构的问题作为该模型的反例被提出。因为所有亨普尔模型的批评家都一致认为，规律在历史中与在自然科学中的作用方式不同。历史学家并不建立规律，他只使用规律。因此，当读者在接触历史文本时，如果头脑里不存在单一的、一成不变的说明模型，那么按照他的预期，这些规律可能是潜在的，可能属于规则性和普遍性这两个不同的层次。如果情况正是如此，那么这是因为历史说明——无论这种说明在结构上与自然科学的说明有什么关联——执行一种不同的作用。历史说明似乎可以说属于一种已有叙事形式的话语类型。

从一开始，亨普尔式的分析就忽略了单纯出现的物理事件与那种已经从其在编年史、传奇故事、回忆录等有过详细叙事这一事实获得其历史地位的事件之间的原初差别。亨普尔的分析依赖于一个中立的

看法，即认为“单个的陈述句肯定在特殊时空中出现的独特事件”，或者“记叙那些曾一次并仅一次出现的个别事件”[2]。历史事件如果与其原来的环境分离，那么它就失去其特殊性，以便与那种与叙事行为无任何个别关系的一般事件概念相符合。所以，如果我们考虑这一事实，即历史事件得到其历史地位，不仅在于它们是用单个陈述句来表述，而且也在于这些单个陈述句在一种总体构成中的地位，而总体构成正构成一个叙事，那么我们关于认识论的讨论中心，就不再是历史说明的**本性**，而是它的**作用**。我们可以承认，说明本性在历史中和自然科学中是相同的，并且没有理由在这一层次上反对理解和说明。 277
问题不是说明结构是否有别，而是这种说明结构在哪一种话语中起作用。

2. 情节概念

现在，我们必须引进**情节**（plot）这一关键概念。我要说，如果一个事件要成为历史的，那么它一定不仅仅是单一发生的事件：它必须根据它在情节的发展中的作用来规定。让我们直率地说，情节这一概念将为历史学家的历史与虚构的叙事之间提供联系。

什么是情节呢？跟随故事行为的现象学，正如 W. B. 加里在《哲学与历史理解》[3]一书中所详尽说明的，将作为我们的出发点。首先，让我们说，故事描述一定数目人物的一系列（真实或想象的）行为和经验。这些人物不断出现在变化着的环境中，或者面临着他们对之有所反应的变化。这些变化反过来又揭示了环境和人物的隐藏方面，造成新的困境，要求人物进行思考，或者采取行动，或者双管齐下。对这种困境做出反应，就把故事带至结尾。

相应地，跟随故事就是把连续的行为、思想和情感理解为对特定的**被引导性**（directedness，也译指向）的揭示。所谓被引导性，我意指我们唯被情节发展所推动，并且我们对此推动做出了带有对故事发展过程的结果和高潮做的预期的反应。在这个意义上，故事的“结尾”是整个过程引人入胜的磁极。但是，叙事的结尾既不能被推出，也不能被预料。除非有许许多多的意外事件造成悬念，吸引我们，否则就没有故事。因此，我们必须跟随故事到其结尾。故事的结尾可以是**不可推测的**，但必须是**可以接受的**。从结尾再回顾导致此结尾的插曲时，我们一定会说这样的结尾需要那些事件和那样的一系列行为。但是，这种回顾之所以可能，是由于在我们跟随故事时，我们的推测在目的上受到引导的运动。所以，正是无巧不成书这一说法的悖论，即“终究是可以接受的”，刻画了理解任何故事的特征。

加里的论点是，“历史是故事属的一个种”。作为故事，历史是关于“人在社会、民族以及其他任何长期存在的有组织的群体中一起生活和工作时所取得的某些重大成就或所遭到的某些重大失败”[4]。因
278 此，尽管与传统的叙事有批判的联系，那些研讨某个帝国的统一或瓦解，某个阶级的沉浮，某种社会运动，某个教派或某个文学风格的历史，**都是叙事**。阅读这样的历史，依赖于我们跟随故事的能力。如果历史是这样扎根于我们跟随故事的能力，那么，历史说明的明显特征就必须视为跟随基本故事能力的发展。换言之，**说明**（explanations）**除了帮助读者跟随故事外，没有任何其他的作用**。历史学家要求我们接受的概括作用就是当故事中断或内容模糊时方便我们跟随故事的过程。因此说明必须被织入叙事之网（tissue）中。

某些反叙事的论证旨在反对这种基于跟随故事现象学的历史认识论，考虑到这一点，就能使我们朝着叙事结构的方向迈出决定性的一步，并在历史的叙事与虚构的叙事之间的鸿沟上架起一座桥梁。像加里、德雷（Dray）和丹托（Danto）这样的哲学家，因为将历史归于那种太依赖于编年次序、经验当时的盲目复杂性以及最后过分依赖于抱有偏见的历史行动者的观点的叙事类型，而一直受到责难。对这种反对的反驳，将为我们更准确地说明情节概念的认识论结构提供机会。

首先，与那种认为故事必须受制于严格编年次序的观点相对立，我们必须说，任何叙事都以不同的比例组合两个度向：编年度向（a chronological dimension）与非编年度向（a non-chronological dimen-

sion)。第一个度向可以称之为叙事的“插曲度向”。在跟随故事的技巧中，此插曲度向被表现于对影响故事发展的意外情况的推测中，因此它会产生这样一些疑问：是这样吗？那后来怎么样呢？接下来发生什么呢？等等。但是叙事的活动不只是在于把插曲一个一个地串联起来，而且还要将零散的事件组合成有意义的整体。就跟随故事这一面而言，叙事技巧这一方面反映在“全面把握”连续事件的尝试中。因此叙事技巧以及相应的跟随故事的技巧，都要求我们能够**从前后相继的连续中抽离出某种整体构形**（to extract a configuration from a succession)。用路易斯·明克（Louis Mink）的话来说，这种“整体构形的”（configurational）过程就构成叙事行为的第二个度向[5]。这个度向完全被那些反叙事的作家所忽略，这些作家都忽视叙事行为的复杂性，特别是叙事行为的组合连续事件和整体构形的能力。的确，这 *279*
种结构是如此悖理，以至于每一个叙事都能用其插曲度向和整体构形度向、片段和整体之间的竞争来设想。这种复杂结构意味着，再简单的叙事也总是比一序列事件按时间顺序的排列要多，反之，整体构形度向不能超过插曲度向太大，否则就会毁坏了叙事结构本身。当我们讨论结构主义要求“去编年顺序的”叙事的主张时，我们将简短地讨论问题的这第二方面；不过目前我只涉及第一方面。如果我们有可能把历史探究归于叙事行为的话，那是因为在叙事技巧和跟随故事的技巧里表现的整体构形度向已经为研究有意义的整体铺平了道路。只要叙事行为已经将编年次序与整体构形次序结合在一起，那么历史探究这种活动就不能与叙事行为彻底地分开。

然而，要想完全承认叙事与历史之间连续性，就必须事先假定，我们取消了两个其他的假设：一是假设叙事技巧必须与作者本人所经验的当前的难以辨识的复杂性相联系；二是假设这种技巧被归于行为者自身对其行为给出的解释。

与这两个假设相反，明克观察到，在整体构形行为里全面把握事件中，叙事作用具有判断的性质，更准确地说，具有康德意义上的反思判断的性质。叙事和跟随故事，已经就是在使事件连贯成一连续整体的目的下“反思”事件。

同样的理由，坚持认为叙事使听者或读者局限于行为者考虑其行为的视角界限内，也是错误的。对事件进行反思判断这一概念包括了“观点”的概念。这一论述在分析虚构叙事时将得到更充分证明。但是，这里我们可以肯定，叙事技巧富有特征地将故事与叙事者联系起来。这种关系包含了叙事者对其故事可能表现的全部可能态度范围。这些态度构成了斯科尔斯（Scholes）和凯洛格（Kellogg）称之为“叙事观点”的东西。他们写道：“叙事艺术的本质存在于说书人与故事之间的关系中，存在于说书人与听众之间的另一种关系中。因此叙
280 事境遇不可避免地是反讽性的。”[6] 这种**叙事的间距**（narrative distance）使一种新叙事者的出现成为可能，作者称其为**历史学者**（histor），他的权威来自他所读的文献，而非来自他所接受的传统。从“行吟说书人”到作为研究者的历史学者的转变，无可争议。但是，这一转变却发生在“观点”的概念内，而“观点”才使叙事者成为叙事者，并必须与叙事行为的整体构形性质和反思性质同等看待。

故事与历史之间的这种连续性的结果是，科学历史的说明程序不能取代先天的叙事，但能与之结合起来起作用，这是就它们被归入其整体构形结构而言的。

II. 虚构叙事与情节

现在的任务是，在虚构叙事层次上为情节的特殊性质进行辩护。因此我们仍然不讨论真实历史与虚构故事在它们指称方式上的差别，即它们与行为世界关联的不同方式，以及与这个世界**相关**的不同方式（being *about* this world）。

尤其就虚构叙事而言，这种在排除指称情况下对含义（sense）的探究，应得到**结构分析**此一名称。因此在本节中，我首先论述法国结构主义。这一学派在叙事领域内取得了最令人信服的成果，故更有

理由要首先论述。但是这并不阻碍我们，在批评这一学派的分析模式时，要求助于讲英语国家的作家，以便重新确立情节重于结构的首要地位。

一般来说，结构分析可以说是想把情节的作用还原到一种从属性的构形作用，以相对于基本逻辑结构和这些结构的变形。因此，相对于深层语法层次，情节被列为表现层次，而深层语法只由结构和结构的变形所组成。

这种情况让人联想到历史知识领域里的亨普尔模型以及这种模型符合普遍的说明规律的优先性。但是更为彻底地排除情节的是结构主义。历史认识论之所以忽视情节，是因为情节太依赖于年代顺序。结构主义在把情节排挤到表层结构层次时，它也完全排除掉情节在叙事 081
中的主导地位。

首先，让我们简略地回忆那些曾经为所有结构主义分析特征的层次改变而提出的理由。第一条理由——也是根本的理由——认为叙事符号学必须根据以准公理方式所构造的模型，以纯粹**演绎**程序来取代**归纳**方法；归纳方法之所以不能被采纳，是因为叙事的表达式举不胜举（口头的、书写的、图解的、手示的），以及叙事种类举不胜举（神话、民间故事、传奇故事、小说、史诗、悲剧、戏剧、电影、喜剧、连环画等）[7]。语言学由于重视**编码**（codes）及其有限的基本单元而轻视讲话人根据这些编码能产生的无数**信息**，从而为这一方法的颠倒铺平了道路。而且语言学还表明，这些基本单元的系统组织可以通过确立它们的组合规则和转换规则而加以掌握，这些组合规则和转换规则概括了系统的全部内在关系。在这些条件下，结构可以被定义为有限数目单元之间一套封闭的内在关系。关系的内在性，也就是说，系统对语言之外的实在的无动于衷，就是刻画结构特征的封闭规则的一个重要后果。

众所周知，结构原则最先用于音位学，获得最大成功，然后用于词汇语义学和句形规则。叙事的结构分析可以被视为一种试图扩大或者转换这种超出**句子**层次（句子对于语言学家是最终的实体）的语言学实体模式。我们发现超出句子的东西，就是**话语**（就此词真正意义而言），也就是表现它们自己组合规则（对话语这种有顺序方面的探讨长期以来乃是古典修辞学的遗产）的一系列句子。叙事是最大的话语之一，也就是一组按照某种顺序的句子序列。

符号学模式扩大到叙事，乃是结构分析要对叙事去编年次序的总趋势，去编年次序就是把叙事的时间方面还原为基本的形式性质。换言之，结构分析可以用这样一种系统设计来刻画其特征，即将叙事的每一种句形学方面配列于和从属于范例化方面。

让我们再次强调情况的讽刺性：当许多历史学家或历史认识论者
282 都倾向于过高估计叙事的编年次序和先后顺序的性质，并从中得出反对历史的叙事特征的论证时，相反，结构主义文学批评家则倾向于将叙事的编年次序方面划入单纯的表层结构并只承认深层结构中的“共时的”（achronic）特征。这一讽刺性的情况，由于其不可预料的颠倒，暗示着情节概念内的形象与先后顺序、整体构形与连续事件之间的联系，是历史理论和虚构叙事理论中有待解决的问题。在前一节中，我们的策略是强调整体构形度向，这一度向是为历史知识理论中的反叙事论证所忽略的；现在我们的策略将是强调叙事的不可削减的先后顺序元素，而这一部分结构主义分析却喜欢排除或压制。

作为一个范例，我将考察格雷马斯在其《结构语义学》一书中提出的第一个模式[8]。我将不讨论弗拉基米尔·普洛普（Vladimir Propp）在《民间故事的形态学》一书里的分析，尽管这一分析在叙事符号学领域内起了开拓性的作用。因为普洛普是第一位想到把俄国民间故事中无数个故事情节简化为一种独特的叙事类型上的种种变形的人。这一独特叙事类型仅包括 31 个基本叙事组成部分（普洛普称之为“功能”）和 7 个基本角色（这将成为格雷马斯的“行为者”）。我不讨论这一分析，因为普洛普的 31 个功能仍保留时间先后特性。民间故事形式是一种独特的叙事（tale），它是受功能之间严格的相互作用所支配，而功能又是置于不可更改的序列之中。说书人总是讲同一个线索，因为只有一个线索，这就是“俄国民间故事”的线索。

但是这种形式不可变换，譬如变换为格瑞姆（Grimm）和安德森（Andersen）的叙事，更不能变换为与俄国民间故事和一般民间故事形式关系更远的叙事结构。

正因为这一理由，普洛普的跟随者曾试图再进一步超越他曾为装饰门面而保留的一点先后顺序成分，并构造一种尽可能独立于时间顺序的模式。这就是法国格雷马斯学派的结构主义者所拥抱的模式。他们的目的是要阐明一种在深层结构层次上所确定的典型角色之间的相互关系句型（syntax），并尽可能系统地建立这些基本关系的转换规则。我们关心的问题是如何远离叙事中的时间先后顺序——尽管叙事中的时间先后顺序在普洛普的一串功能中仍是根本的——而能由“共时性结构”所取代，也就是被一种由非连续性的关系所刻画的结构所取代。反过来看，问题就是确定格雷马斯模式中还剩下的那些历时性 283
成分。确实，模式本身中的“叙事”性质，归根结底依赖于这种剩下的历时性成分。因为，如果一个叙事中没有说：那时发生了什么？以及因此又怎么样？那么能有这个叙事吗？如果一个模式并没有在深层结构层次上说明这种历时性度向，这个模式能是一个叙事吗？

为了摆脱时间顺序限制，格雷马斯颠倒了普洛普的分析顺序，他首先直接讨论角色或行为者，然后在分析的第二阶段，再回头讨论功能或行为的基本成分。这样，叙事一开始将被它的行为者的结构所规定：“有限数目的行为者词项足以说明一个微观宇宙的组织。”[9] 这种行为者结构是通过这样一种方法而获得，即在来自句型学考虑的先天模型和从比较几个数据而归纳产生后天结构之间进行相互调整［除了普洛普的之外，还有索里奥（Etienne Souriau）在其论《戏剧场景二十万例》的书中的］。

相互调整在由三对行为者类别而组成的六个角色的模式中达到平衡，其中每对行为者类别构成一个双元对立。第一对行为者类别是主体与客体对立：它在“A 欲望 B”形式中有句型学基础，而且它产生于诸多详目（inventories）。因为后者肯定在欲望领域有转移的或目的的关系在起作用：英雄开始找到被寻找的人（普洛普）。第二对行为者类别依赖于交往关系（relation of communication）：说话者与听话人之间的对立。这里基础也是句型学的：每一信息将发送者与接受者联系起来。所以我们发现普洛普的发送者（国王或英雄的化身）与接受者合于英雄一体。第三对行为者联盟是实用方面的：它让帮助者与反对者对立起来。这一联盟或者是由欲望关系组成，或者是由交往关系组成，这两种关系可能被帮助或被阻碍。格雷马斯承认这里句型学基础是不明显的，虽然某些副词（乐意地、然而）、某些间接分词或动词方面在某些语言中取代句型学基础。简言之，模式在双元对立基础上结合了三对关系——欲望关系、交往关系和行为关系。

根据这三对关系和六个角色的行为者模式，格雷马斯试图通过把普洛普的功能按照一种双元对立模式即禁止与违犯组合成系统成对而重新表述普洛普的功能。然后他将转换规则应用于这些简单关系。在
284 这一点上，格雷马斯表述了一个将引起他在其《论含义》（1970）中提出第二模式的重要命题。在任何句型学语境之外，一种从符号类别产生的全部转换，如果单独来看，就可以被刻画为合取与析取的形式。因此就有试图用需要联结的同一体和需要分离的对立体来取代功能的详目。例如，在“禁止与违犯”的对立中，禁止是禁令或训令的否定转换。训令的对立面是接受，训令—接受的关系构成契约的确立。通过“是与否”类型的简单对立，我们得到禁止是训令的否定形式，违犯是接受的否定形式。这样，通过简单的证实，这种双重对立系统确定了四种功能。叙事从整体上看，就似乎在句型学层次上表现为从契约破裂到被破裂契约恢复的过程。一步一步地，普洛普的所有其他功能都一定是按照转换规则被重新表述。**检验**（épreuve）具有明显的句型学性质，它可以根据建立在双元对立——“禁令与接受”“冲突与成功”——基础上的一条逻辑格式加以重写，从这些双元对立我们可以得出在“质量检验”中接受帮助者，在“原则检验”中清除失败者，在“加荣誉检验”中承认胜利者。最后，叙事的一切戏剧过程可以解释为最初境遇的颠倒，可以大致被描述为次序的扰乱，以便可以设想为次序恢复的最后境遇。

我讨论格雷马斯模式的出发点，是以某种不可削减的时间因素为根据，抵制去编年史化的事业。承认叙事的不可削减的时间性，不可避免地导致我们对某些基本假定的质疑。

显然，困难集中在检验概念上，不过，检验概念的意义已被我们分析得非常明了。格雷马斯自己也承认这一点：“如果没有以冲突与成功的功能对立形式存在的历时性成分残余，那么整个叙事就可被简化为一个简单的结构……而此结构又不能被转换为一个基本的符号类别”，而且“检验可以被认为是一个不可削减的核心，这个核心说明了叙事是历时性的规定”[10]。构成检验的“冲突与成功”的对立，反 285
之又被体现在一个更大系列的事件中——寻索（the quest）——而这更大系列事件的历时性质是无法克服的。因此，历时性元素看起来不仅是结构分析的一种残余物：从契约到冲突、从离异到次序恢复的整个运动，**按本性是连续性的**。连续性表现为几种方式。契约与冲突之间的分裂表现了时间性质，奥古斯丁继普罗提诺（Plotinus）之后，把这种时间性质描述为**分离**（distentio），译成希腊文就是**断裂**（diastasis）。另外，叙事的所有插曲元素都势必通过引入拖延、迂回和质疑来推迟故事的**结局**（dénouement），所有这些手段都暗示一种可以称为拖延策略（a strategy of procrastination）的东西。更进一层，行为的展开包含着选择、分叉，因而也包含着偶然的联系，而这些都造成了吸引叙事的听众和读者必不可少的惊奇感。最后，就成败而言，寻索的不可预料的结果使整个故事充满了普遍的不确实的气氛，这气氛把行为刻画为一种真正**作为**寻索的整体。从这个意义上看，寻索使情节成为可能，也就是说，使可以被“全面把握”的事件的安排成为可能。寻索是故事发展的主要动力，它将缺乏和清除缺乏分割开来，又结合起来。寻索真正是故事过程的核心，没有这一核心，什么也不会发生。因此，按照分析所构成的无时间模式，**叙事的历时性阅读不能被并入共时性阅读**。我将指出，正是这种不可削减的时间顺序因素才使情节本身获得叙事性质。

如果情况果真如此，那么情节则不可能只是模式所蕴涵的转换的表层表现——一种“海报”，如格雷马斯在某处所说的[11]。结合和对立的操作过程中所失掉的东西正是时间的**断裂**（diastasis）。因此，叙事所实现的中介不能属于一种只是逻辑的次序：术语的转换完全是历史方面的。

这种批判导致我们怀疑这样一个基本假说：由于不能采用归纳法，否则就会没完没了地举例，所以我们必须根据一种已构成的模型进行演绎的推导。从这种准公理的断言，我们推得这样一个方法论规则，按照此规则，深层语法一定不包含任何编年史因素，以及它的结
286 果：情节退回到表层表现层次。我们会问，深层与表层之间的这种轻重位置顺序是否不必颠倒，深层的逻辑结构是否不仅仅是叙事层次上首先展开的主要时间化操作的理想筹划？但是，要实现这种颠倒，必须首先被质疑的东西乃是从其推出一切的这一原初的选择：由于不能采用归纳法，我们必须进行演绎的推导。

为了结束这一讨论，我想提出一个避开所谓的选择的解决方法。如果我们采用一个更为求源的方法来解决“叙事的性质”的问题（《叙事的性质》是斯科尔斯和凯洛格的著作的名称），那么我认为某些重复出现的整体构形，可以看成是产生于叙事艺术所属于的传统。我相信，这里必然会强调传统概念。如果我们之所以能写一部论“叙事的性质”的书，是因为存在着叙事的传统，因为这种传统遗传了逐步形成的形式。那么斯科尔斯和凯洛格首先表明叙事的书面形式是怎样起源于古代的遗产，这一遗产在阿尔伯特·洛德（Albert Lord）在其《行吟说书人》这部经典著作里得到了精辟的描述。这样，这两位作者又进而描述了“现代叙事的古代遗产”，一开始他们写道：“希腊和罗马文学在20世纪仍旧吸引我们兴趣……古典文学为我们提供了后来所有叙事形式的原型和支配这些形式之间相互作用及其发展的叙事方法的范例。”[12]这一方法论的命题是相当重要的，因为它意味着，只有在与整个叙事传统有着长期联系之后，我们才能发现叙事的结构。这种传统暗示了我们应当根据“像意义、人物、情节、观点一类的叙事的一般的和连续的方面”[13]来组织分析。反之，叙事的一般

的和连续的方面，才允许我们讲到“形式的原型”（这两位作者所讲的“形式的原型”，是指西方从史诗时代和希伯来、希腊、克尔特、日耳曼等种族时代到现代小说的叙事的典型形式）和“方法范例”（例如，支配各种“经验的”叙事和各种虚构叙事之间相互作用，或在经验领域内，支配一方是传记、编年史、历史，另一方是忏悔录、自传之间相互作用，或更为明显的方式，支配在19世纪伟大历史著作和同一时期的伟大小说之间相互作用的那些方法范例）。

认为叙事结构起源于叙事传统这一观念，同样也提出一项事业，初看起来，这一事业与法国的结构主义的设想有着亲缘关系，不过，287 它却没有破坏与西方整个叙事传统的紧密联系。这里我想到了诺思洛普·弗莱（Northrop Frye）在其《批评的剖析》第二篇论文中提出的“原型批评”（archetypal criticism）。原型批评貌似分类学，它划分类和下属类的组织分析以及引人入胜的各种分支，都使它看起来更像形式主义的重构，而不像结构的构造。但是原型批评与结构分析存在着差别，差别正在于叙事模式的先天构造与熟悉叙事传统而提供的系统组合之间在方法上的不同。弗莱称为“原型”的东西不是非时间的结构，而是艺术习俗化和这些习俗的积累的产物。新写的每一首诗都出现在一个先天的著作世界中，他说，“诗只能由其他的诗中产生，小说只能从其他小说中产生。文学塑造了其自身”[14]。由于艺术的习俗化状态，艺术从根本上说是可以交流的。这种批评的原型无非只是可交流的单位，也就是重复出现形象的基点（nuclei of recurrent images）。

从这种将叙事结构的先天逻辑的原初筹划与弗莱提出的原型批评的匆匆比较中，我将提出下面的意见：难道我们真不能说，叙事传统的重复出现的形式构成叙事结构的不可能逻辑的系统组合吗？难道不是这一系统组合以原始方式揭示了叙事艺术中整体构形与连续事件无数结合的基本样式吗？什么都会发生，好像是最优秀的说书人自由运用人类的想象力，本能地创造我们的反思判断能被应用其上的可理解的形式，而不强加自身以一种不可能的任务，即先天地构造所有可能故事的母体系统。如果事情果真如此，那么我们就能解释康德关于系统组合的著名公式，并说：叙事的系统组合“是隐藏在人类灵魂深处的艺术，从自然中提取真正的机械，以便将其展现在我们眼前，这总是困难的”。

III. 叙事性与历史性

我们上面对情节在历史叙事与虚构叙事中的作用所做的两节分析表明，这两种叙事类型在含义或结构层次上存在着一种家族相似关
288 系。在这方面，我们可以有理由地说叙事是一种独特的语言游戏。现在的问题是在什么意义上，“讲这种语言”同时又是“一种生命活动或生活形式的部分”，而这种生活形式的部分我们通常称之为**历史性**。提出这一问题，就是要对叙事类型中与含义统一性相对的指称统一性进行探讨。因为只要叙事话语的指称度向尚未确立，那么叙事类型的结构统一性就仍是不确定的、偶然的，至多也是实际的。但是叙事性与历史性之间存在着什么联系呢？

现在我们要提醒自己注意，在大多欧洲语言中，“历史”这一词具有令人迷惑的歧义性，它既可意指实际发生的事件，又可意指对这些事件的叙事。这种歧义似乎不仅仅是掩盖单纯的巧合或令人讨厌的混乱。我们的语言很有可能通过语词——*Geschichte*（德文“历史”一词），*histoire*（法文“历史”一词），history（英文“历史”一词）——的这种多元定义的手段，保留（和指明）叙事（或书写）历史行为与历史中存在的事实之间，**创造**历史（*doing* history）与**成为**历史（*being* historical）之间的某种相互隶属关系。换言之，**叙事话语所属的生活形式就是我们历史状况本身**。指出了这一点，将是为解决整个历史话语的指称度向的问题。

然而，这项任务并不像看上去的那么容易。因为刚着手时，曾在含义或结构层次上显示出统一性的叙事类型，在指称层次上似乎失去

了一切统一性，并分裂为两种根本不同的类型：“真实的”叙事（或像斯科尔斯和凯洛格所说的，“经验的”叙事）与虚构的叙事。这两种类型的叙事不仅看起来没有共同的指称，而且第一种类型似乎就指称任何事物。因为只有**历史**才可能要求去讲述实际发生的事件、过去人们的真实行为。文献和档案是研究所需要的证明、“证据”的数据源，研究通过这些数据源去发现历史实在。而虚构叙事无视这种证明负担。它的人物、事件、境遇和情节都是**想象的**。所以寻找故事中表现的实在，例如通过《伊利亚德》中的英雄来认识古希腊人，是完全错误的。因此，叙事话语一开始似乎具有结构的统一性，因而也有含义的统一性，但没有指称的统一性。历史讲述实在为过去，故事讲述非实在为虚构。或用起源于新实证主义的分析哲学所熟悉的术语来 289
说，真实性方面的差别将“经验叙事”与“虚构叙事”分裂开来。

所以，如果我们想证明整个叙事类型指称整个历史性，那么我们必须撕破真实叙事与虚构叙事之间在指称层次上不对称的外衣。换言之，我们必须指出所有的叙事都在某种意义上有指称的要求。

论证分三步进行。(1) 我们必须确定**历史中的虚构**成分比实证主义的历史概念所承认的要多。(2) 然后我们必须表明，一般虚构，特别是虚构叙事中的**模仿成分**比同样的实证主义所允许的**要多**。(3) 承认了以上两点，我将指出经验叙事和虚构叙事的指称**相交于一点**，这一点我暂且称为历史性或人类历史状况。按我的看法，**相交于一点的指称**这一概念就为叙事性与历史性之间根本关系提供了钥匙。正是这一关系，归根到底，构成了叙事作用的诠释学主题。换言之，历史性是与叙事语言游戏相关联的生活形式。

1. 作为文学“加工物”的历史

通过对历史中的实证主义认识论［这在法国体现在塞诺博斯(Seignobos) 和其他人身上］的整体批判，我们为明确认识历史的虚构度向铺平了道路。对于实证主义来说，历史学的任务就是去发现那些似乎可以说是深埋在文献中的事实，事实深埋在文献之中，有如莱布尼茨所说，好像是海格立斯雕像沉睡在大理石的脉搏之中。与实证主义的历史事实的观点相反，最近出现的认识论强调了刻画历史学家工作特征的“想象的重构”（imaginative reconstruction）。大家可能注意到，这一表达来自柯林伍德，他比其他任何作者更强调历史知识是关于过去的重演（reactivation）。这里柯林伍德的批判与深受德国新康德主义影响的法国认识论者的批判是一致的，这些法国认识论者的批判是从雷蒙·阿隆（Raymond Aron）的《历史哲学导论》重要著作开始，途经亨利·马鲁（Henri Marrou）的《历史学的意义》，再到保罗·维纳（Paul Veyne）的《如何撰写历史》。对于这一思想学派来说，已经实际发生的东西与我们历史地知道的东西之间存在着
290 一条不可跨越的鸿沟。对于我们的重构假设了一个限制概念的作用，那么真实事件就退回到了自在之物的位置。

然而，来自文学批评，或更精确地说，来自叙事符号学的范畴，一旦被引入历史领域，一个决定性的步伐就形成了。因而，历史可能被明确处理为“文学加工物”[15]，并且历史的著作也开始根据名目繁多的类别，如“符号学的”、“象征的”和“诗歌的”名目加以重新解释。在这方面，最有影响的著作是奥尔巴赫（Auerbach）的《模仿》、诺思洛普·弗莱的《批评的剖析》和肯尼思·伯克（Kenneth Burke）的《动机修辞学》，除此之外，我们还可以加上贡布里希（Gombrich）在《艺术与错觉》一书中关于视觉艺术的评论，以及尼尔森·古德曼（Nelson Goodman）在《艺术语言》一书中关于象征表象的一般理论。这些著作产生了**实在的虚构表象**（the fictional representation of reality）这一普遍概念，这一概念范围之宽广，足可以包括历史的书写和虚构的创作，后者无论是文学的、绘画的或造型的。

在海登·怀特（Hayden White）的著作中，我们发现了对这种关于历史著作的“诗歌的”观点很好的说明。的确，他的名为《19世纪欧洲的历史想象》的著作——该书被作者描述为“元历史”（metahistory）——只关涉19世纪的历史学家，因为这些人同时也是

伟大的作家和伟大的19世纪小说家的同时代人。我们还必须表明，当时的历史学家，他们的大学地位使他们更想将自己表现为“科学的”，而不是“文学的”，从而使他们自己遭到同样的分析。然而，我认为怀特研究中具有普遍意义的东西，乃是他试图首先在情节层次上确立虚构作品与历史作品之间的联系。他从弗莱那里借来“情节化”（emplotment）这一概念以及它的四个基本类型——小说、悲剧、喜剧和讽刺剧；按照怀特的观念，这一情节化概念不只是文学表现的一个次要的技巧。这一概念规定了第一层次的说明，即“情节化地说明”，意思是说事件一旦通过情节化而变成一个故事，那么事件便开始得到说明。同样的论点在保罗·维纳的《如何撰写历史》一书中也可以找到：在杂乱无章的事实中，历史学家要确定情节，或者像雷蒙·阿隆在其对保罗·维纳这本书的评论中所说的，历史学家要追寻旅行路线。但是怀特并未停留于此，他还看到在身为作家的历史学家的著作中，整个轻重分明的组织格式都体现了情节化的概念。第一格式包 291
含通过形式论证而进行的说明，无论这些格式是运用了亨普尔的模式所要求的规律，还是马克思主义辩证法所主张的规律。第二格式更接近关于一个时代的伟大的“世界假说”[在斯蒂芬·佩珀（Stephan Pepper）的意义上][16]：形式论、有机论、机械论和语境论。最后一个格式类似于行为调节格式，如意识形态和乌托邦，这一格式在这里是根据卡尔·曼海姆的范畴（无政府主义、保守主义、激进主义和自由主义）。正是从情节安排到意识形态意蕴这样一些组织格式所构成的复杂整体，才构成了历史想象。

两种误解必须避免。第一种误解在于将这里所描述的程序（或类似的程序）仅仅限制于说教的作用，好像是在历史研究本身之外的写作特点。第二种误解将是把这种实在的“虚构的”表象认为是排斥历史和其他科学都遵循的“证据”规则（即使文献证据可能有着特别的性质）。针对第一种误解，我将主张，关于“历史诗歌”的三个或四个概念化层次是历史理解本身内在固有的。通过这些程序，事件完全被转入历史；如果我们说情节化（例如）只与撰写相关，那么我们就是忘记了历史就是撰写〔意大利历史学家讲到历史撰写（historiography)〕。保罗·维纳将他的书名题为《如何撰写历史》。针对第二种误解，我要强调的是，历史文本不管如何虚构，但它仍主张的是实在**的**再现。换言之，历史既是文学的**加工物**（从这个意义上说，是虚构作品），又是**实在**的再现。说历史是文学的加工物，是说历史，正如所有文学文本一样，必须假定诸自足的符号系统状况。至于说它是实在的再现，是说历史所描述的世界——这个世界本身就是“作品的世界”——要被认为是实在世界中的实在事件。

2. 作为“模仿”的虚构

虚构与实在再现互不能被排斥这一观点，现在必须通过对虚构叙事的直接考察来确定。这是我论证的第二步。我们说，历史著作中的虚构成分远比实证主义认识论所想的要多。但另外一点，虚构叙事的模仿成分也比实证主义认识论所希望的要多。如果这里我用“模仿”
292 （mimetic）一词，是为了让我们立即想到虚构与实在再现之间的联系的范例。范例在亚里士多德的《诗学》中。在讨论悲剧时——对于亚里士多德来说，悲剧是卓越的创制科学（*poiesis par excellence*）——亚里士多德以轻松的口吻一方面说，创制科学的本质是悲剧诗的神话（*mythos*，神话意指讲话、寓言和情节的总和），另一方面又说，诗歌的目的是模仿人类的行为。所以通过亚里士多德《诗学》中的神话，我们重新发现了历史中的情节概念的本质的东西：偶然与连贯的结合，编年次序与整体构形的结合，序列与结果的结合。

然而，如果我们像这样将情节与模仿联系起来时，将希腊文 *mimesis* 译成“模仿”，其意是指复制已经存在的模式，那么我们就遇到一个不可容忍的悖论。亚里士多德曾经想到一种完全不同的模仿，即一种创造性的模仿。首先，模仿是区分人类技艺与自然技艺的概念。只有哪里有“做”或“活动”，哪里才有模仿；而诗歌的“活动”正在于构造情节。而且，希腊文 *mimesis*（模仿）一词所要模仿的不是事件的有效性，而是它们的逻辑结构、它们的意义。模仿根本不是实在的复制，以至于悲剧“力求表现人比他们在现实中更好”（《诗学》，1448a，17-18）。悲剧的模仿再现实在——在此情况下，就是再现人类行为——但必须符合夸大实在的基本特征。在此意义上，模仿就是实在的一种隐喻。正如隐喻一样，模仿通过“指称活动中的事物”将其展现在眼前（《诗学》，1448a，24）。这里模仿的效果与绘画的效果一样，绘画以人工的各种线条和色彩为基础，创造出弗朗索瓦·达高涅（François Dagognet）在《文字与图解》一书中所说的对实在的“图像放大”（iconic augmentation）。虚构叙事也是人类行为世界的图像放大。

我现在想把亚里士多德《诗学》中关于神话与模仿之间的这种联系看作指称要求的范例，在我看来，指称要求也适合于一般虚构。通常由于支配想象理论领域的偏见，我们认识不到这种指称要求。按照这些偏见，影像只是精神的东西，心灵中之物；而且，它只是先在的实在的摹本或复制品，而先在的实在只不过是精神影像的间接所指。针对第一个偏见，我们必须再次强调影像不是封闭在心灵里，它有着明显的意向性，即为**不同地知觉事物**提供一种模式、一种新视见的范 293
例。针对第二个偏见，我们必须说虚构不是复制想象的实例，而是**创造想象**的实例。这样，虚构指称实在，不是为了复制实在，而是为了开启一种新的解读。我将要说，与尼尔森·古德曼在《艺术语言》中说的一样，所有符号系统都创造和再创造实在（《艺术语言》第一章题为“实在再创造”）。在这个意义上，所有符号系统都具有某种认知价值：它们都使实在以这种或那种方式出现。

由于这些偏见被排除了，生产性或创造性的指称这一观念就失去了其矛盾的外表。正如古德曼所说，虚构，或用他的话来说，符号系统，乃是“用作品来重组世界，用世界来重组作品”[17]。审美肖像是如此情况，而且认识论模式和政治乌托邦也是如此情况。所有这些都具有这种组织能力，因为它们都具有指称的度向，因为它们通过劳动和认知而锻造出来，并且因为它们提供了阅读经验和创造经验的新网络。我们将会观察到，所有这些就是亚里士多德神话概念中所已经列举了的三个特征——说、做和情节化。

既然亚里士多德著作中的诗歌范例——无论是悲剧还是史诗——已具有叙事的顺序，所以就更容易将这种虚构的一般理论应用于叙事性的虚构作品。这样，根据以上关于一般虚构的论述，我们就足以将亚里士多德的戏剧理论推广到所有叙事性的虚构作品中。

正如任何诗歌作品（poetic work）一样，叙事性的虚构作品也来自对人类行为的日常世界的悬置以及对它在日常话语里的描述的悬置。正如任何诗歌作品一样，叙事性的虚构作品给出的外表是自我封闭的。因此，正如罗曼·雅各布森（Roman Jakobson）著名的分析所说的，诗歌（想象）的功能（poetic function）似乎是指称功能的颠倒。但是，像我在《隐喻规则》一书中力求表明的，这种对与世界关系的悬置，只是一个更基本关系的否定的对立面，这一基本关系正是创造性指称的关系。我要指出，描述是为了重新描述而必须被悬置。因此我将把虚构叙事的指称刻画为——如同任何诗的指称一样——**分裂或分离指称**（split or cleft reference），这种分裂或分离指称，我理解为一种关涉事物的方法，它将把对日常语言的指称要求的悬置作为一种否定性的条件包括在内。

3. 叙事性与历史性

在对作为虚构的历史和作为模仿的虚构这两方面的准备性分析之后，我们有理由提出第三个命题，即“真实历史”和“虚构历史”的
294 指称相交于人类经验的基本历史性之上。这一命题并没有取消历史和虚构之间各自的指称方式的差别：前者是“通过”踪迹、文献和档案的**间接**指称，后者是通过悬置日常语言指称的分离指称。这一命题不仅没有取消差别，而且还使之作为差别起作用。这是怎样的呢？

对历史性进行本体论而不是认识论特征的思考（我这里不能做这种思考），将引出历史状况本身中的这一特点，它要求人类经验的历史性只有作为叙事性才能在语言中得以表达，而且，这种叙事性本身只有通过两种叙事方式的相互作用才能表达出来。只有当我们讲故事

或说历史时，历史性才在语言中表达出来。换言之，如果我们的历史状况需要两种叙事类型的联系，那么这是由于这种**成为**历史的我们经验的本质所决定的。在这种经验中，主一客关系似乎是不确定的。我们作为说书人、小说家、历史学家而成为历史性场内的一名成员。**在我们讲故事或写历史之前，我们就属于历史**。讲故事游戏本身就包括在被讲的实在之中。毫无疑问，这就是为什么"历史"一词像我们已经说过的那样，在许多语言中都保留着多方面的歧义，既指被叙事的事件过程，又指我们构造的叙事。因为它们两者彼此相隶属。用伽达默尔复杂的话来说，我们叙事或撰写的历史属于所发生事物的"效果历史"，属于历史性本身的**效果历史**（Wirkungsgeschichte）。

叙事行为原本就包含在历史经验本身中这一点，可以说明为什么必须要两种叙事类型和两种指称方式的相互作用，才能表达历史经验。只要每一种叙事方式都以某种方式分享了另一种叙事方式的意向性，那么它们两者的指称就能相交于历史性这一点上；并且，正是历史与虚构之间，它们双方的对立的指称方式之间的交换，**我们的历史性才被带到语言表达中**。

如果我们在考察了步骤和方法之后，还进而探讨这两种叙事方式潜在的旨趣，那么两者在意向性上的相交就更为明显（我用"旨趣"一词是指康德的意义，当他并列其二律背反的正题与反题里所包含的种种理性旨趣）。这里旨趣不仅仅是一个心理元素：它指称为认知活动定向的目的论的视域。 295

如果我们探讨激励历史研究的旨趣，那么在我看来，我们就得到一个比从抽象研究方法得到的答案还更加复杂的答案。因为历史学家对"事实"的旨趣似乎与一个更牢固的旨趣——我们可以跟随哈贝马斯，把这一旨趣称为交往的旨趣——相连接。我们做（研究）历史的最根本的旨趣是扩大我们的交往范围。这一旨趣表现为历史学家作为属于其研究领域的一名成员的情况。因此，任何客观化、间距化、怀疑、悬置——总之，任何使历史成为一种研究和探究形式的东西——都是从交往的旨趣中抽象出来的，正是交往的旨趣才保证了历史知识的意向性与虚构的意向性之间的联系。怎样保证呢？至少有两种方式。

首先，旨趣作为这样一个因素起作用，它能选择对特殊的历史学家重要的东西。历史学家从过去的一切中，只保留了那些他估计不应忘记的东西，那些严格意义上值得纪念的东西。现在在我们的记忆中最值得保留的东西，如果不是支配个人行为的价值观、制度化的生命、过去的斗争，那还能是什么呢？由于历史学家的客观工作，这些价值被加入人类的集体财富之中。

然而，这种确保已遗忘东西的方式，另外，还需要悬置我们自己偏见、我们自己信念、我们自己观点的能力，说到底，抛弃我们自身愿望的能力作为对应面。由于这种悬置，别人的他在性就以其差别而保留下来，而历史就可能是保罗·维纳所说的“差别之库”。因此交往的旨趣的核心就是陌生与熟悉、远与近之间的辩证法。

这种辩证法就是把历史放在虚构近处的东西。因为，在与我们价值的**差别**中去认识过去的价值，就已经是朝着可能性方向开启现实。过去的“真实的”历史揭示了现在被埋藏的可能性。克罗齐说过，所有的历史都是当代的历史。这是对的，不过，我们还要补充：**所有的历史都是当代的种种可能性的历史**。在这个意义上，历史是探索那种围绕当代和现实的种种“想象”变形的领域，而在日常生活中我们却把当代和现实认为理所当然的。正是以这种方式，历史正因为力求客
296 观，才共享虚构。

不过反面也同样是真的：虚构叙事也分享了历史的某种实在主义意图。我们关于虚构的模仿度向所说的一切，也使我们得出结论说，由于虚构的模仿意向，**虚构世界引导我们到现实的行为世界的核心**。亚里士多德曾以一种悖论的形式说过，“诗歌比起历史……倒不如说更具有哲理”（《诗学》，1451b，5-6）。他的意思是说，历史只要与偶然和轶事有联系——今日的历史也许不完全是这样——那么历史就失去了根本的东西，而诗歌不被归于现实的事件，直接进到普遍的东西，即进到某一类型的人在某种类型境遇中将大概或必然要做的

事情。

最后，难道我们不能说，历史通过让我们看到了不同的事情，从而让我们看到了可能的事情，而虚构通过让我们看到了不实在的事情，从而引导我们看到了实在的本质东西吗?

注释

[1] Carl Hempel, "The Function of General Laws in History", in *Aspects of Scientific Explanation and Other Essays in the Philosophy of Science* (New York: The Free Press, 1942), pp. 231–43.

[2] Charles Frankel, "Explanation and Interpretation in History", in *Theories of History*, edited by Patrick Gardner (New York: The Free Press, 1959), pp. 409, 410.

[3] W. B. Gallie, *Philosophy and Historical Understanding* (New York: Schocken Books, 1964).

[4] Ibid., p. 66.

[5] Louis O. Mink, "History and Fiction as Modes of Comprehension", in *New Directions in Literary History*, edited by Ralph Cohen (Baltimore: Johns Hopkins University Press, 1974), p. 117.

[6] Robert E. Scholes and Robert Kellogg, *The Nature of Narrative* (New York: Oxford University Press, 1966), p. 240.

[7] Cf. Roland Barthes, "Introduction à l'analyse Structurale du récit", *Communications*, 8 (1966), pp. 1–27 [英译本:"Introduction to the Structural Analysis of Narratives", in *Image-Music-Text*, edited and translated by Stephen Heath (London: Fontana/Collins, 1977), pp. 79–124]。

[8] A. J. Greimas, *Sémantique Structurale: Recherche de Méthode* (Paris: Librarie Larousse, 1966). Cf. Corina Galland, "Introduction à la Méthode de A. J. Greimas", *Etudes Théologiques et Religieuses*, 48 (1973), pp. 35–48.

[9] A. J. Greimas, *Sémantique Structurale*, p. 176.

[10] Ibid., p. 205.

[11] Ibid., p. 206.

[12] Robert E. Scholes and Robert Kellogg, *The Nature of Narrative*, p. 57.

[13] Ibid., p. 81.

[14] Northrop Frye, *Anatomy of Criticism* (Princeton: Princeton University Press, 1957), p. 97.

[15] Hayden White, "The Historical Text as Literary Artefact", *Clio*, 3 (1974), pp. 277-303.

[16] Stephan C. Pepper, *World Hypotheses: A Study in Evidence* (Berkeley: University of California Press, 1942).

[17] Nelson Goodman, *Languages of Art: An Approach to a Theory of Symbols* (Indianapolis: Bobbs-Merrill, 1969), p. 241.

参考书目

下面的参考书目被分为两部分：第一部分列了利科的主要著作及其论文集，以及与本书中所讨论的问题相关的那些文章。第二部分提及了某些研究利科的二手文献。

利科的主要论著

下面罗列的书目并不完全。截止到 1972 年，有关利科著作的完整的目录如下：

Vansina, Dirk F. "Bibliographie de Paul Ricoeur (jusqu'au 30 juin 1962)", *Revue philosophique de Louvain*, 60 (1962), pp. 394-413.

"Bibliographie de Paul Ricoeur, compléments (jusqu'à la fin de 1967)", *Revue philosophique de Louvain*, 66 (1968), pp. 85-101.

"Bibliographie de Paul Ricoeur，compléments（jusqu'à la fin de 1972）"，*Revue philosophique de Louvain*，72（1974），pp. 156-81.

删节版和更新版的书目见下面第 180-194 页：

Reagan，Charles E.，ed. *Studies in the Philosophy of Paul Ricoeur*. Athens，Ohio：Ohio University Press，1979.

著作

这一部分所列的著作是根据其第一次发表的次序。如果某本著作第一次是以法文出版，并被翻译为英文，那么，（我们）只引证英文版；第一次出版的英文日期用方括号标记出来。

Gabriel Marcel et Karl Jaspers：*Philosophie du mystère et philosophie du paradoxe*. Paris：Temps présent，1947.

Karl Jaspers et la philosophie de l'existence（with Mikel Dufrenne）. Paris：Seuil，1947.

Freedom and Nature：*The Voluntary and the Involuntary*，tr. Erazim V. Kohák. Evanston：Northwestern University Press，1966 [1950].

History and Truth，tr. Charles A. Kelbley. Evanston：Northwestern University Press，1965 [1955].

Fallible Man，tr. Charles A. Kelbley. Chicago：Henry Regnery，1965 [1960].

The Symbolism of Evil，tr. Emerson Buchanan. New York：Harper and Row，1967 [1960].

Freud and Philosophy：*An Essay on Interpretation*，tr. Denis Savage. New Haven：Yale University Press，1970 [1965].

Husserl：*An Analysis of His Phenomenology*，tr. E. G. Ballard and L. E. Embree. Evanston：Northwestern University Press，1967.

The Conflict of Interpretations：*Essays in Hermeneutics*，ed. Don

Ihde, tr. Willis Domingo et al. Evanston: Northwestern University Press, 1974 [1969].

Political and Social Essays, ed. David Stewart and Joseph Bien, tr. Donald Siewert et al. Athens, Ohio: Ohio University Press, 1974.

The Rule of Metaphor: Multi-Disciplinary Studies of the Creation of Meaning in Language, tr. Robert Czemy. London: Routledge and Kegan Paul, 1978 [1975].

Interpretation Theory: Discourse and the Surplus of Meaning. Fort Worth: Texas Christian University Press, 1976.

The Philosophy of Paul Ricoeur: An Anthology of His Work, ed. Charles E. Reaganand David Stewart. Boston: Beacon Press, 1978.

论文

这一部分的论文都是在最近15年内发表的，并根据字母顺序将其排列出来。如果某篇论文是以英文发表，那么（我们）只引证英文版。

"Biblical hermeneutics", *Semeia*, 4 (1975), pp. 29–148.

"Can there be a scientific concept of ideology?", in *Phenomenology and the Social Sciences: A Dialogue*, ed. Joseph Bien, pp. 44–59. The Hague: Martinus Nijhoff, 1978.

"Hegel and Husserl on intersubjectivity", in *Reason, Action, and Experience: Essays in Honor of Raymond Klibansky*, ed. Helmut Kohlenberger, pp. 13–29. Hamburg: Felix Meiner, 1979.

"History and hermeneutics", *Journal of Philosophy*, 73 (1976), pp. 683–94.

"Husserl and Wittgenstein on language", in *Phenomenology and Existentialism*, ed. E. N. Lee and M. Mandelbaum, pp. 207–17. Baltimore: Johns Hopkins University Press, 1967.

"Ideology and utopia as cultural imagination", *Philosophic Exchange*, 2 (summer 1976), pp. 17–30.

"Imagination in discourse and in action", in *Analecta Husserliana*, vol. 7, ed. Anna-Teresa Tymieniecka, pp. 3–22. Dordrecht: D. Reidel, 1978.

"Language and image in psychoanalysis", in *Psychiatry and the Humanities*, vol. 3, ed. Joseph H. Smith, pp. 293–324. New Haven: Yale University Press, 1978.

"New developments in phenomenology in France: the phenomenology of language", *Social Research*, 34 (1967), pp. 1–30.

"Phenomenology and the social sciences", *Annals of Phenomenological Sociology* (1977), pp. 145–59.

"Phenomenology of freedom", in *Phenomenology and Philosophical Understanding*, ed. Edo Pivéevié, pp. 173 – 94. Cambridge: Cambridge University Press, 1975.

"Philosophie et langage", *Revue philosophique de la France et de l'Etranger*, 4 (1978), pp. 449–63.

"Psychoanalysis and the work of art", in *Psychiatry and the Humanities*, vol. 1, ed. Joseph H. Smith, pp. 3–33. New Haven: Yale University Press, 1976.

"Schleiermacher's hermeneutics", *Monist*, 60 (1977), pp. 181–97.

"The function of fiction in shaping reality", *Man and World*, 12 (1979), pp. 123–41.

"The metaphorical process as cognition, imagination, and feeling", *Critical Inquiry*, 5 (1978), pp. 143–59.

"Writing as a problem for literary criticism and philosophical hermeneutics", *Philosophic Exchange*, 2 (summer 1977), pp. 3–15.

二手文献

下面罗列的是对利科思想研究的评析著作和论文，它们是根据字母顺序排列的。有关二手文献的更详细的目录，可参见：

Lapointe，François H. “Paul Ricoeur and his critics：a bibliographic essay”，in *Studies in the Philosophy of Paul Ricoeur*，ed. Charles E. Reagan，pp. 164－77. Athens，Ohio：Ohio University Press，1979.

Bourgeois，Patrick L. *Extension of Ricoeur's Hermeneutic*. The Hague：Martinus Nijhoff，1973.

Ihde，Don. *Hermeneutic Phenomenology*：*The Philosophy of Paul Ricoeur*. Evanston：Northwestern University Press，1971.

Madison，Gary B.，ed. *Sens et existence*：*en hommage à Paul Ricoeur*. Paris：Seuil，1975.

Philibert，Michel. *Paul Ricoeur ou la liberte selon l'espérance*. Paris：Seghers，1971.

Rasmussen，David. *Mythic-Symbolic Language and Philosophical Anthropology*. The Hague：Martinus Nijhoff，1971.

Reagan，Charles E.，ed. *Studies in the Philosophy of Paul Ricoeur*. Athens，Ohio：Ohio University Press，1979.

Thompson，John B. *Critical Hermeneutics*：*A Study in the Thought of Paul Ricoeur and Jürgen Habermas*. Cambridge：Cambridge University Press，1981.

索　引

action，行为（行动）
and ideology，行为与意识形态，225-9，240
and narrative，行为与叙事，30，156-7，160，277，279，282-5
in philosophy of will，意志哲学中的行为，4-5
and psychoanalysis，行为与精神分析，261-4
as referent of fiction，作为虚构指称物的行为，16-17，179-81，292，296
and speech-acts，行动与言语行为，204-5
and texts，行为与文本，15-16，23，37，203-9，213-15
see also distanciation，explanation，human and social sciences，interpretation，meaning，understanding，也见间距化、说明、人文科学与社会科学、解释、意义、理解
Adorno，T. W.，阿多诺，78，231
Althusser，Louis，阿尔都塞，8，24，79，233，235
Anscombe，G. E. M.，安斯康姆，203，214
Apel，Karl-Otto，卡尔-奥托·阿佩尔，73，78
appropriation，占有，据为已有
nature of，占有的本质，18-19，23，113，143-4，158-9，164，178，182-93，220-1
and the subject，占有与主体，18-19，23，37，94，113，143-4
see also interpretation，subject，text，understanding，也见解释、主体、文本、理解
Aquinas，St Thomas，阿奎那，222
Aristotle and Aristotelian，亚里士多德与

亚里士多德学派，2，16，93，136，142，162－4，166，179－81，187，222，224，237，292－3，296
Aron，Raymond，雷蒙·阿隆，289，290
Auerbach，Erich，埃里克·奥尔巴赫，290
Austin，J. L.，奥斯汀，11，134，168，199，205，261－2

Barthes，Roland，罗兰·巴特，8，156
Beardsley，Monroe，门罗·比尔兹利，12，166，170，172－3，176，179
belonging，隶属性、归属
and finitude，隶属性与有限性，24，74，105－6，243
note on translation，翻译注解，28
phenomenological sphere of，隶属性的现象学领域，110，125－8
to a tradition，隶属于某种传统，16，20，60，68，74，116－17，243
see also distanciation，也见间距化
Benveniste，Emile，埃米尔·班文尼斯特，11，133，149，159，168，188，198
Berggren，Douglas，道格拉斯·伯格伦，170
Black，Max，马克斯·布莱克，12，166，170，172－3
Bloch，Ernst，恩斯特·布洛赫，87，238
Brentano，Franz，F. 布伦塔诺，104
Bultmann，Rudolf，鲁道夫·布尔特曼，158，190
Burke，Kenneth，肯尼思·伯克，290

Collingwood，R. G.，柯林伍德，289
creativity，创造性，9，11－12，16，22，38－9，51－3，169－70，172－4，180－1
see also imagination and imaginary，metaphor，mimesis，也见想象与虚构、隐喻、模仿
critique，批判
of consciousness，意识的批判，6，18，94－5，144，183，191，193，244
in hermeneutics，诠释学中的批判，59，61，76－8，82，88－95，113，117，191，244－6
of prejudices，偏见的批判，70，71，89，110，191
see also critique of ideology，hermeneutics，prejudice，subject，也见意识形态批判、诠释学、前见、主体
critique of ideology，意识形态批判
central theses of，意识形态批判的中心议题，78－87，245－6，260－1
critical remarks on，对意识形态批判的重要评论，95－100，245－6
note on translation，翻译注解，30
as strategy of suspicion，作为怀疑策略的意识形态批判，18，63－4，109－11，113，117，144，191
see also Frankfurt School，Habermas，hermeneutics，psychoanalysis，也见法兰克福学派、哈贝马斯、诠释学、精神分析
Croce，Benedetto，贝奈戴托·克罗齐，295

Dagognet，François，弗朗索瓦·达高涅，292
Danto，A. C.，丹托，278
Derrida，Jacques，雅克·德里达，237

Descartes，R.，笛卡尔，67，190
Dewey，John，约翰·杜威，80
Dilthey，Wilhelm，狄尔泰，16，45，46，90，106，158，188，216
as backcloth for work of Heidegger and Gadamer，作为海德格尔与伽达默尔作品背景的狄尔泰，53－4，55，60－1，65，66，68，69，70
central themes of his work，狄尔泰著作的中心主题，20，48－53，140，145，149－52，184，197
critical remarks on his work，对狄尔泰著作的重要评论，52－3，68，151－3，184
as source of opposition between explanation and understanding，作为说明与理解之间对立之源的狄尔泰，15，22，36，49，92，149－52，157，165，209
see also human and social sciences，subject，understanding，也见人文与社会科学、主体、理解
discourse，话语
characteristics of，话语的特征，11，132－49，166－8，197－9
as common basis of metaphors and texts，作为隐喻与文本共同基础的话语，22，166－71
as realised in speaking and writing，作为在言说与书写中实现的话语，13－14，37，43，45，91－2，139－41，145－9，154，159，176－7，198－203
see also meaning，reference，subject，text，也见意义、指称、主体、文本
distanciation，间距化
and action，间距化与行动，15，203－9，214
and appropriation，间距化与占有，18，94，113，143，183－5
and belonging，间距化与隶属性，16，21，36，60－2，64－5，82，90，106，110－11，116－17，131，243－5
forms of，间距化的诸形式，13－14，21，91－2，112，132－44，147－9，198－203
see also discourse，text，也见话语、文本
Dray，W. H.，德雷，278
Droysen，J. G.，德罗伊森，48
Dufrenne，Mikel，M. 杜夫海纳，2

effective-historical consciousness，效果历史意识，17，28，61，66，70，73－6，91－2，111，117，244，294
Ellul，Jacques，雅克·艾吕尔，97，225－6
Enlightenment，启蒙运动，61，66－7，71－2，99
existentialism and existentialist，存在主义与存在主义者，2，4，56－7，190
explanation，说明
of action，行为的说明，16，213－15，218－21，269
in history，史学中的说明，16－17，38，275－80，290－1
of metaphor，隐喻的说明，22，167，171－6
note on translation，翻译注解，28
in psychoanalysis，精神分析中的说明，24，84－5，261－4，267－73

structuralist，结构主义的说明，15－16，22，35，92，145，153－7，159－61，163，219
of texts，文本的说明，15，22，51，60，138，143，152－4，161－2，174－6，184，188，192，210－13，215－18
and understanding，说明与理解，15，22，23，35，36－8，43，49，83，84－5，92－3，138，145，149－66，183，209－21，263－4，268－73
see also explication，human and social-sciences，interpretation，myth，narrative，understanding，也见阐释、人文与社会科学、解释、神话、叙事、理解
explication，阐释
in Heidegger's work，海德格尔著作中的阐释，54－8，88，107，244
in Husserl's work，胡塞尔著作中的阐释，101，120－8
note on translation，翻译注解，28
scope of，阐释的范围，108
and texts，阐释与文本，111－12
see also explanation，interpretation，understanding，也见说明、解释、理解

Feinberg，Joel，J. 芬伯格，206－7
Feuerbach，Ludwig，路德维希·费尔巴哈，229－30，236
Fichte，J. G.，费希特，17，79
folktales，*see* narrative，民间故事，见叙事
Foucault，Michel，米歇尔·福柯，79
Frankfurt School，法兰克福学派，18，66，73，78，231
Frege，Gottlob，弗雷格，11，111，115，122，140，184
Freud，Sigmund and Freudian，弗洛伊德与弗洛伊德学派，3，6－8，24，34，38，80，85，144，191，226，247－73
Friedman，Norman，弗里德曼，188
Frye，Northrop，诺思洛普·弗莱，287，290

Gadamer，Hans-Georg，H-G. 伽达默尔，17，21，36，101，109，111，143，177，193，294
analysis of play，伽达默尔的游戏分析，23，93，117，183，185－90
central themes of his work，伽达默尔著作的中心议题，53－4，59－61，64－8，70－8，117－18，131，191－2，243－4
comments on Heidegger，伽达默尔对海德格尔的评论，69，89
critical remarks on his work，对伽达默尔著作的重要评论，19，60－2，89－94，131，139，244
critique of Dilthey，伽达默尔对狄尔泰的批评，52，68
debate with Habermas，伽达默尔与哈贝马斯的争论，20，35，38，63－100
see also effective-historical consciousness，historicity，human and social sciences，language，prejudice，subject，tradition，也见效果历史意识、历史性、人文与社会科学、语言、前见、主体、传统
Gallie，W. B.，加里，273，277－8

Goldmann，L.，哥尔德曼，238
Gombrich，E. H.，贡布里希，290
Goodman，Nelson，尼 尔 森 · 古 德 曼，290，293
Gramsci，A.，葛兰西，238
Granger，G. –G.，葛兰格尔，136，138，163
Greimas，A. J.，格雷马斯，25，30，156–7，282–5
Guillaume，Gustave，纪尧姆，148

Habermas，Jürgen，J. 哈贝马斯，191，231，265，267，295
central themes of his work，哈贝马斯著作的中心议题，78–87，245，259–61
critical remarks on his work，对哈贝马斯著作的重要评论，95–100，245
debate with Gadamer，哈贝马斯与伽达默尔的争论，20，35，38，63–100
see also critique of ideology，human and social sciences，ideology，knowledge-constitutive interests，systematically-distorted communication，subject，也见意识形态批判、人文与社会科学、意识形态、知识建构的旨趣、被系统扭曲的交流、主体
Hart，H. L. A.，哈特，215
Hegel，G. W. F. and Hegelian，黑格尔与黑格尔主义，2，49–50，52–3，74，75，79，80，92，115，126，183，193，208，236，246，265
Heidegger，Martin，海德格尔，2，3，19，20，21，65，66，74，95，101，115，119，141，190，192，271
central themes of his work，海德格尔著作的中心议题，53–9，69–70，93，106–7，109，118，202，243–4
critical remarks on his work，对海德格尔著作的重要评论，59，70，88–90，244
see also explication，hermeneutical circle，historicity，human and social sciences，language，pre-understanding，subject，understanding，也 见 阐 释、诠释学循环、历史性、人文与社会科学、语言、前理解、主体、理解
Hempel，Carl，卡尔 · 亨普尔，17，25，275–6，280，291
hermeneutical circle，诠释学循环
in Heidegger's work，海德格尔著作中的诠释学循环，57–8，69，70，88–9，271
in human and social sciences，人文与社会科学中的诠释学循环，23，220–1，243，271
and texts，诠释学循环与文本，108，165，168，171，175，178，182，190，211–13
hermeneutics，诠释学
and critique of ideology，诠释学与意识形态批判，20–1，63–100，109–11，144，191，224，244–6
definition of，诠释学的定义，1，43，165，197
of faith，信仰的诠释学，6，34
history of，诠释学的历史，19–21，35–6，43–128
and phenomenology，诠释学与现象学，

19，21，25，35-6，101-28
and philosophical reflection，诠释学与哲学反思，6，8，10，17-19，25，34-5，158-9，193
of suspicion，怀疑的诠释学，6-8，34
and symbols，诠释学与符号，6，33
see also critique，human and social sciences，interpretation，meaning，psychoanalysis，psychology，text，也见批判、人文与社会科学、解释、意义、精神分析、心理学、文本
Hirsch，E. D.，赫希，14，175，211-13
historicism，历史主义，48，53，184-5，191，242
historicity，历史性
in Gadamer's work，伽达默尔著作中的历史性，68，76
in Heidegger's work，海德格尔著作中的历史性，55，244
in Husserl's work，胡塞尔著作中的历史性，119
as referent of history and fiction，作为历史与虚构指称物的历史性，17，25，274-5，288-9，293-6
history，历史，历史学
ambiguity of，历史的模糊性，17，30，288，294
and fiction，历史与虚构，25，187，274-5，277，287-91，293-6
methodological structure of，历史学的方法论结构，16-17，25，38，46，48-53，55，273-80
as narrative，作为叙事的历史，17，25，38，273-82
nature of validity and truth in，历史中的有效性本质与真理，17，277-8，288-91，295
see also explanation，imagination and imaginary，meaning，narrative，reference，text，也见说明、想象与虚构、意义、叙事、指称、文本
Hjelmslev，Louis，赫耶尔姆斯列夫，8，133
Horkheimer，Max，马克斯·霍克海默，78，231
human and social sciences，人文与社会科学
in Dilthey's work，狄尔泰著作中的人文与社会科学，49-53，145，150-2，209
in Gadamer's work，伽达默尔著作中的人文与社会科学，60-1，64-5，78，82，131
in Habermas's work，哈贝马斯著作中的人文与社会科学，78，80-7，96-7
in Heidegger's work，海德格尔著作中的人文与社会科学，54-5，57，59，69，88-9
methodological structure of，人文与社会科学的方法论结构，15-17，23，36，38，92-3，106-7，145，150-2，157，197，209，213-21，238-9
nature of validity and truth in，人文与社会科学中的有效性本质与真理，23-4，214-15，222-4，231-9
note on translation，翻译注解，28
object of，人文与社会科学的对象，23，37，197，203-9

and philosophical reflection，人文社会科学与哲学反思，8，39－40
see also action，explanation，hermeneutical circle，history，psychoanalysis，也见行为、说明、诠释学循环、历史、精神分析
Humboldt，Wilhelm von，威廉·冯·洪堡，176，202
Husserl，Edmund，胡塞尔，2，3，16，29，34，35，80，141，190，193，205，209
central themes of his work，胡塞尔著作的中心议题，32－3，50，101－5，115－28，152，184
critical remarks on his work，对胡塞尔著作的重要评论，4，21，105－14，128
see also explication，phenomenology，subject，也见阐释、现象学、主体

ideology，意识形态
and dissimulation，意识形态与分化，18，223，227－31，233，236，243
and domination，意识形态与统治，18，223，228－31，236，243
Habermas's theory of，哈贝马斯的意识形态概念，78，79，80－7，97－9，191
note on translation，翻译注解，30
and science，意识形态与科学，24，223－4，231－46
and social integration，意识形态与社会整合，16，23－4，38，110－11，223，225－31，237－8，241，243
and utopia，意识形态与乌托邦，16，39，240，242，245，291
see also action，critique of ideology，imagination and imaginary，metaphor，也见行为、意识形态批判、想象与虚构、隐喻
imagination and imaginary，想象与虚构
and action，想象、虚构与行为，16
in history，历史中的想象与虚构，17，289，295
and ideology，想象、虚构与意识形态，16，39，237
and metaphor，想象、虚构与隐喻，38－9，181
and narrative，想象、虚构与叙事，39，277，287，288，292－3
in phenomenology，现象学中的想象与虚构，121，126
productive，生产性的想象与虚构，16，38－9
in psychoanalysis，精神分析中的想象与虚构，39，250－6，266
and texts，想象、虚构与文本，93－4，113－14，142，144，149，187－9
see also creativity，metaphor，mimesis，也见创造性、隐喻、模仿
interconnection，相互关联，28，48，50－3，151－2，184
interpretation，解释
of action，行为的解释，15－16，23，203，208－9，213－15，218－21
conflict of，解释的冲突，6，8，14，15－16，19，38，193，215
grammatical and technical，语法解释与技术解释，46－7
of metaphor，隐喻的解释，12，22，171，179－81，211

note on translation，翻译注解，28
and ordinary language，解释与日常语言，11－12，44－5，81，107－8，120
and phenomenology，解释与现象学，21，114，120－8
and psychoanalysis，解释与精神分析，8，18，24，38，248，255－61，263－4，270－3
of symbols and myths，象征与神话的解释，6，10，22，160－1，217－18
and temporality，解释与时间性，69，89，159，183－5，192
of texts，文本的解释，13－15，22，36，62，65－6，70，81，108，112，136，141－2，146－9，152，157－66，171，176－8，185，191－3，210－13，215－18
see also explanation，explication，history，human and social sciences，understanding，也见说明、阐释、历史学、人文与社会科学、理解

Jakobson，Roman，罗曼·雅各布森，293
Jaspers，Karl，卡尔·雅斯贝斯，2
Jones，Ernest，欧内斯特·琼斯，263

Kant，I. and Kantian，康德与康德主义，2，17，20，34，38－9，45－6，50，55，60，79，80，87，89，102，110，175，183，186，190，193，211，235，266，279，287，294
Kayser，Wolfgang，W.凯塞尔，188－90
Kenny，Anthony，安东尼·肯尼，204－5
knowledge-constitutive interests，知识构建的旨趣，20，78，80－3，86－7，95－100，245，294－5
Kofman，Sarah，萨拉·考夫曼，237
Kraffet-Ebing，Richard von，克拉夫特-艾宾，247
Kuhn，Thomas，托马斯·库恩，271

Lacan，Jacques，雅克·拉康，7－8，254
Ladrière，Jean，让·拉特利尔，238－9，245
Lagueux，Maurice，M.拉格斯，232－4
language，语言
in Gadamer's work，伽达默尔著作中的语言，62，77－8，117－18
in Heidegger's work，海德格尔著作中的语言，56，58－9，118，216
notes on translation，翻译注解，28－9
and phenomenology，语言与现象学，21，29，115－18，120－3
and psychoanalysis，语言与精神分析，7，248－9，253，256，259－62，265
and structuralism，语言与结构主义，8－11，133－4，153－7，198，281
see also discourse，meaning，reference，symbols，text，也见话语、意义、指称、符号、文本
Leibniz，G. W.，莱布尼茨，75，289
Lenin，V. I.，列宁，235
Lévi-Strauss，Claude，克劳德·列维-斯特劳斯，8－10，15，22，154－6，160－1，216－18，230
see also myth，structuralism，也见神话、结构主义
Lord，Albert，洛德，286
Lorenzer，Alfred，阿尔弗雷德·洛伦佐，

84-5，260-1
Lukács，Georg，卢卡奇，78，238

Mannheim，Karl，曼海姆，239-42，244，291
Marcel，Gabriel，伽普里尔·马塞尔，2，3
Marcuse，Herbert，赫伯特·马尔库塞，78，80，97，231
Marrou，Henri，亨利·马鲁，289
Marx，Karl，卡尔·马克思，6，18，78-81，98，227，229-31，234，235-40，242，244
Marxism and Marxist，马克思主义与马克思主义者，78-84，96，144，191，208，223-5，229-31，233，235-40，260，291
Mauss，Marcel，莫斯，230
meaning，意义
and action，意义与行为，15-16，203-9，214
of being，存在的意义，54，69-70，89，114-16，124-8
and hermeneutics，意义与诠释学，6，21，52-3，107，114-15，119，152，159，161，184
and history，意义与历史，76，274，278-9，287-8
and metaphor，意义与隐喻，12，22，39，166，169-70，172-4，179-81
and narrative，意义与叙事，25，156，274，278-88
notes on translation，翻译注解，28-30
and ordinary language，意义与日常语言，11-12，132-6，140，167，169，199-200
and phenomenology，意义与现象学，21，29，32，103-4，112，114-16，119，120-8，152，184
and psychoanalysis，意义与精神分析，7，252，254-64
and structuralism，意义与结构主义，9-10，153，155-6，159-61，217-18
and texts，意义与文本，13-15，18，33，91，108，111，139，146-7，156，159，161-2，174-7，192，200-1
see also discourse，language，metaphor，myth，reference，symbols，也见话语、语言、隐喻、神话、指称、符号
Melden，A. I.，梅尔登，214
Merleau-Ponty，Maurice，梅洛-庞蒂，2，32-3，119，223
metaphor，隐喻
classical theory of，隐喻的经典理论，179-81，292
and ideology，隐喻与意识形态，229，236-7
interaction theory of，隐喻的互动理论，12，169-70，172-4
and psychoanalysis，隐喻与精神分析，7，257-8，260
as semantic innovation，作为语义创新的隐喻，12，14，22，38-9，169-70，172-4，180-1
and text，隐喻与文本，22，36，165-81
see also explanation，imagination and imaginary，interpretation，meaning，

reference, understanding，也见说明、想象与虚构、解释、意义、指称、理解
Mill, J. S.，约翰·密尔，150
mimesis，模仿，16，17，93，142，179－81，187，291－3，296
Mink, Louis，明克，278－9
misunderstanding，误解，46，77，78，83，86，97，110，265
myth，神话
and psychoanalysis，神话与精神分析，252，256
as secondary symbol，作为第二类象征的神话，6，33
structuralist analysis of，神话的结构主义分析，9－10，22，154－6，160－1，216－18
see also interpretation, narrative, symbols，也见解释、叙事、象征
mythos，神话，16，67，93，142，179，292－3

Nabert, Jean，让·奈伯特，17，33，34
narrative，叙事
in *Genesis*，《圣经·创世记》中的叙事，162
and history，叙事与历史，17，24－5，38，273－82，287－8，293－6
and psychoanalysis，叙事与精神分析，24，253－4，266－73
structuralist analysis of，叙事的结构主义分析，25，38，92，156－7，280－7
and temporality，叙事与时间性，25，156，275，278－9，281－7
and tradition，叙事与传统，286－7
see also action, imagination and imaginary, interpretation, meaning, reference，也见行为、想象与虚构、解释、意义、指称
Nietzsche, F.，尼采，2，6，55，75，236

Peirce, C. S.，皮尔士，80，163－4
Pepper, Stephan，斯蒂芬·佩珀，291
phenomenology，现象学
central theses of，现象学的中心议题，4－5，28－9，33，102－5，114－28
critical remarks on，对现象学的重要评论，4，21，32，105－14，128
existential，生存现象学，2，33
in Gadamer's work，伽达默尔作品中的现象学，70－2
hermeneutic，诠释学的现象学，19，114－28
and psychoanalysis，现象学与精神分析，84，261，264
see also hermeneutics, Husserl, imagination and imaginary, interpretation, language, meaning，也见诠释学、胡塞尔、想象与虚构、解释、语言、意义
Plato and Platonic，柏拉图与柏拉图主义，2，59，80，90，102，199，201，237
plot，情节，39，277－87，292
polysemy，多义性，11－12，39，44，107，108，120，169－70，172，212，236
Popper, Karl，卡尔·波普尔，213，232
positivism and positivist，实证主义与实证

主义者，24，48－9，51，61，79，82，232－4，259，289，291
prejudice，前见、偏见，58，64，66－71，76，78，80，88－90，96，110，190，243－4，295
pre-understanding，前理解，54，57，69，78，81，82，89－90，96，108，110，178，190，243－4
Propp，Vladimir，弗拉基米尔·普洛普，156，282－3
psychoanalysis，精神分析
and critique of ideology，精神分析与意识形态批判，83－5，96，97，109，117，191，234，260－1
as hermeneutics，作为诠释学的精神分析，6－8，34，260－4
methodological structure of，精神分析的方法论结构，24，38，95，254－64
nature of facts in，精神分析中事实的性质，7，24，247－54，264－8
nature of validity and truth in，精神分析中有效性的本质与真理，7，24，247，264－73
see also action，explanation，Freud，imagination and imaginary，interpretation，language，meaning，metaphor，myth，narrative，phenomenology，psychology，subject，text，也见行为、说明、弗洛伊德、想象与虚构、解释、语言、意义、隐喻、神话、叙事、现象学、心理学、主体、文本
psychology，心理学
as basis for hermeneutics，作为诠释学基础的心理学，22，46－7，49－53，150－2，201
and phenomenology，心理学与现象学，103－4
and psychoanalysis，心理学与精神分析，247，251，253

Ranke，L.，兰克，48
reading，*see* appropriation，explanation，explication，interpretation，understanding，阅读，见占有、说明、阐释、解释、理解
reference，指称
and action，指称与行为，16，207－8，220
and history，指称与历史，17，25，274－5，280，288－9，293－6
and metaphor，指称与隐喻，12，22，142，179－81，292－3
and narratives，指称与叙事，25，142，274－5，280，288－9，292－6
note on translation，翻译注解，29
and speech，指称与言谈，9，11，14，133，140－2，147－9，167－8，176－7，198，201
suspension of，指称悬置，14－15，23，141，148－9，153，186－7，216，293－4
and texts，指称与文本，12，14－15，33，35，37，93－4，111－12，141－2，144，147－9，153，158－9，171，176－81，191－2，201－3，207－8，215－16，218，292－3
see also discourse，language，meaning，也见话语、语言、意义

Richards，I. A.，理查兹，12，170
Romanticism and Romantic，浪漫主义与浪漫派，36，43，46，61，65－9，70，72，78，79，93，99，113，132，140，151，177－8，190，210

Sartre，Jean-Paul，让－保罗·萨特，2，57，115
Saussure，Ferdinand de，费迪南·德·索绪尔，3，8，11，29，133，146，155，216
Scheler，Max，马克斯·舍勒，240
Schleiermacher，Friedrich，施莱尔马赫，20，35，36，45－8，50－2，65，77，83，90，106，110，151，158，165，191，193，211
Scholes，Robert E. and Robert Kellogg，罗伯特·斯科尔斯和罗伯特·凯洛格，279－80，286，288
Searle，John R.，约翰·R. 塞尔，11，134，199，205
Seignobos，Charles，塞诺博斯，289
semantics，语义学，7－8，11－13，18，34，161，163，166，170，217－20，248
semiology and semiotics，符号学（Semiotics 或 Semiology），11，35，43，59，92，131，157，158，216，219，281－6，290
Sherwood，Michael，米歇尔·谢伍德，262－3，267－70
Souriau，Etienne，索里奥，283
　speech-acts，言语行为，13，134－6，168，199－200
　see also action，也见行为
Stanzel，F. K.，斯坦泽尔，188－9
Strawson，P. F.，斯特劳森，11
structuralism，结构主义
　central theses of，结构主义的中心议题，8－9，153－7，198，216－17，219，281－4
　critical remarks on，对结构主义的重要评论，9－10，34，140，155－6，160－2，217－18，284－6
　see also explanation，Greimas，language，Lévi-Strauss，meaning，myth，narrative，subject，也见说明、格雷马斯、语言、列维－斯特劳斯、意义、神话、叙事、主体
subject，主体
　and action，主体与行动，5，16，206－9
　archaeology of，主体考古学，8，34
　in Dilthey's work，狄尔泰作品中的主体，68
　in Gadamer's work，伽达默尔作品中的主体，94，186－7
　in Habermas's work，哈贝马斯作品中的主体，80，82－3
　in Heidegger's work，海德格尔作品中的主体，56－7，94，106，109
　in Husserl's work，胡塞尔作品中的主体，28－9，103－5，109－10，112－13，124－8
　metamorphosis of，主体的转化或变型，23，37，94，144，183，185－90
　and psychoanalysis，主体与精神分析，3，8，18，34－5，109，191，248－50，253，265－6
　in Schleiermacher's work，施莱尔马赫

作品中的主体，46
and social-scientific discourse，主体与社会科学话语，233
and speech，主体与言谈，13－14，133，137－8，147－9，168，198，200，202－3
and structuralism，主体与结构主义，3，30，34－5，156－7
and texts，主体与文本，13－14，18－19，23，37，94，111－14，137－8，142－4，147，149，153，157－9，178，182，187－93，200－3
see also appropriation，critique，understanding，也见占有、批判、理解
symbols，象征，3，5－8，14，33－4，36，39
systematically distorted communication，系统地被扭曲的交往，63－4，78，84－7，96－7，109－10，260－1

Taminiaux，Jacques，泰敏尼奥，236
text，文本
autonomy of，文本的自主性，13－14，21，37，51，91，108，111，139，165，174
and history，文本与历史，16－17
as key concept of hermeneutics，作为诠释学核心概念的文本，13，14，21，35，37，43，44－5，52－3，62，65，90，100，110，131，244
matter of，文本问题，29，35，62，90，91，93，111－13，139，143－4，244
and psychoanalysis，文本与精神分析，255－61，263－4，271－2
as work，作为作品的文本，13，21，37，92，132，136－8，166，175，211－12
as written work，作为书写作品的文本，13－14，21，91，132，139－40，145－9，174
see also action，explanation，explication，hermeneutical circle，interpretation，meaning，metaphor，reference，subject，understanding，也见行为、说明、阐释、诠释学循环、解释、意义、隐喻、指称、主体、理解
tradition，传统
in debate between hermeneutics and critique of ideology，在诠释学与意识形态批判的争论中的传统，20－1，63－4，76，78，80，82，83，86－7，99－100
in Gadamer's work，伽达默尔作品中的传统，64－73，76
and interpretation，传统与解释，10，18，162－4
see also belonging，narrative，也见隶属性、叙事
Troeltsch，Ernst，特勒尔奇，240

understanding，理解，知性
of action，行为的理解，15－16，203，205，213－15，218－21
of being，存在的理解，2－3，6，10，19，54－6
in Dilthey's work，狄尔泰作品中的理解，49－53，55，92，145，150－2，161
in Heidegger's work，海德格尔作品中的理解，20，44，55－8，69－70，88－9，

118，142，202
and interpretation，理解与解释，36，50-2，57，106-9，111，145，150-2，197
nature of，理解的本质，20，22，44，86，143-4，184
note on translation，翻译注解，28
of self，自我理解，18-19，23，51，55，94，113，132，142-4，158-9，171，178，192-3
of texts，文本理解，14-15，52，56，136，143-4，158-9，175-8，182-3，202，210-13，215-18
see also explanation，explication，history，human and social sciences，interpretation，psychoanalysis，也见说明、阐释、历史、人文与社会科学、解释、精神分析
Veyne，Paul，保罗·维纳，289，290，291，295
Weber，Alfred，阿尔弗雷德·韦伯，242
Weber，Max，马克斯·韦伯，15，37-8，50，71，98，203，205，225，228-9，233，238，241
Weil，Eric，维尔，73，229
White，Hayden，海登·怀特，290
will，意志
philosophy of，意志哲学，1，3，4-6，10，32-3，39
poetics of，意志诗学，3，25，39
Wimsatt，W. K.，温姆萨特，137
Winch，Peter，彼得·温奇，207
Wittgenstein，Ludwig，路德维希·维特根斯坦，85，192，220，261-2，274
writing，*see* discourse，distanciation，text，书写，见话语、间距化、文本

图书在版编目(CIP)数据

诠释学与人文科学：关于语言、行为与解释的论文集：新译本/（ ）保罗·利科（Paul Ricoeur）著；（ ）J. B. 汤普森（John B. Thompson）编译；洪汉鼎译. --北京：中国人民大学出版社，2021. 8
（当代世界学术名著）
书名原文：Hermeneutics and the Human Sciences：Essays on Language，Action and Interpretation
ISBN 978-7-300-29256-4

Ⅰ. ①诠… Ⅱ. ①保… ②J… ③洪… Ⅲ. ①阐释学-研究 ②人文科学-研究-Ⅳ. ①B089. 2 ②C

中国版本图书馆 CIP 数据核字（2021）第 061743 号

当代世界学术名著
诠释学与人文科学
关于语言、行为与解释的论文集（新译本）
保罗·利科（Paul Ricoeur） 著
J. B. 汤普森（John B. Thompson） 编译
洪汉鼎 译
Quanshixue Yu Renwen Kexue

出版发行	中国人民大学出版社		
社　　址	北京中关村大街 31 号	**邮政编码**	100080
电　　话	010－62511242（总编室）		010－62511770（质管部）
	010－82501766（邮购部）		010－62514148（门市部）
	010－62515195（发行公司）		010－62515275（盗版举报）
网　　址	http://www. crup. com. cn		
经　　销	新华书店		
印　　刷	北京东君印刷有限公司		
规　　格	155 mm×235 mm　16 开本	**版　　次**	2021 年 8 月第 1 版
印　　张	22 插页 2	**印　　次**	2021 年 8 月第 1 次印刷
字　　数	293 000	**定　　价**	78. 00 元